Hans Jürgen Eysenck

Neurose ist heilbar

List Verlag München

Aus dem Englischen von Wilhelm Höck
Die Originalausgabe YOU AND NEUROSIS erschien 1977
im Verlag Maurice Temple Smith, London

Umschlaggestaltung: Design Team, München

ISBN 3 471 77414 9

©1977 H. J. Eysenck
©1978 Paul List Verlag KG, München
Alle Rechte vorbehalten. Printed in Germany
Satz und Druck: K.Wenschow GmbH, München
Bindearbeit: H. Klotz, Augsburg

Inhalt

Für Sybil, die geholfen hat

»Das große Ziel aller Wissenschaft ist es, die größte Anzahl empirischer Fakten durch logische Deduktion aus der geringsten Anzahl von Hypothesen oder Axiomen zu erfassen.«   *Albert Einstein*

Einführung

In diesem Buch versuche ich, etwas Schwieriges und Verwegenes zu unternehmen. Wie weithin bekannt ist, wird eine große Anzahl von Menschen in westlichen Ländern zu Opfern verschiedener Verhaltensstörungen, die man gewöhnlich unter der Bezeichnung »Neurosen« zusammenfaßt; viele Psychiater geben zu verstehen, daß die Betroffenen einen Anteil von etwa dreißig bis fünfzig Prozent der Gesamtbevölkerung ausmachen. Wir werden später die von Forschern zutage geförderten Zahlen in Augenschein nehmen, um zu sehen, welcher Wahrheitsgehalt dieser Überzeugung zukommt – ebenso der noch häufiger geäußerten, daß die Neurose eine Konsequenz der Belastungen und Anstrengungen des modernen Lebens sei und jetzt weiter verbreitet sei als früher. Diese letztere Behauptung ist sehr zweifelhaft, doch außer Frage steht, daß die Neurose unter den Störungen, die Menschen zur Konsultation eines Arztes bewegen, an hervorragender Stelle steht. Dennoch haben wenige Menschen eine klare Vorstellung, was mit der Bezeichnung »Neurose« genau gemeint ist; sie wissen nicht, was neurotische Störungen verursacht; und sie haben nur sehr verschwommene Ansichten über die zur Verfügung stehenden Behandlungsmethoden. Ich versuche, in diesem Buch eine aufrichtige Antwort auf diese Fragen zu geben, soweit sich derartige Antworten im Augenblick geben lassen, und ich versuche auch, die Art der Tatsachengrundlagen anzudeuten, auf die sich meine Antworten stützen. Denjenigen, die bezüglich gewisser Aspekte in ihrem Leben heillos besorgt und ängstlich sind, versuche ich zu erklären, was genau ihre Schwierigkeiten verursacht hat und was sich gegen sie unternehmen läßt; die Lage des Neurotikers hat sich in den letzten Jahren erheblich verbessert, und entsprechend sind die Hoffnungen auf eine Heilung gestiegen. Mithin ist die Hauptauskunft dieses Buchs – falls es eine enthält und nicht nur eine Tatsachendarlegung bildet – eine sehr positive. Wir verstehen jetzt, zumindest im Prinzip, warum Menschen an diesen geheimnisvollen Störungen leiden, die wir Neurosen nennen, und in der großen Mehrzahl der Fälle können wir etwas dagegen unternehmen – und das ist keine Sache einer mehrjährigen Psychoanalyse, keine Sache der Verabreichung von Pharmaka wie Tranquilizern, keine Sache der Gehirnoperation (Leukotomie), keine Sache von Elektroschocks, denen das Gehirn ausgesetzt wird, sondern es geschieht durch eine einfache Verhaltensumerziehung, die, falls sie überhaupt wirksam wird, dies in einer verhältnismäßig kurzen Zeitspanne tut.

Die Ehrlichkeit erfordert, an dieser Stelle hinzuzufügen, daß das, was ich zu sagen habe, nicht allgemein als richtige und unparteiische Darstellung der Wahrheit akzeptiert werden dürfte. Es gibt bekanntlich zahlreiche unterschiedliche Schulen, die sehr unterschiedliche Theorien über das Wesen und die Herkunft der Neurose vertreten, und dazu gleichermaßen zahlreiche Gruppen, die entsprechend unterschiedliche Behandlungsmethoden anbieten; quot homines, tot sententiae! Selbst wenn man nur die psychoanalytische Schule betrachtet, entdeckt man, daß sie in zahllose Sekten und Grüppchen aufgespalten ist, die sämtlich miteinander auf Kriegsfuß stehen. Es gibt Schulen, gegründet von Freud-Abtrünnigen wie Jung und Adler; es gibt die Stekel-, Reich-, Horney-, Sullivan-, Alexander-Anhänger und die Nachfolger vieler weiterer Propheten. Es gibt die »medizinischen« Therapeuten, die ihre Überzeugung und Hoffnung auf die Behandlung mit Pharmaka oder auf chirurgische Eingriffe setzen. Wie kann da der

Laie zu einer sinnvollen Schlußfolgerung bezüglich dieser vielen unterschiedlichen Ansprüche kommen, ohne selber erst zum Fachmann zu werden? Die Antwort darauf ist meines Dafürhaltens sehr einfach – übermäßig simplifiziert, wie Kritiker zweifellos sagen werden. Sie besagt: An ihren Früchten werdet ihr sie erkennen. Theorien und Methoden, mit deren Hilfe es gelingt, Neurotiker von ihren Beschwerden zu befreien, haben uns etwas zu lehren; Theorien und Methoden, für die es keinen Erfolgsbeweis gibt, mögen nicht völlig falsch sein, doch so lange, bis auch sie unstreitig ihre Fähigkeiten nachweisen, daß sie besser wirken als gar keine Behandlung oder als eine einfache medizinische, nicht-psychiatrische Behandlung, bleiben sie außer Betracht. Das mag eine harte Verfahrensweise und einigen ansonsten sehr interessanten Spekulationen gegenüber herzlich ungerecht sein, doch sowohl unter dem Blickwinkel der Wissenschaft wie unter dem des künftigen Patienten scheint es der einzig realistische Umgang mit dem zu sein, was zu einem stattlichen Ärgernis geworden ist. Theoriebildung muß es in der Wissenschaft geben, aber Theorien müssen eine feste Verbindung mit handfesten Fakten bewahren. Auf dem Gebiet der Psychotherapie ist diese Verbindung verlorengegangen, und die Spekulationen haben sich den Beweiserfordernissen entzogen. Dies ist eine unheilvolle Situation, und je eher sie ein Ende findet, um so besser. Wir sind an dem Punkt angelangt, wo wir Zeugen dessen werden, was T. H. Huxley die Tragödie der Wissenschaft zu nennen pflegte: die Ermordung einer schönen Theorie durch eine häßliche Tatsache. Der schönen Theorien gibt es viele; häßliche Tatsache ist, daß diese Theorien nicht funktionieren: Sie führen nicht zu Behandlungen, die das Befinden des Patienten bessern.

Es gibt einen weiteren Grund dafür, warum ich zu der Überzeugung kam, daß bestimmte Theorien besser sind als andere

– abgesehen davon, daß die aus ihnen hervorgegangenen Behandlungsweisen funktionieren und sich in ihrem Funktionieren beobachten lassen. In der Wissenschaft geht der Anwendung eine ausführliche Wissenssammlung im Laboratorium voran. Zweitausend und mehr Jahre der Sternbeobachtung, der Laborexperimente und der mathematischen Berechnung gingen der Anwendung all dieser Erkenntnisse in der Eroberung des interplanetarischen Raums und der Landung auf dem Mond voraus. Die meisten psychiatrischen Theorien hingegen sind Ad-hoc-Theorien, nicht hervorgegangen aus systematischen Laborstudien, sie wurden vielmehr einfach eingeführt, um Tatsachen unmittelbar zu erklären – entweder so, wie sie sind, oder so, wie man sie sich vorstellt. Dies ist eine zu unsichere und gefährliche Grundlage, um darauf aufzubauen; in der exakten Naturwissenschaft gibt es sicherlich keinen Präzedenzfall für eine solche Sorglosigkeit. Falls neurotisches Verhalten durch eine Form des Lernens oder der Konditionierung erworben wird (und es geht sicherlich nicht auf physische Schädigungen zurück, was die einzige rationale Alternative wäre), dann sollten die Kenntnisse, die Psychologen in den letzten hundert Jahren über die Gesetze des Lernens und der Konditionierung zusammengetragen haben, den hauptsächlichen oder eigentlich den einzigen stichhaltigen Wissensschatz bilden, aus dem sich Theorien über den Ursprung und die Behandlung von Neurosen ableiten lassen. Die moderne Lerntheorie ist jetzt in der Lage, einen solchen Anhalt zu liefern, und diese Herkunft unseres Wissens macht es weniger wahrscheinlich, daß unsere Theorien bloße Spekulationen sein könnten: sie lassen sich experimentell im Labor überprüfen und verbessern oder verwerfen, falls sie sich als falsch erweisen. Eine derartige Vorkehrung zur Ausschaltung von Irrtümern besteht für die meisten volkstümlich gewordenen psychiatrischen Theorien nicht.

Für das Folgende kann ich daher nicht versprechen, unvoreingenommen zu sein, falls jemand erwarten sollte, daß sämtliche bestehenden Theorien auf eine und dieselbe Weise erörtert würden. Es gibt viele Bücher, die sich daran versuchen; sie laufen unausweichlich auf eine große Anzahl unverdauter und unverdaulicher Spekulationen hinaus, die sich widersprechen, nicht empirisch untermauert sind und keinen Zusammenhang mit Fundamentaltheorie und Experiment aufweisen. Was ich anstrebe, ist völlig anders geartet. Ich versuche, die Spreu vom Weizen zu trennen; beizubehalten, was theoretisch gerechtfertigt und praktisch untermauert ist; und alles andere rücksichtslos über Bord zu werfen. Mit anderen Worten: Ich präsentiere, was meines Erachtens im Augenblick die wahrscheinlichste und am kräftigsten untermauerte Auffassung über die Beschaffenheit der Neurose, über die Ursachen der Neurose und über die mögliche Heilung der Neurose ist. Eine derartige Auffassung muß in einer solchen Zeit unvermeidlich in gewissem Grad subjektiv sein; es ist nur fair, den Leser auf diese Subjektivität aufmerksam zu machen und hinzuzufügen, daß viele der älteren und erfahreneren Psychiater, Psychoanalytiker und Psychotherapeuten die hier vorgetragenen Ansichten wahrscheinlich für nicht akzeptabel halten dürften. Ja, sie lehnen zumeist das Kriterium ab, das ich als das wichtigste für die Bewertung rivalisierender Schulen vorgeschlagen habe, nämlich den tatsächlichen Behandlungserfolg. Für viele Psychiater sind, wie wir sehen werden, die »Symptome«, über die der Patient klagt, von geringem Interesse und wenig Bedeutung; weit mehr beschäftigen sie sich mit dem, was ihrer Überzeugung nach diesen Symptomen zugrunde liegt.

Dies ist eine Analogie zur naturwissenschaftlichen Medizin; wir behandeln nicht das Fieber und sind an ihm nicht sonderlich interessiert. Was wir behandeln, ist die Krankheit, die das Fieber erzeugt; hat man sie geheilt, verschwindet das Fieber von selber. Auf dieser Denkgrundlage vernachlässigen viele Psychotherapeuten die »Symptome«, über die der Patient klagt, und konzentrieren sich auf die Behebung der hypothetischen »Komplexe«, die vermeintlich der Neurose zugrunde liegen. Unglücklicherweise gibt es keinen akzeptablen, unabhängigen Beweis für das Vorhandensein dieser »Komplexe«, und es gibt auch keinen Beweis, daß ihre Behandlung mittels einer lange währenden Psychoanalyse oder einer kürzerfristigen Psychotherapie wirklich irgendeinen Einfluß auf die »Symptome« hat. Diese Erkenntnis hat die von Psychiatern aufgestellten Behauptungen über die angeblichen Wohltaten der Psychotherapie beträchtlich ins Wanken gebracht; früher pflegte man zu behaupten, diese Methoden, und nur diese Methoden, könnten Patienten heilen, die an neurotischen Störungen litten; heutzutage hingegen wird behauptet, man verändere auf geheimnisvolle Weise die Persönlichkeit der Patienten, und sie seien dann besser ausgerüstet, um die Last ihrer Symptome zu bewältigen. Warum man sie auffordern muß, dies zu tun, wenn sich die Symptome durch andere Methoden tatsächlich völlig beseitigen lassen, bleibt unerklärt.

Es fällt schwer, keine Sympathie für neurotische Patienten und im Grunde auch für den sprichwörtlichen Mann auf der Straße zu empfinden, die von den Streitereien und Auseinandersetzungen zwischen »Experten« im Bereich der Psychiatrie genarrt werden, welche offenbar außerstande sind, sich gegenseitig zu einigen. Die gegenwärtige Situation läßt sich nur verstehen, wenn man erkennt, daß eine alte Theorie stirbt und eine neue geboren wird. Max Planck, der große Physiker und Entdecker der Quantentheorie, sagte einmal, eine neue wissenschaftliche Wahrheit setze sich nicht dadurch durch, daß sie ihre Gegner überzeuge und sie sehend mache, son-

dern vielmehr dadurch, daß ihre Gegner schließlich stürben und eine neue Generation heranwachse, die mit ihr vertraut sei. Wenn das schon für die »harten« Wissenschaften gilt, um wieviel mehr gilt es für die Sozialwissenschaften, die offenkundig »weich« (soft) sind und sich experimentell gesicherten Tatsachen widersetzen. Dieses Buch befaßt sich ganz eingestandenermaßen mit der neuen Theorie, die ihre Geburt erlebt, und die alte wird nur im Vorübergehen erwähnt, um Kontraste hervorzuheben und um auf die Kritik der neuen durch die Anhänger der alten einzugehen. Das mag wie eine ungerechte Diskriminierung aussehen, doch auf gleiche Weise beschäftigen sich Lehrbücher der Astronomie nicht im Detail mit der Widerlegung der Astrologie oder Lehrbücher der Chemie mit Alchemisten, es sei denn im Vorübergehen. Die Buchhandlungen sind voller populärer Darstellungen psychoanalytischer und anderer »dynamischer« Schriften; es wäre zu viel des Guten, zu wiederholen, was sie bereits so gut getan haben. Leser, die etwas über diese älteren Theorien erfahren wollen, werden keine Schwierigkeiten haben, sich in ihrer ganzen Vielfalt mit ihnen vertraut zu machen. Daß ich dieses Buch geschrieben und mich ganz bewußt dafür entschieden habe, die Erörterung älterer Theorien wegzulassen und auf ihre detaillierte Widerlegung oder Würdigung zu verzichten, hat seinen Grund darin, daß es keines gibt, das einen Überblick über die neuen Theorien gibt. Mein Ziel war nicht eine umfassende Würdigung dessen, was Psychiater der einen oder anderen Art glauben oder tun, sondern einfach eine Darlegung dessen, was sich, wie ich überzeugt bin, als die sinnvollste, angemessenste und aussichtsreichste der vorhandenen Neurosetheorien herausgestellt hat.
Das bedeutet nicht, daß diese Theorie vollkommen wäre oder sich nicht verbessern ließe oder daß sie nicht zu gegebener Zeit durch eine andere völlig ersetzt werden könnte. Theo-

rien sind Erfindungen des menschlichen Geistes und reichen niemals hin, die Vielfalt der in der Natur auftretenden Erscheinungen zu erfassen; solange sie die gleichbleibenden Eigenschaften natürlich auftretender Phänomene in einem bestimmten Bereich erklären und Vorhersagen machen, die sich bei experimenteller oder klinischer Überprüfung bestätigen, sind sie nützlich und akzeptabel. Sowie sie versagen, sind sie zu ersetzen. Der Freudianismus hat versagt; daran kann kein Zweifel bestehen. Der Medizin-Nobelpreisträger Sir P. Medawar drückte es einmal so aus: »In ihrer Gesamtheit betrachtet, funktioniert die Psychoanalyse nicht. Sie ist überdies ein Endprodukt wie ein Dinosaurier oder ein Zeppelin; auf ihren Ruinen läßt sich niemals eine bessere Theorie errichten, und sie werden für immer traurige und seltsame Marksteine in der Geschichte des Denkens des 20. Jahrhunderts bleiben.« Diese voreilige Kristallisation unechter Orthodoxien hat allzu lange ihren mythologischen Zauber auf die Psychiatrie ausgeübt; es ist an der Zeit für neuartige Behandlungen und ein neues Denken.

Wie konnte es jemals geschehen, daß offenkundig dürftige Theorien (gemessen an den gewöhnlichen Standards der Wissenschaftsphilosophie), die gleichermaßen offenkundig erfolglose Behandlungsmethoden entstehen ließen, jemals diesen Zauber ausübten und von mutmaßlich nüchternen Ärzten akzeptiert wurden? Der große Louis Pasteur, der nahezu allein die moderne Medizin schuf, hatte die Antwort darauf: »Ärzte haben den Hang, sich auf voreilige Verallgemeinerungen einzulassen. Mit ihrer natürlichen oder erworbenen Würde, ihrer behenden Intelligenz, ihrem vornehmen und gewandten gesellschaftlichen Auftreten haben sie, je hervorragender sie sind, um so weniger Muße für Forschungsarbeit. Auf Wissen begierig, sind sie geneigt, allzu bereitwillig attraktive, aber unzulänglich bestätigte Theorien zu akzeptieren.« Leider stehen Mediziner damit nicht allein da; viele literarisch und künstlerisch geprägte Menschen tun es ihnen nach, verführt von den hohen literarischen Qualitäten der Schriften Freuds und, in geringerem Grad, Jungs. Damit können wir es nicht aufnehmen; wir müssen unseren Fall auf die Tatsachen gründen, die in diesem Buch dargelegt sind.

Könnte es nicht sein, daß diese Tatsachen sehr einseitig ausgewählt sind und kein wahres Bild der Situation präsentieren, wie sie heute besteht? Die Möglichkeit läßt sich nicht abstreiten; Auswahl, sei sie bewußt oder unbewußt, muß es immer geben. Die Wissenschaftsgemeinde ist jedoch besonders (und zu Recht) wachsam und unnachsichtig sowohl gegenüber der »suggestio falsi« wie gegenüber der »supressio veri«; wer immer sich eines dieser schweren Vergehen schuldig macht, erlebt augenblicklich drastische Bestrafungen, die nur ein Tollkühner heraufbeschwört. Dies garantiert nicht, daß die Meinungen jedes beliebigen Autors unvermeidlich richtig sind; aber es garantiert in gewissem Grad, daß er nicht absichtlich den Leser irreführt, daß seine Fakten so sind, wie er sie vorlegt, und daß er nicht bequemerweise vergessen hat, Fakten zu erwähnen, die seinen Behauptungen entgegenstehen. Unter diesen Umständen muß der Leser für sich entscheiden, ob das in diesem Buch Gesagte einen Sinn für ihn ergibt, ob die präsentierten Argumente und Fakten ausreichen, um einen vernünftigen Fall aufzubauen, und ob die gegebenen Erklärungen die Aura der Wahrheit haben. Will der Leser über diese zugegebenermaßen schwachen Kriterien hinausgehen, muß er sich natürlich weitere Lektüre verschaffen und das Thema in einer tieferen Schicht studieren; in der Bibliographie sind einige gewichtige Werke angeführt, die ihn dazu befähigen. Welches immer das letztliche Urteil der Geschichte über die hier erörterten Theorien sein mag: es kann keinen Zweifel daran geben, daß sie eine Disziplin neu belebt haben, die ein-

deutig am Erlahmen war, und daß sie zu Behandlungsmethoden geführt haben, die einfach nicht mehr wegzudenken sind.
Darüber hinaus wäre es unklug, Ansprüche auf die Anwendung der Prinzipien der Lerntheorie auf die psychiatrische
Praxis zu erheben.

1. Das neurotische Paradox

Was ist Neurose?

Erwägt man den häufigen Gebrauch des Ausdrucks »Neurose« bei Psychiatern wie auch bei Laien, möchte man erwarten, daß seine Bedeutung unzweideutig sei und sich eine Definition leicht zustande bringen lasse. Dem ist nicht so; ja, es steht zu bezweifeln, ob es wirklich eine solche »Sache« wie die Neurose überhaupt gibt, und falls es sie geben sollte, wird es sich als recht schwierig erweisen, sie genau zu bestimmen. »Neurose« ist natürlich ein Begriff, und Begriffe haben keine wirkliche Existenz in dem Sinn, wie man sagen kann, Tische und Stühle, Schweine, Kühe, Walrösser existierten. (Selbst bei diesen ziemlich substantiellen Objekten und Tieren werfen berufsmäßige Philosophen Schwierigkeiten bezüglich der »Existenz« auf, doch für unsere Zwecke können wir dies außer acht lassen.) Intelligenz ist ein Begriff, ebenso Schwerkraft oder Wärme oder Elektrizität; solche Begriffe fassen individuelle Erfahrungen zusammen, die etwas gemeinsam haben. Der Begriff »Intelligenz« faßt individuelle Fälle des erfolgreichen oder erfolglosen Lösens von Problemen zusammen; »Schwerkraft« individuelle Fälle des Fallens von Körpern oder ihrer wechselweisen Anziehung; »Wärme« individuelle Fälle, in denen zwei Körper Molekularbewegungen austauschen und so fort. »Neurose« ist ein Ausdruck, den wir oft auf ein Verhalten anwenden, das mit starker Emotion verknüpft, das schlecht angepaßt ist und von dem die Person, die es entwickelt, erkennt, daß es unsinnig, absurd oder unangemessen ist, das zu ändern aber nicht in ihrer Macht steht. Phobische Furcht vor Dunkelheit, Katzen, Höhe, offenen

Räumen, geschlossenen Räumen oder jegliche anderen Reize, die nicht nur harmlos sind, sondern von denen, die sie fürchten, auch als harmlos erkannt werden, mögen als Beispiele dafür dienen. Zwanghaftes Verhalten, bei dem die Furcht vor Schmutz und Verunreinigung in einem solchen Maß zu unaufhörlichem Händewaschen oder einem ähnlichen rituellen Benehmen führt, daß der daran Leidende den ganzen Tag lang kaum mehr etwas anderes tun kann und völlig arbeitsunfähig ist, bildet ein weiteres Exempel. Stark depressive Reaktionen auf Ereignisse, wo die Emotion in keinem Verhältnis zum Gewicht des auslösenden Ereignisses steht, bilden ein drittes Beispiel. Wir werden die verschiedenen Spielarten der Neurose später erörtern, dazu die Merkmale, die sie miteinander verknüpfen; hier seien nur die stets vorhandenen Elemente der Emotion, der Fehlanpassung und der relativen Einsicht festgehalten, die der Patient aufbringt.

Dieses Element der Einsicht ist äußerst wichtig; der Neurotiker weiß, daß sein Verhalten irrational, produktivitätshemmend ist und seinen eigentlichen Interessen entgegensteht. Er praktiziert es, weil er sich nicht helfen kann. Er besitzt in dem Sinn Einblick in seine Verfaßtheit, daß er völlig genau weiß, daß etwas falsch ist; er kann einfach nichts tun, um sich zu helfen. Er fühlt sich von einer Flut emotionaler Impulse mitgerissen, die zu kontrollieren er keine Macht hat, und er schreit in dieser quälenden Situation nach Hilfe. Wenige Dinge sind entsetzlicher, als zerstörerischen Kräften ausgeliefert zu sein, die wir nicht verstehen oder kontrollieren können; das genau ist die Lage des Neurotikers, und darin unterscheidet er sich eindeutig vom nichtneurotischen oder »normalen« Menschen. Eigentlich sollten wir aber erkennen, daß die Unterscheidung nicht absolut ist. Wir alle verhalten uns gelegentlich auf nicht ganz rationale Weise; wir alle sind in einem gewissen Grad von unseren Emotionen beherrscht;

20

oftmals verhalten wir uns auf eine Weise, die nicht optimal angepaßt ist – und häufig erkennen wir, daß dem so ist, und beklagen unsere »Dummheit«. (Der Ausdruck ist in Anführungszeichen gesetzt, weil er etwas anderes als den Gegensatz zu »Intelligenz« bedeutet: hochintelligente Menschen sind nicht im geringsten vor emotionalen Schwierigkeiten geschützt, und die Neurose schlägt bei Gescheiten und Dummen gleicherweise zu. Wir nennen uns selber zuweilen »dumm«, weil wir wissen, daß wir es hätten besser machen können und sollen, nicht weil es uns am nötigen Intelligenzquotienten fehlte.) So mag es ein Kontinuum geben, das sich vom Stabilsten bis zum Instabilsten oder Neurotischsten erstreckt; und es mag keinen absoluten Punkt geben, von dem wir sagen können, diejenigen links davon seien »normal« und diejenigen rechts davon »neurotisch«. Die Schwierigkeit ist genau die gleiche wie die, auf die wir treffen, wenn wir aufgefordert werden, einen absoluten Unterschied zwischen großen und kleinen Menschen zu machen; der Unterschied ist wirklich, doch ein absoluter Trennpunkt willkürlich.

Es ist sehr wichtig zu erkennen, daß es einen sehr deutlichen Unterschied zwischen der Neurose und einem anderen psychiatrischen Typus der Anomalität gibt, der gewöhnlich als Psychose bezeichnet wird. Man kennt mehrere verschiedene Typen von funktionalen Psychosen – ein Ausdruck, der darauf verweist, daß diese mentalen Störungen nicht durch ermittelbare Schädigungen im Nervensystem oder andere physische Faktoren hervorgebracht werden, sondern in dem Sinn »funktional« sind, daß man sie nur durch das abweichende Verhalten des Patienten in der gesellschaftlichen Welt entdecken kann. Die Psychosen sind viel schwerer wiegend als die meisten Neurosen und glücklicherweise auch viel seltener; nur etwa zwei oder drei Prozent der Bevölkerung dürften wahrscheinlich an Anfällen von Schizophrenie oder manischdepressiver Psychose, den beiden häufigsten funktionalen Psychosen, leiden. Psychosen beruhen, wiewohl sie »funktional« genannt werden, beinahe sicher auf einem chemischen Fehlfunktionieren des metabolischen Systems; diese chemischen Fehler liefern den Hintergrund, der nötig ist, damit verschiedene soziale Belastungen das letztliche, tragische Endresultat herbeiführen. Derartige chemische Defekte sind beim Neurotiker wahrscheinlich nicht vorhanden, und die Ursache seiner Schwierigkeiten ist ganz anders beschaffen. Für Psychotiker ist bezeichnend, daß sie wenig oder keine Einsicht haben. Der Schizophrene, der verkündet, Napoleon zu sein oder in geistig-telepathischer Verbindung mit dem Präsidenten der Vereinigten Staaten zu stehen; der psychotisch Depressive, der davon überzeugt ist, sein Inneres verfaule oder er sei für alle Übel in der Welt verantwortlich: Sie alle sind »verrückt« im gängigen Sinn des Ausdrucks. Es fehlt ihnen an Einsicht in ihren Zustand, und dieser Mangel an Einsicht ist ein Hauptbestandteil ihrer Krankheit.

Das Beweismaterial, das zeigt, daß Neurose und Psychose sehr unterschiedliche Störungen sind, ist sehr stark; dennoch gibt es noch immer viele Psychiater, vornehmlich Psychoanalytiker, die dies bestreiten. Nach Freud ist jede mentale Störung eine Regression in infantile Anpassungsweisen; je weiter die Regression voranschreite, um so ernsthafter sei die Störung. Die Neurose sei ein Charakteristikum eines geringeren Rückzugs, die Psychose ein Merkmal eines weiterreichenden; es gebe keine wirkliche Unterscheidung zwischen den beiden, es sei denn durch den Grad der Regression. Dies ist ein reizvoller Gedanke, der die Dinge vereinfachte, wäre er nur richtig; leider führen die Beweise in die entgegengesetzte Richtung.

Ich werde einfach kurz die Gründe dafür skizzieren, warum jene Vorstellung nicht annehmbar ist. Der erste ist der gene-

tische Beweis. Unter den nahen und nicht so nahen Verwandten von Psychotikern finden sich viele weitere Psychotiker (die nicht unbedingt denselben Psychosetypus aufweisen); und es finden sich auch zahlreiche abnorme Menschen, die schizoid sind (das heißt solche, deren Verhalten dem von Schizophrenen ähnelt, ohne daß sie so ernsthaft gestört wären, daß sie sich unter die Psychotiker rechnen ließen), psychopathisch, kriminell, Alkoholiker und so fort. Was fehlt, aber vorhanden sein sollte, wenn Freud recht hätte, ist ein Anteil an Neurotikern; doch diese fehlen offensichtlich. Umgekehrt finden sich unter den nahen Verwandten von Neurotikern viele weitere Neurotiker, aber kein Anteil an Psychotikern. Daher hat man es mit zwei »Erbkreisen« zu tun (diese Bezeichnung für »genetische Kreise« stammt von deutschen Psychiatern und Genetikern, die diese Fragen in den zwanziger Jahren und später klärten): mit einem psychotischen und einem neurotischen, die beide unabhängig voneinander sind. Dazu kommt zweitens der Beweis aus biochemischen und neurophysiologischen Untersuchungen von Psychotikern samt dem Vergleich des bei diesen Patienten Gefundenen mit dem, was man bei Neurotikern und Normalen findet. Hier ist nicht der Ort, auf Einzelheiten einzugehen, aber es hat sich herausgestellt, daß es im Blutserum, im Schweiß und im Urin von Psychotikern (vornehmlich von Schizophrenen) verschiedene Besonderheiten und Anomalitäten gibt, die bei Neurotikern oder Normalen nicht auftreten. Es gibt kein neurophysiologisches oder biochemisches Merkmal, das Psychotiker und Neurotiker oder Psychotiker und Normale absolut unterschiede. Psychiater arbeiten an diesem Problem, und man wird den Erfolg dieser Arbeiten abwarten müssen. Aber wir wissen bereits ziemlich gut, daß Neurotiker in diesem Betracht nichts mit Psychotikern gemeinsam haben.
Der dritte Unterschied ergibt sich aus Studien über die neura-

le Reaktivität, das heißt über die Reaktionen des Nervensystems, wenn es unter Streß steht. Man kann die Veränderung der Pupillengröße bei dem an Dunkelheit gewöhnten Auge messen, wenn der Betreffende durch das plötzliche Eintauchen des Arms in eiskaltes Wasser gestreßt wird. Man kann die Unruhe der vom Elektroenzephalographen aufgezeichneten Gehirnströme messen, wenn plötzlicher Lärm die Stille des Laboratoriums durchbricht (die sogenannten evozierten Potentiale). Oder man kann die »Beruhigungsschwelle« untersuchen, das heißt die Reaktion des Organismus auf intravenöse Injektionen von Pharmaka wie Natriumamytal. Auf all diesen Gebieten gibt es tiefgreifende Unterschiede zwischen psychotischen und neurotischen Patienten, wobei sich die Neurotiker in starkem Maß so verhalten wie Normale, während die Psychotiker die Außenseiter sind. Viertens verhalten sich Psychotiker auch in ziemlich bizarrer Hinsicht anders als Neurotiker. Es steht recht sicher fest, daß Psychotiker (einschließlich anderer Angehöriger ihres Erbkreises wie etwa der Psychopathen) häufiger als Angehörige anderer Gruppen in den ersten paar Monaten des Jahres geboren werden; das trifft nicht auf Neurotiker zu, die keine Abweichung von Normalen erkennen lassen.

Fünftens gibt es zusätzlich zu diesen biologischen Unterschieden viele klinische. Nach Freuds Theorie sollten Psychotiker eine neurotische Phase durchlaufen, ehe sie erkranken, und sie sollten sich wieder neurotisch verhalten, wenn sie von ihrer Psychose genesen sind. Dies ist gewöhnlich nicht der Fall. Ein Psychotiker verhält sich vor oder nach seiner Krankheit normalerweise nicht neurotisch. Neurotiker entwickeln sich gewöhnlich nicht zu Psychotikern. Es gibt individuelle Fälle, die dieser Regel zu widersprechen scheinen; bei gewissen Menschen entdeckt man offenbar das Vorhandensein sowohl einer Psychose wie einer Neurose. Es gibt keinen Grund, warum dem nicht so sein sollte; jemand kann Malaria und einen gebrochenen Zeh haben. Das beweist nicht, daß ein gebrochener Zeh eine Vorstufe der Malaria wäre, oder umgekehrt.

Sechstens stehen die Tag für Tag auftretenden Veränderungen im Verhalten von Neurotikern gewöhnlich in Zusammenhang mit vorangegangenen Veränderungen in den Umweltbedingungen; dies ist beim Verhalten von Psychotikern kaum je der Fall. Für sie sind die entscheidenden Faktoren offensichtlich innere, wie sie in gewisser Weise für organisch bedingte Zustände charakteristisch sind. Daher gibt es, auch wenn wir es mit dem gleichen zutage tretenden Symptom, etwa einer Depression, zu tun haben, deutliche Unterschiede; diese spiegeln sich in der verwendeten Nomenklatur wider. Die neurotische Depression wird als »reaktive Depression« bezeichnet (weil sie eine Reaktion auf äußere Ereignisse darstellt, auch wenn es sich um eine übertriebene Reaktion handeln mag); die psychotische Depression wird »endogene Depression« genannt, weil sie aus inneren Bedingungen hervorgeht und nicht eine Reaktion auf Veränderungen äußerer Verhältnisse ist.

Siebtens sind die Auswirkungen der psychologischen Behandlung – sei es durch Psycho- oder Verhaltenstherapie – bei beiden Zustandslagen sehr verschieden. Psychotiker reagieren fast überhaupt nicht, wie aus dem oben (sechster Punkt) Gesagten zu erwarten ist; Neurotiker scheinen viel mehr ansprechbar zu sein und gesunden oftmals wieder (obwohl, wie wir sehen werden, die Frage, inwieweit der Grad dieser Gesundung von der Behandlung abhängt, noch immer ein Streitpunkt ist).

Achtens wurden psychologische Tests, die eine große Vielfalt an verbalen und Verhaltenssituationen und entsprechenden Reaktionen erfassen, in reicher Fülle mit Psychotikern und Neurotikern durchgeführt. Das Ergebnis ist sehr eindeutig.

Tests, die Normale von Psychotikern unterscheidbar machen, tun dies nicht bei Normalen und Neurotikern, und Tests, die Neurotiker von Normalen abheben, trennen nicht Psychotiker von Normalen. Mit anderen Worten: Neurotiker und Psychotiker weichen beide von Normalen ab, aber sie tun es in ganz verschiedenen Dimensionen der Konstitution, der Reaktion und des Verhaltens.

Diese acht Unterschiede sind nicht die einzigen, die sich anführen lassen, aber sie reichen aus, um aufzuzeigen, daß die Auffassung eines einzigen Kontinuums von Normalen über den Neurotiker bis hin zum Psychotiker nicht mehr haltbar ist. In diesem Buch werden wir uns fast ausschließlich mit neurotischen Störungen befassen; die Psychologie leistet im Augenblick keinen deutlich erkennbaren Beitrag zur Behandlung von Psychotikern. Ihre Zuständigkeit erstreckt sich weithin auf die Behandlung von Neurotikern.

Verschiedene Neurosetypen

Eine der Schwierigkeiten im Zusammenhang mit dem Begriff der »Neurose« ist der Umstand, daß das, was wir neurotische Störungen nennen, einen sehr mannigfaltigen Bereich offenbar nicht miteinander verwandter Symptome darstellt. Die Psychiater sprechen oft von verschiedenen Syndromen wie dem Angstzustand, der reaktiven Depression, dem Erschöpfungssyndrom, der Hypochondrie, der Hysterie, der Psychasthenie, der zwanghaften Persönlichkeit und vielen anderen; begegnet man ihnen in den Lehrbüchern, lassen sie sich wohl beschreiben und ergeben ein einigermaßen geordnetes Bild. In der Wirklichkeit allerdings fallen wenige Patienten eindeutig in die eine oder andere dieser Kategorien; die meisten zeigen Symptome, die für mehr als ein Syndrom charak-

teristisch sind, und einige weisen Symptome sämtlicher Syndrome auf. Schlimmer noch: Ein Mensch, der zu einem bestimmten Zeitpunkt ziemlich eindeutig in die eine Gruppe zu gehören scheint, mag zu einer anderen Zeit in eine andere fallen. Dies führte zu einer großen und weithin erkannten Schwäche der psychiatrischen Diagnosemethoden: verschiedene Psychiater, die dieselben Patientengruppen diagnostizieren, kommen zu recht unterschiedlichen Diagnoseetiketten für dieselben Personen. Man hat viele Experimente durchgeführt, um dies als Aussage zu präzisieren, und das Ergebnis war immer das gleiche. Fordert man gut ausgebildete Psychiater, die die gleiche Art von Ausbildung erhalten und sich auf die Definition der verschiedenen Kategorien geeinigt haben, dazu auf, unabhängig voneinander einer und derselben Patientengruppe die Diagnose zu stellen, beträgt die Übereinstimmung selten mehr als zwanzig Prozent – wobei achtzig Prozent dem Zufall, persönlichen Neigungen und Vorstellungen und anderen unerheblichen Faktoren überlassen bleiben. Die Übereinstimmung in bezug auf den Gegensatz von neurotischer und psychotischer Erkrankung ist natürlich größer als jene, doch selbst hier gibt es viele Ursachen der Nichtübereinstimmung, und einige davon sind sehr weitreichend. So haben amerikanische Psychiater einen sehr weit gefaßten Begriff von Schizophrenie, der viele andere psychotische und neurotische Zustände mit umfaßt, die in Europa allgemein als depressiv oder psychopathisch oder hysterisch gelten.
Nach einer Studie, die diagnostische Gewohnheiten in den Vereinigten Staaten und in England vergleicht, wurden ähnliche Patientengruppen (und in einem Fall eine und dieselbe Gruppe) von den in den Vereinigten Staaten ausgebildeten Psychiatern fünfmal so häufig als Schizophrene diagnostiziert als von solchen mit englischer Ausbildung. Mithin war die Nationalität der Psychiater für die Diagnosestellung weit

wichtiger als die Krankheit des Patienten. Dies muß einen verunsichern, wenn man Diagnosen zu ernst nimmt.

Auf den ersten Blick scheinen derart allgemeine Vorstellungen wie das Fehlen von Einsicht bei Psychotikern ein angemessenes und unfehlbares Kriterium zu liefern; genaueres Nachdenken gibt zu verstehen, daß dies alles andere als der Fall ist. Ein paranoider Patient klagt darüber, daß er von seinen Arbeitgebern oder von der Polizei verfolgt werde. Er mag dies alles »erfinden«, in welchem Fall man ihn als echten Paranoiker diagnostizieren kann. Aber er kann auch die Wahrheit berichten; manche Menschen wurden in der Vergangenheit aus diesem oder jenem Grund von Arbeitgebern und der Polizei verfolgt. Wie können wir etwas entscheiden, ohne ausführliche detektivische Erkundung aller Umstände des Falls? Schlimmer noch: Es kann sein, daß der fragliche Patient verfolgt wird, aber daß er sich diese Verfolgung in erster Linie durch paranoides Verhalten selbst zugezogen hat. Weil die Psychiater nur sehr wenig Zeit für den einzelnen Patienten zur Verfügung haben und weil auch Sozialarbeiter nicht unbegrenzt Mittel aufwenden können, um die komplexen und anscheinend unendlichen Verästelungen jedes Falls zu erforschen, ist es offenkundig, daß unser Kriterium der »Einsicht« in Wirklichkeit recht schwer anwendbar sein kann. Natürlich ist in den meisten Fällen die Wahrheit recht evident, doch gerade die nicht so evidenten Fälle verursachen unangenehme Schwierigkeiten bei der Diagnose – und unglücklicherweise beanspruchen eben diese einen so großen Anteil an der Arbeit des Psychiaters.

Nachdem wir diesen schwachen Punkt der psychiatrischen Diagnose festgestellt haben – eine Schwäche, die natürlich das Bedürfnis nach einem guten diagnostischen System nicht verringert, aber auf die Notwendigkeit verweist, die vorhandenen drastisch zu revidieren –, können wir sagen, daß sich die neurotischen Erkrankungen in zwei Hauptgruppen unterteilen. Das Vorhandensein dieser Gruppen wurde ursprünglich von dem großen französischen Psychiater Pierre Janet nahegelegt und später von C. G. Jung mit den Hauptpersönlichkeitstypen der Extraversion und der Introversion verknüpft. Extravertierte, so gab er zu verstehen, tendieren zum hysterischen Persönlichkeitstypus und entwickeln hysterische Konversionssymptome, wenn sie neurotisch werden. Dies bedeutet, daß sie dazu neigen, theatralisch und mitteilsam zu sein, und dazu raschen Stimmungsschwankungen und übertrieben emotionalen Reaktionen unterliegen. Neurotische Symptome tendieren dazu, von psychosomatischer Art zu sein, das heißt, sie tendieren dazu, körperlichen Gebrechen zu ähneln. Handschuh- oder Strumpfanästhesie sind typisch dafür; der Patient hat eine Anästhesie an der Hand oder dem Bein, die etwa den vom Handschuh oder vom Strumpf bedeckten Bereich umfaßt, doch überhaupt nicht mit den Bereichen zusammenfällt, von denen man weiß, daß sie von Gruppen aufsteigender Neuronen erfaßt werden. Viele andere körperliche Fehlfunktionen vom Kopfschmerz bis zur Herzstörung können so imitiert werden; ja, es ist oft schwer auszumachen, ob ein Symptom hysterisch oder echt ist. Der Ausdruck »Konversionssymptome« wird zuweilen verwendet, um darauf zu verweisen, daß der Patient eine mentale Unfähigkeit in eine physische umgewandelt hat, die ihn in seinem Verhalten merkwürdig unberührt und nicht-furchtsam macht. Um dieses Fehlen einer (angemessenen) Furcht zu charakterisieren, hat man den Ausdruck »belle indifférence« geprägt. Auch in dieser extravertierten Gruppe haben wir Psychopathen, das heißt Menschen, denen die Sozialverantwortung abgeht, die kein Gewissen und keine Schuldgefühle haben; sie werden oftmals zu Kriminellen. Eigentliche psychosomatische Störungen, von denen wir später mehr erfahren wer-

den, fallen häufig gleichfalls in diese Gruppe. Charakteristisch
für diese verschiedenen Syndrome ist der Umstand, daß die
betreffenden Patienten »ausagieren«; sie kehren ihre Störungen nach außen, in Richtung auf andere Menschen. Ihre
Symptome sind äußerlich erkennbar und evident; die Betreffenden tendieren dazu, der Außenwelt die Schuld zu geben,
statt sich selber, und sie manipulieren und bestrafen andere
Menschen wegen ihres eigenen Unglücks.

Introvertierte, so gab Jung zu verstehen, tendieren dazu,
Psychastheniker zu sein; dieser Ausdruck ist jetzt veraltet und
wurde durch Bezeichnungen wie Angstzustand, Dysthymie
und so fort ersetzt. Im wesentlichen benennt er einen Zustand von Schwäche aufgrund emotionaler Maßlosigkeit; ein
Psychastheniker ist ein so von Angst, Furcht, phobischen
Reaktionen und anderen emotionalen Maßlosigkeiten über-
wältigter Mensch, daß er nicht imstande ist, eine normale
Existenz zu führen. Diese Ängste und Befürchtungen können
sich lokalisieren und sogar zu monosymptomatischen Phobien werden: ein Mensch kann so entsetzliche Furcht vor
Schlangen oder Katzen oder Nächten haben, daß sein ganzes
Leben von dieser Furcht beherrscht wird. Häufiger treten viele unterschiedliche Ängste auf; sie können Menschen, Situationen oder bestimmten Gegenstandsklassen gelten. Zuweilen mögen sie ganz diffus und schwer zu erkennen sein; man
kann die Furcht vor der Zukunft, vor der Vernichtung, vor
dem Tod oder selbst vor der Existenz als solcher beobachten.
Viele dieser Situationen oder Gegenstände lösen in Menschen, die keine Neurotiker sind, Furcht aus; der Unterschied
liegt in der *Stärke* dieser neurotischen Ängste, ihrer *Beharr-
lichkeit* und in dem Unvermögen des Patienten, trotz dieser
Zustände normal zu handeln. Viele Menschen haben Angst
vor der Atombombe, doch sie gehen nicht so weit, auf dieser
Grundlage ihre ganze Lebensrichtung zu ändern. Gerade sol-

che übertriebenen Emotionen und Reaktionen sind charakteristisch für den Neurotiker, besonders für den introvertierten, »psychasthenischen« Neurotiker.

Zwanghafte Patienten weisen gleichfalls starke, im Grund übermäßig starke emotionale Reaktionen auf, aber sie neigen dazu, bestimmte Handlungen zu vollführen, die auf beinahe magische Weise als Verteidigung gegen jene Ängste dienen. So mag sich jemand schrecklich vor Schmutz und Verunreinigung fürchten; wann immer er sich in einer Situation befindet, in der er mit Schmutz, Exkrementen oder auch nur Staub und so unausweichlichen Dingen wie anderen Menschen in Berührung kommen kann, läßt sich seine Verunreinigungsfurcht nur beschwichtigen, wenn er hingehen und sich gründlich waschen kann; damit mag er viel Zeit hinbringen, und die nächste Gelegenheit, bei der er einer möglichen Verunreinigung begegnet, führt zu einem neuerlichen Anfall von Waschen, Reinigen, Abtrocknen und so fort. Dieses Verhalten verringert seine Furcht, bringt aber fatalerweise sein Leben durcheinander; er kann nicht mehr arbeiten, sich mit Sport oder einer anderen Freizeitbeschäftigung abgeben, und selbst sein Liebesleben ist unglaublich kompliziert. Einige zwanghafte Patienten sind Grübler; sie überprüfen immer wieder ihre Gedanken, ob sie nicht auf dem Weg zu ihren Schlußfolgerungen einen Fehler gemacht haben. Viele kontrollieren ihre vergangenen Handlungen; sie sehen Dutzende von Malen nach, ob sie abends die Türen abgeschlossen haben; sie gehen Additionen und andere Rechnungen immer wieder durch, um ganz sicherzugehen, daß sie es richtig gemacht haben, und so fort. Ein milder Grad solchen zwanghaften Verhaltens kann für Buchhalter, Bankangestellte und andere Menschen recht nützlich sein, deren Beruf außergewöhnliche Genauigkeit fordert, doch bei den meisten Patienten handelt es sich eindeutig um eine ernste Persönlichkeitsstörung. Könnte man nur, so empfindet man oft, einen Mittelwert aus dem sorglosen, impulsiven, extravertierten Hysteriker und dem übersorgsamen, besessenen, introvertierten zwanghaften Patienten erhalten!

Dies sind natürlich Extreme; viele neurotische Patienten, vielleicht die Mehrzahl, halten sich zwischen den typisch extravertierten und den typisch introvertierten Gruppen auf und zeigen eine Vielfalt von Symptomen, die recht spezifisch für ihre Umstände sind, ohne deskriptive Bezeichnungen wie »hysterisch« oder »zwanghaft« aufkommen zu lassen. Natürlich machen gerade sie eine Diagnose so schwierig; bestände unsere klinische Bevölkerung nur aus Hysterischen oder Zwanghaften, wie leicht wäre das Leben. Selbst bei dieser Sachlage ist die Diagnose im Bereich der Neurosen wahrscheinlich nicht sehr wichtig. Bei den meisten Neurotikern stimmt offensichtlich etwas nicht; ja, sie kommen gewöhnlich in Schwärmen zum Arzt oder ins psychiatrische Krankenhaus, um über was immer zu klagen, und sowie jede Art von Psychose ausgeschlossen ist, wird über die angemessene Behandlung mehr nach dem gezeigten spezifischen Symptom und nach ihren Lebensumständen entschieden als anhand einer wie immer korrekten Diagnose.

Wir befassen uns jedoch noch nicht mit dem Problem der Behandlung; wir stehen noch mitten in einer Erörterung über das Wesen des neurotischen Paradoxes. Wie kommt es, daß die Neurose so lange Zeit so viele Ärzte und Wissenschaftler in Verwirrung gebracht hat? Wie kommt es, daß Menschen eine Furcht vor der Neurose und ein Unbehagen an ihr zeigen, die, gemessen an anderen, schrecklichen Krankheiten, kaum gerechtfertigt sind? Wie kommt es, daß die bloße Erwähnung mentaler Störungen bewirkt, daß sich ein unbehagliches Schweigen auf die meisten Gruppen senkt, in deren Unterhaltung der Begriff zufällig zur Sprache kommt?

Die Antwort ist wahrscheinlich, daß man am meisten fürchtet, was man nicht versteht und nicht kontrollieren kann; Wissen hingegen befähigt uns zu verstehen, vorauszuschauen und Gegenmaßnahmen zu planen. Wo wir hilflos scheinen, sind rationale Reaktionen nutzlos, der Aberglaube ergreift die Oberhand, und alte Ängste kehren wieder. Die Neurose erscheint unverständlich, bedrohlich und unserem Wesen fremd, weil sie deutlich ein Paradox enthält. Unsere normale Existenz ist, wie die jedes Tiers, von einer Form des Lustkalküls bestimmt. Wir beharren auf den Handlungen, die uns in der Vergangenheit eine Belohnung oder positive Verstärkung eingetragen haben, wie Psychologen das oft benennen; wir nehmen Abstand von Handlungen, die uns in der Vergangenheit Bestrafung oder negative Verstärkung eingebracht haben. Was für jeden einzelnen eine Belohnung oder eine Bestrafung bildet, mag sich gründlich voneinander unterscheiden; der Märtyrer kann seiner Dornenkrone den Vorzug geben, der Epikureer der zwölfgängigen Mahlzeit. Doch jeder einzelne weiß (oder meint zu wissen), was genau ihm Befriedigung verschafft, er weiß, wenn er die Wahl hat, was er will, und greift danach. Es gibt natürlich häufig Konflikte, so wenn die Wahl von A einen Verzicht auf B bedeutet oder wenn die Wahl von A bedeutet, sich C zu unterwerfen; dennoch tendiert jemand, der die Wahl hat, dazu, das zu wählen, was er bevorzugt. Er kann sich natürlich irren und im Nachhinein bitter bereuen, das eine statt des anderen gewählt zu haben; nichtsdestoweniger tat er zum Zeitpunkt der Wahl, was er wollte – oder zumindest, was er zu wollen meinte.

Dies gilt nicht für den Neurotiker. Er will A, tut aber B. Er will im Leben vorankommen, schwer arbeiten und in seinem Beruf etwas erreichen; sicherlich möchte er sein Leben nicht mit Händewaschen zubringen und arbeitslos sein, während sein Haus rings um ihn einfällt. Er möchte ein normales Leben führen und nicht den ganzen Tag zu Hause sitzen, und dies wegen einer dummen Furcht vor Katzen, die es ihm unmöglich macht auszugehen, weil er einer begegnen könnte – zumal wenn ihm völlig bewußt ist, daß Katzen wirklich überhaupt nicht gefährlich sind. Er (oder häufiger sie) führt ein Leben, das er oder sie nie gewählt hätten, und je negativer die Verstärkung ist, um so größer ist die Kraft, mit der er oder sie sich an diese besondere Art von Leben klammern. Mit anderen Worten: Der Neurotiker entscheidet sich, A zu tun, tut aber B; je mehr er B tut, das er verabscheut, und Bestrafung erfährt, um so mehr fährt er fort, es zu tun. Je größer sein Verlangen nach A ist, um so geringer scheint sein Vermögen zu sein, seinen Wünschen nachzugehen; dennoch macht er Jahr um Jahr so weiter. Er setzt sich schrecklichem Leiden aus, doch dieses Leiden bringt ihm keinerlei Gewinn. Dies ist das neurotische Paradox, und für den Leidenden ist es eine sehr zerstörerische und grausame Fopperei. Wir werden im nächsten Kapitel sehen, welche Theorien vorgetragen wurden, um das Geheimnis zu erklären; in diesem Abschnitt geben wir uns lediglich damit zufrieden, das Wesen des Geheimnisses darzulegen.

Wie verbreitet ist die Neurose?

Es herrscht der weitverbreitete Glaube, Neurosen seien jetzt viel üblicher, als es früher der Fall war; man schreibt dies gewöhnlich den »Belastungen und Anstrengungen« zu, von denen man annimmt, sie seien charakteristisch für das moderne Leben. Aus apriorischen Gründen klingt das nach einer sehr unwahrscheinlichen Geschichte. Verglichen mit Menschen, die nur vor ungefähr hundert Jahren lebten, sind wir bemerkenswert weich gebettet, gesichert und von allen wirklichen »Belastungen und Anstrengungen« ferngehalten. Die Medizin steckte vor einem Jahrhundert in den Kinderschuhen, und Anästhetika waren kaum in Gebrauch; ja die Ärzte richteten vermutlich mehr Schlimmes als Gutes an. Die Zahnheilkunde war ein übler Scherz und bestand hauptsächlich aus Extraktionen, ausgeführt auf Jahrmarktplätzen, wobei der Patient mit Wacholderschnaps anästhesiert wurde. Die Kindersterblichkeit war hoch, und die durchschnittliche Lebenserwartung lag beträchtlich unter der heutigen. Die Armut war weit verbreitet und grausam – in einem Maß, das wir uns kaum vorstellen können. Die Geschlechterrollen waren unveränderlich oder fast unveränderlich, woraus viel Leid hervorging. Transportmittel gab es nur für die Reichen, und selbst für sie war Reisen unbequem und zeitraubend. Die feudale Gesellschaft Englands unterdrückte beispielsweise die riesige Mehrheit der königlichen Untertanen und verlangte ihnen in unmenschlich grausamen Kriegen äußerste Opfer ab. Und dies war ein goldenes Zeitalter im Vergleich zu noch früheren Zeiten – den Zeiten des Hunnen Attila, des Schwarzen Todes, der Invasionen und Kriege, gefolgt von Plünderungen, Vergewaltigungen und Sklaverei. In jenen Jahren überzog Hunger das Land, entweder im Gefolge kriegerischer Horden von Eindringlingen oder ohne menschliches Zutun als Konsequenz aus Naturkatastrophen. Dies waren wirkliche Belastungen und Beschwernisse, angesichts derer unsere modernen Klagen kindisch und unangebracht erscheinen. Das moderne Leben ist so frei von Mißgeschick, wie noch nie, und besonders in der westlichen Welt hat uns der Wohlfahrtsstaat in ein Gewebe von Fürsorge einbezogen, das, wenn überhaupt etwas, unsere Unabhängigkeit und unser Vermögen zu vernichten droht, unsere eigenen Verteidigungsmaßnahmen gegen Mißgeschick auszubilden.

Doch das sind lediglich Argumente, was aber sind die Tatsachen? Diesen ist, aus einleuchtenden Gründen, bemerkenswert schwer beizukommen. Die Erkenntnis der verschiedenen Neurosetypen ist eine ziemlich neue Errungenschaft; es ist schwierig, unsere Neurose in den Beschreibungen alter Krankheiten wiederzuerkennen. Selbst wo dies möglich ist, lassen sich wenige quantitative Informationen über vergangene Zeiten beibringen. Informationen, wie wir sie besitzen, befassen sich fast ausschließlich mit Angehörigen der Mittel- oder Oberklasse; die große Mehrheit lebte ein unbesungenes und nicht von Chroniken erfaßtes Leben – und blieb weithin von Ärzten unbeobachtet. Selbst was unsere Zeit anlangt, ist es noch immer bemerkenswert schwierig, Übereinstimmung auch nur in einfachen Fragen zu finden: etwa über die Anzahl von Neurotikern in einem bestimmten Land oder Bezirk. Der Grund dafür ist natürlich ganz schlicht: Neurotische Störungen erstrecken sich entlang einer Linie von (fast völliger) Normalität über milde und nicht ganz so milde bis zu schweren und extrem schweren Formen; es gibt keinen Punkt, von dem sich sagen ließe, auf der einen Seite davon lägen die Neurosen, auf der anderen befände sich die Normalität. Genauso, wie sich nicht sagen läßt, welcher Anteil der Bevölkerung groß ist, weil die Grenzlinie zwischen groß und klein willkürlich ist, können wir nicht sagen, welcher Anteil neurotisch ist; wir können eine willkürliche Trennung vornehmen und versuchen, sie so genau wie möglich zu definieren, doch unsere Zahlen werden nie imstande sein, mit dem Anspruch großer Genauigkeit aufzutreten. In groben Umrissen ist es allerdings möglich, einen gewissen Überblick über die Situation zu gewinnen, und eben dies wird in diesem Abschnitt versucht.

Beginnen wir mit einem Blick in die Geschichte – und greifen wir so weit zurück, wie das sinnvoll erscheint. Das Buch, das ich zitieren werde, trägt den Titel »The English malady: Or a treatise of nervous diseases of all kinds as spleen, vapours, lowness of spirits, hypochondrical and hysterical distempers, etc«; geschrieben wurde es von G. Cheyne, 1733, also vor etwa zweieinhalb Jahrhunderten, und es erschien in London bei Stahand and Leake. So der Verfasser: »Die Feuchtigkeit unserer Luft, die Wechselhaftigkeit unseres Wetters (dank unserer Lage mitten im Ozean), die Üppigkeit und Fruchtbarkeit unseres Bodens, der Reichtum und die Fülle unserer Nahrung, der Wohlstand und Überfluß der Bevölkerung (dank ihrem weltweiten Handel), die Untätigkeit und die sitzende Beschäftigung der Bessergestellten (unter denen dieses Übel am meisten grassiert) und der Hang, in großen, bevölkerten und infolgedessen ungesunden Städten zu leben, haben eine Klasse und Gruppe von Krankheiten mit scheußlichen und beängstigenden Symptomen hervorgebracht, wie sie unseren Ahnen kaum bekannt waren und in keiner anderen bekannten Nation jemals einen derart verhängnisvollen Stand erreicht oder eine solche Anzahl von Menschen befallen haben. Diese Nervenstörungen machen schätzungsweise fast ein Drittel der Beschwerden unter Personen von Stand in England aus.« Mithin litt im goldenen Zeitalter Englands eine von drei Personen (zumindest unter den Bessergestellten) an erkennbaren neurotischen Störungen, die man unter den ziemlich unvertrauten Bezeichnungen Spleen, Phantome (vapours) und so fort diagnostizierte. Diese Zahl ähnelt, wie wir sehen werden, bemerkenswert den meisten modernen Zahlen bezüglich unserer eigenen Zeit.

Nicht nur die Häufigkeitsschätzung ist derjenigen ähnlich, die kürzlich eine Arbeitsgruppe des College of General Practitioners vorlegte; auch die Vorstellungen über die Ursachen mentaler Erkrankungen haben sich bis auf den heutigen Tag erhalten. Es herrscht die Überzeugung, die mentalen Störun-

gen nähmen aufgrund unserer dekadenten, sitzenden, ungesunden Lebensweise zu; sie ständen in Verbindung mit
Feuchtigkeit, Klima und Übervölkerung; sie seien hier ver-
breiteter als anderswo und auch häufiger als in früheren Zeiten. Für keine dieser Überzeugungen – damals wie heute –
gibt es einen Beweis; und die angeführten sind nicht die ver-
ursachenden Faktoren, die wir als verantwortlich für neurotische Störungen finden, sowie wir uns einer angemessenen
Erörterung des Themas zuwenden.

Doch all das ist Geschichte; wie steht es mit der Verbreitung
der Neurose in unserer Zeit? Es gibt mehrere gute Studien
dazu, und falls sie weit voneinander abweichende Antworten
zu geben scheinen, so gibt es doch auch Gründe für die Annahme, daß die Meinungsverschiedenheiten vielleicht geringer sind, als es auf den ersten Blick aussieht. Beginnen wir
mit einem Blick auf die Neurose in psychiatrischen Kliniken.
Diese befassen sich weithin mit den schwerstwiegenden Typen der mentalen Erkrankung, hauptsächlich mit psychotischen; Neurotikern wird gewöhnlich eine ambulante Behandlung zuteil, und ihre Erkrankungen machen hier etwa ein
Viertel aller Diagnosen aus. Allerdings verbergen sich viele
Angstneurosen hinter physischen Symptomen und werden in
anderen Klinikabteilungen behandelt; so wurden bei Patienten mit kardiovaskulären Symptomen, die sich in einer kar-
diologischen Praxis einfanden, in zehn bis vierzehn Prozent
aller Fälle Angstzustände diagnostiziert. Diese Zahlen ergeben überhaupt keine einwandfreie Repräsentanz für die Häufigkeit neurotischer Erkrankungen; viele recht schwere Neurotiker scheuen davor zurück, zur Diagnose und zur Behandlung in die »Klapsmühle« zu gehen, weil ihnen völlig bewußt ist, daß sie nicht »verrückt« (im Sinne einer psychotischen Krankheit) sind. Daher leiden sie oftmals im stillen

vor sich hin, wissen nichts von anderen Alternativen und weigern sich, überhaupt einen Arzt aufzusuchen.

Während des Kriegs wurde deutlich, daß neurotische Erkrankungen für ein beträchliches Maß an Fernbleiben von der Arbeit verantwortlich waren, und man stellte eine Spzialuntersuchung über dreitausend Arbeiter der Leicht- und Mittel-Maschinenenbauindustrie an. Während der sechs Monate der Untersuchung fand man heraus, daß neun Prozent der Männer und dreizehn Prozent der Frauen unter eindeutigen und arbeitsunfähig machenden neurotischen Erkrankungen litten (Angstzuständen, mild-depressiven Zuständen, Zwangszuständen und Hysterie). Weitere neunzehn Prozent der Männer und dreiundzwanzig Prozent der Frauen hatten Zeiten geringer Neurosen durchgemacht. Neurotische Erkrankungen verursachten etwa dreißig Prozent aller krankheitsbedingten Arbeitsausfälle und bedingten einen jährlichen Verlust von drei Arbeitstagen für Männer und von sechs für Frauen. Kriegsfaktoren wie Bombardierungen und dergleichen fielen nicht sehr ins Gewicht, und obgleich die Arbeitszeit lang war, waren die Löhne hoch, und Geldüberfluß bildete kein Problem. Insgesamt wurden etwa achtundzwanzig Prozent der Männer und etwa zweiunddreißig Prozent der Frauen von neurotischen Symptomen heimgesucht, die kräftig genug waren, um von dem befragenden Arzt erkannt zu werden; dieser Geschlechterunterschied taucht immmer wieder auf, wobei die Frauen stets das »neurotischere« Geschlecht sind. Cheynes Schätzung von eins zu drei scheint auch zuzutreffen, wiewohl diese Männer und Frauen nicht zu den »Bessergestellten« zählten.

Diese Studie wurde in England durchgeführt; eine gründlichere und detailliertere Untersuchung in Norwegen, gleichfalls während des Kriegs veranstaltet, wenngleich in einem abgelegenen ländlichen Gebiet, brachte ähnliche Ergebnisse;

ein Viertel der Bevölkerung zeigte zu irgendeinem Zeitpunkt der fünfjährigen Beobachtung handfeste psychische Anomalitäten. Diese Schätzung stützte sich auf detaillierte psychiatrische Gespräche, durchgeführt von einem erfahrenen Psychiater.

Studien aus Friedenszeiten konzentrierten sich weithin auf Patienten, die ihren praktischen Arzt aufsuchten, und waren bemüht, die Häufigkeit von Neurosen in der Allgemeinpraxis zu schätzen. Eine umfangreiche Untersuchung kam zu der Schlußfolgerung, daß etwa ein Fünftel der Patienten, die an irgendeinem beliebigen Tag in einer städtischen Praxis vorsprachen, an Streß-Störungen litt. Solche Zahlen hängen sehr davon ab, was man unter diese Definition aufnimmt. So ergab sich aus einer anderen Untersuchung, daß man auf eine Häufigkeitsrate von fünf Prozent kam, wenn man die strengen Kriterien anwandte, die in der internationalen Krankheitenklassifikation festgelegt waren. Dieser Anteil stieg auf neun Prozent an, wenn man die Kriterien lockerte, um alle Patienten mit zu erfassen, die eine »offenkundige psychiatrische Morbidität« aufwiesen, worunter man erkennbare psychische Störungen unabhängig von der Diagnose verstand. Der Einschluß von Patienten mit physischen Symptomen, für die keine organische Ursache zu entdecken war, ließ die Häufigkeit auf achtunddreißig Prozent ansteigen, und der Einschluß aller Patienten mit sogenannten psychosomatischen Störungen wie Magengeschwür oder Asthma auf einen phantastischen Gesamtanteil von zweiundfünfzig Prozent, was nahelegte, daß mehr als die Hälfte der Störungen, mit denen der praktische Arzt zu tun hatte, entweder psychiatrischer Natur war oder eine starke psychiatrische Komponente enthielt. Diese Zahlen illustrieren die Schwierigkeit, zu einer sehr genauen Häufigkeitsschätzung für eine so proteushafte Sache wie die Neurose zu gelangen.

Eine ähnliche Studie, die sich auf praktische Ärzte in London konzentrierte und aus den Krankenblättern die Fallangaben jedes achten Patienten auswertete, wurde von M. Shepherd und seinen Kollegen am Maudsley Hospital durchgeführt. Sie versuchten über ein Jahr hinweg die Häufigkeitsrate für Erwachsene zu schätzen, die Hilfe bei psychiatrischen Problemen suchten, und man fand, daß psychiatrische Morbidität einer der gängigsten Gründe für die Konsultation war, und dies besonders bei Frauen. Psychosen veranlaßten etwa ein halbes Prozent der Konsultationen, Neurosen neun Prozent (sechs Prozent bei den Männern, zwölf Prozent bei den Frauen). Krankheitszustände im Zusammenhang mit psychiatrischen Störungen machten weitere fünf Prozent aus. Mithin ist die Häufigkeit von Neurosen bei Patienten, die ihren Arzt aufsuchen, weit niedriger als die etwa dreißig Prozent, denen wir bei allgemeinen begegnet sind; der Grund dafür dürfte wahrscheinlich sein, daß viele Menschen, die an neurotischen und anderen psychiatrischen Störungen leiden, nicht ihren Arzt aufsuchen, sondern im stillen vor sich hinleiden. Es ist interessant zu beobachten, daß Unterschiede in der Einstellung der praktischen Ärzte sehr bedeutsam für die in den Häufigkeitsraten beobachteten Unterschiede sind; praktische Ärzte mit Verständnis für emotionale Probleme tendieren dazu, weit höhere Häufigkeitsraten zu haben als Allgemeinmediziner mit geringerem Verständnis.

Die Häufigkeitsraten in einem beliebigen Zeitpunkt sagen nichts über die Wahrscheinlichkeit aus, daß eine bestimmte Person in einer gewissen Phase ihres Lebens einen Nervenzusammenbruch erleiden oder eine andere Form psychiatrischer Erkrankung bekommen kann. Eine umfangreiche schwedische Studie, durchgeführt von Essen-Möller und später fortgesetzt von Hagnell, lieferte einige überraschende Antworten auf diese Frage. Die lebenslange Häufigkeit lag nach den Ergebnissen für Psychosen bei 1,7 Prozent, für Neurosen bei 13,1 Prozent. Eine Berechnung des Risikos, im Lauf einer zehnjährigen Periode eine mentale Erkrankung zu erleiden (natürlich hauptsächlich eine neurotische), ergab 11,3 Prozent für Männer und 20,4 Prozent für Frauen. Das geschätzte kumulative lebenslange Risiko bis zum Alter von sechzig Jahren lag bei 43,4 Prozent für Männer und bei erschütternden 73,0 Prozent für Frauen. Dies sind erschreckende Zahlen, und sie zeigen an, daß mentale Erkrankungen beinahe allgegenwärtig sind; die Hälfte der Bevölkerung muß einmal im Leben mit einem Ausbruch rechnen.

Mehrere Untersuchungen über die Gesamthäufigkeit wurden in den Vereinigten Staaten vorgenommen; das allgemeine Ergebnis war, daß ein um so größerer Anteil der Bevölkerung als anfällig für mentale Störungen gelten muß, je weiter man die Kriterien faßt und je intensiver die zur Prüfung der Fälle verwendeten Methoden sind. In einer derartigen Studie in Stirling County wurden achtundfünfzig Prozent als »echt psychiatrische Fälle« eingeordnet. Eine Studie in Midtown Manhattan gab zu verstehen, daß dreiundzwanzig Prozent der Bevölkerung an ernstlichen psychiatrischen Symptomen und an einem gewissen Grad von Funktionsminderung litten. Wendet man vorsichtigere Kriterien an, variieren die Zahlen von sechs Prozent in Baltimore über neun Prozent in derselben Stadt bis zu vierzehn Prozent in New Jersey. Die amerikanischen Ergebnisse stimmen sowohl in den absoluten Zahlen wie in ihrer Variabilität sehr gut mit den aus England und Skandinavien berichteten überein.

Diese verschiedenartigen Zahlen mögen einen verworrenen Eindruck hinterlassen; sie schwanken so sehr wegen der unterschiedlichen Diagnosestandards, wegen unterschiedlich angewandter Kriterien, unterschiedlicher Örtlichkeiten und unterschiedlicher Zeitspannen. Es mag der Mühe wert sein, einigermaßen detailliert eine besondere Studie zu beschreiben, die dem Leser den genauen Umfang des Problems klarmachen kann. Sie wurde von Taylor und Chave in England durchgeführt; und sie beschäftigte sich mit der Erfassung der Häufigkeit von mentalen Erkrankungen in der Gemeinschaft insgesamt, in der Allgemeinpraxis und im Krankenhaus. Man wählte drei getrennte Gebiete, in der Erwartung, unterschiedliche Häufigkeitsraten zu finden. Das eine war eine neue Satellitenstadt (genannt »Newton«), eine sozial geplante Gemeinde mit vollen örtlichen Arbeitsmöglichkeiten. Das zweite war eine Wohn- und Schlafsiedlung (»Outlands«) mit guten Unterkunftsbedingungen, aber dürftigen Sozialeinrichtungen und keinen örtlichen Arbeitsgelegenheiten. Das dritte (»Oldfield«) war ein verkommener Bezirk Londons mit kläglichen Wohnverhältnissen und Slum-Mentalität. Die gestellte Hauptfrage lautete, ob eine »gute Gemeinschaft« der mentalen Gesundheit und dem Wohbefinden förderlich sei oder ob genetische und konstitutionelle Faktoren wichtiger seien. Die Tabelle 1 enthält die Antworten, die sich aus Zufallsstichproben-Interviews in den drei Orten ergaben. Man wird sehen, daß nervöse Symptome von etwa einem unter drei der interviewten Erwachsenen angegeben wurden und daß diese Zahl für alle drei Gruppen ungefähr gleich ist. Abermals ist Cheyne offensichtlich bestätigt. Die Zahlen lagen für Frauen etwa zweimal so hoch wie für Männer, und sie scheinen darauf zu verweisen, daß langwährende oder konstitutionelle Faktoren für die Erzeugung neurotischer Symptome weit wichtiger sind als Umweltfaktoren. Diese Schlußfolgerung ist natürlich nur eine sehr vorläufige; auf die Rolle der Vererbung werden wir in einem späteren Kapitel zurückkommen. Die hier untersuchten Umweltfaktoren mögen natürlich nicht die eigentlich wichtigen sein, obwohl die dabei studierten Umweltmerkmale oft als die für bestimmte Typen der

43

neurotischen Erkrankung verantwortlichen hervorgehoben werden.

Tabelle 1

Symptome	Prozentsatz der befragten Erwachsenen		
	Newton	Outlands	Oldfield
»Nerven«	18%	22%	24%
»Depression«	17%	17%	12%
»Schlaflosigkeit«	10%	12%	10%
»Übermäßige Erregbarkeit«	13%	11%	8%
Zumindest eines davon	33%	35%	31%

Während jedes einzelnen Jahrs wurden etwa acht Prozent der Bewohner von Newton wegen einer Neurose behandelt; diese trat hauptsächlich in Form von Angst- und Spannungszuständen auf. Eine solche Zahl impliziert natürlich eine weit höhere für längere Zeitabschnitte – etwa für zehn Jahre oder eine ganze Lebenszeit; sie stimmt mit den bereits erwähnten schwedischen Schätzungen überein. Diese »kleine« Krankheit stand, wie man fand, nicht in Zusammenhang mit der Länge des Aufenthalts am Ort oder mit dem Einkommen. Sie repräsentiert, so folgerten Taylor und Chave, »ein tief eingeprägtes Muster innerhalb des Nervensystems«; der Schritt vom subklinischen Syndrom zur offenen Neurose fand statt, wenn der Patient die subjektiven Symptome wahrnahm und den Arzt konsultierte. Diese offen neurotische Gruppe, so stellte man fest, variierte in ihrer Größe je nach der Quantität und der Qualität der zur Verfügung stehenden Allgemeinpraxen und spezialisierten psychiatrischen Einrichtungen. Diese Auffassung stimmt gut mit einem fast universellen Befund überein, nämlich mit einer Art Parkinsonschem Gesetz der Neurose: je mehr psychiatrische Einrichtungen vorhanden sind, um so mehr mentale Erkrankungen kommen zum Vorschein. Anders gesagt: *Neurotische Probleme weiten sich in jeder Population so aus, daß sie die ganze verfügbare psychiatrische Fürsorge in Anspruch nehmen.*

Eine letzte Studie mag erwähnenswert sein, da sie einen korrekt validierten Angst-Fragebogen verwendete (Morbid Anxiety Inventory oder MAI) und anhand einer zulänglichen Zufallsstichprobenauswahl der britischen Bevölkerung von der Gallup Poll Organization durchgeführt wurde. Bei diesem Fragebogen sind Punktwerte über 17 recht sichere Anzeichen für klinische Angst, während Punktwerte zwischen 14 und 17 einen Zwischenbereich zwischen Angst und einem gewissen Grad von Normalität abdecken. Neunundzwanzig Prozent der Befragten waren wegen »Angst, Depression oder anderen nervösen Beschwerden« behandelt worden; abermals stoßen wir auf jenes magische Verhältnis von eins zu drei. Nimmt man den Punktwert 14 und darüber als Beweis für Angst, ergab sich, daß vierundvierzig Prozent der Stichprobe ängstlich waren; verwendet man den vorsichtigeren Punktwert 17, sinkt die Zahl auf einunddreißig Prozent ab: ähnlich den Schätzungen Taylors und Chaves für »subklinische Neurose« und abermals nahe an der Marke eins zu drei. Frauen hatten natürlich höhere Punktwerte: Für sie lag das Mittel bei 15, für Männer bei 13. Die Werte stiegen mit höherem Alter an, und tatsächlich hatten auch mehrere frühere Forscher, denen wir schon begegnet sind, einen derartigen Zusammenhang mit dem Alter gefunden.

Sind Zahlen dieser Art typisch für die moderne westliche Welt, wie man zuweilen annimmt, oder fände man auch in nicht-westlichen Kulturen ähnliche Häufigkeitsraten? Die Hypothese, daß mentale Störungen hauptsächlich genetischen Ursprungs sind, mußte nahelegen, daß primitivere Kulturen gleichfalls ihren angemessenen Anteil an neurotischen Verwirrungen haben, auch wenn sie sich beim Fehlen klinischer und anderer medizinischer Einrichtungen nicht so leicht entdecken lassen. Vor kurzem wurde eine Untersuchung in einer Gruppe dreier kleiner Dörfer in Kota in Südindien mit einer Bevölkerung von etwa neuntausend Personen durchgeführt. Die betreffenden Gemeinschaften bestanden aus Brahmanen, meist von hoher Kaste und Landbesitzer; aus Bants, die zumeist Landwirte sind; und aus Mogers, die traditionell Fischer sind. Das nächste psychiatrische Krankenhaus lag vierhundert Kilometer entfernt, bis zum nächsten ausgebildeten Psychiater waren es 110 Kilometer. Insgesamt wurden 1233 Personen befragt, und man fand heraus, daß nicht weniger als siebenunddreißig Prozent zumindest ein psychiatrisches Symptom zugaben. Derartige Symptome waren bei Frauen und unter ärmeren Angehörigen der Gemeinschaft häufiger. Nicht alle, die zu dem Drittel der mit einem psychiatrischen Symptom Behafteten gehörten, waren natürlich ernstlich krank oder bedurften einer klinischen Behandlung, aber es ist interessant, daß die Zahl so sehr in die Nähe derer kommt, die man im England des 18. Jahrhunderts oder im modernen England fand – trotz der gewaltigen kulturellen und sonstigen Unterschiede zwischen diesen beiden Ländern. Nach der niedrigsten Schätzung folgerte man, daß sechs Prozent der Befragten dringend der psychiatrischen Hilfe bedurften und unter der Annahme, daß diese Zahlen typisch waren (und auf gewisse Weise war Kota besser daran als die meisten indischen Gemeinschaften, was etwas mit der mentalen Gesundheit zu tun haben dürfte), brauchten achtzehn Millionen Menschen in Indien psychiatrische Hilfe und Behandlung, hauptsächlich natürlich wegen neurotischer Störungen. Andere, weniger systematische Studien über primitive Stämme und auch über fortschrittlichere afrikanische und asiatische Gemeinschaften ergaben ähnliche Zahlen; bemer-

kenswert ist auch, daß sich Symptome, die im Westen für
neurotische Störungen typisch sind, gleicherweise anderswo
als typisch herausstellten. Die Neurose ist ein weltweites Problem und ihre Verursachung läßt sich nicht mit kulturellem
Fortschritt in Zusammenhang bringen.

Was kann man aus all diesem Belegmaterial schließen?
M. Lader, der eine sorgfältige Studie über die veröffentlichten
Berichte angestellt hat, formuliert es folgendermaßen: »Haben wirklich zehn Millionen Erwachsene in Großbritannien
Angstsymptome, die nicht ausreichen, sie medizinische Hilfe
suchen zu lassen, die aber dennoch stark genug sind, um ihnen Unbehagen, Kummer und Leiden zu bereiten?« Er antwortet auf die Frage: »Das Beweismaterial . . . ist zu folge-
richtig, um ignoriert zu werden. Was die Krankenhauspsychi-
ater sehen, ist die Spitze eines Eisbergs; was praktische Ärzte
sehen, ist gleicherweise nur ein Bruchteil menschlichen
Krankseins.« Wie Lader betont, sind die Implikationen aus
der Anzahl von Menschen mit subklinischer Angst oder neurotischen Symptomen beängstigend. »Die Last der Fälle für
Psychiater und besonders für Allgemeinmediziner könnte sich
fast ins Unendliche vermehren. Im Vereinigten Königreich
hätte der durchschnittliche Allgemeinmediziner etwa fünf-
hundert subklinische Angstpatienten in seiner Kartei, die zu
behandeln er vertraglich verpflichtet ist. Beständen alle auf
ihren Rechten und stünden jedem nur fünfzehn Minuten wöchentlich für ein stützendes psychotherapeutisches Gespräch
zur Verfügung, müßte der Allgemeinmediziner allein unter
dieser Bedingung 125 Stunden in der Woche arbeiten. Die
Patienten werden anspruchsvoller und erwarten ärztliche Behandlung nicht nur bei großen akuten Erkrankungen, sondern ebenso bei geringfügigeren chronischen Zuständen. Die
Möglichkeit der Überlastung der Gesundheitsdienste ist nur
zu offen einsehbar.« Patienten dieser Art erhalten oft eine

teilnahmsvolle Behandlung, auch wenn diese in der Mehrzahl der Fälle nicht eine psychiatrisch erfahrene sein kann; zumeist jedoch werden sie symptomatisch mit angstbeschwichtigenden Pharmaka, Tranquilizern und dergleichen behandelt. Die Kosten dieser Mittel belaufen sich für den National Health Service auf nahezu dreißig Millionen Pfund jährlich, und obwohl diese Medikamente ziemlich wirksam und sicher in der Anwendung sind, verursachen sie doch häufig eine langwährende Abhängigkeit. Sie bewirken sicherlich keine Heilung; sie sind nur Linderungsmittel.

Lader nimmt wie die meisten Psychiater an, daß neurotische Störungen in gewissem Sinn Krankheiten und daher ein medizinisches Problem seien. Dies ist eine Möglichkeit, die Lage zu betrachten; es gibt, wie wir sehen werden, auch andere. Neurosen und andere mentale Störungen lassen sich als moralische Probleme verstehen; zumindest in katholischen Ländern konsultieren weit mehr Neurotiker ihren Priester als den Psychiater. In den Vereinigten Staaten zeigten mehrere Studien, daß nur eine kleine Minderheit von Neurotikern einen Psychiater aufsucht; weit mehr wenden sich an Geistliche, Quacksalber, Ratgeber, Lieblingstanten, Psychologen – an fast jeden, nur nicht an einen medizinisch qualifizierten Heilkundigen. Der Grund dafür ist nur zum Teil finanzieller Natur; den meisten Menschen erscheint die Medizin als unangemessen für ihre Schwierigkeiten. Damit könnten sie sehr wohl recht haben. Wir werden bald sehen, daß sich neurotische Störungen als angelernte Reaktionen verstehen lassen, die man »entlernen« kann; nichts davon schließt medizinische Faktoren mit ein, und es ist zu bezweifeln, ob eine medizinische Ausbildung für die angemessene Behandlung bedeutsam ist. Worin diese besteht, werden wir gleichfalls später betrachten müssen.

Es ist ziemlich klar, daß die Gruppe der »Neurotiker« nicht

homogen ist. Sie alle lassen sich mit mehr oder weniger Gewißheit entlang eines Kontinuums anordnen, das sich mit »Diathese-Streß-Kontinuum« bezeichnen läßt. »Diathese« ist einfach ein medizinischer Ausdruck für die Disposition, eine bestimmte Störung zu entwickeln; mit anderen Worten: gewisse Menschen weisen eine derart starke Veranlagung für emotionale Verwirrungen, »Nerven«, Sorgen, Ängste und so fort auf, daß sie der leichteste Streß aus der Fassung bringt. Sie machen die etwa fünf Prozent der Bevölkerung aus, die eine lebenslängliche Ängstlichkeit von beinahe völlig konstitutioneller Natur zeigen. Die Symptome variieren nach Art und Stärke, fehlen aber kaum, und die Prognose ist nicht gut. Am anderen Ende des Kontinuums befinden sich Menschen, die konstitutionell normal sind, aber einen überwältigend starken Streß erlitten haben; die traumatischen Kriegsneurosen sind von dieser Beschaffenheit. Hier ist die Prognose gut. Die große Masse subklinischer Neurotiker liegt zwischen diesen beiden Extremen und läßt sowohl Disposition (Diathese) wie Streß erkennen. Im Grunde ist das Wesen des beteiligten »Streß« überhaupt nicht klar verstanden, und zuversichtlich verkündete Ansichten über diese Themen sind selten durch faktisches und empirisches Material untermauert. Psychoanalytische Spekulationen sind besonders weit verbreitet, doch ohne empirisches Fundament. Lader gibt zu verstehen, daß »wahrscheinlich die Einstellungen des Allgemeinmediziners und des allgemeinen Publikums gegenüber der Neurose die wichtigsten Faktoren für die Feststellung der Häufigkeit von offenen Neurosen sind. Ein freundlicher, teilnahmsvoller Arzt mit Zeit zum Zuhören wird bei vielen seiner Patienten mit einem subklinischen Angstzustand entdecken, daß sie offene Symptome entwickeln.« Dies ist eine sinnvolle Hypothese, doch abermals fehlt es bislang an einer kräftigen Untermauerung.

Zusammenfassung

Der Leser wäre kaum zu tadeln, wenn er das Empfinden hätte, daß unser Wissen über das Wesen und die Häufigkeit der Neurose bemerkenswerte Mängel an Substanz und Gehalt aufweist. Wir können die Neurose nicht unzweideutig definieren – ja, wir könnten nicht einmal mit Sicherheit sagen, ob es so etwas gibt oder nicht. Wir wissen nicht, wie viele Menschen an dieser möglicherweise nicht-existenten Krankheit leiden. Wir wissen nicht, ob sie, falls sie existiert, als Krankheit im medizinischen Sinn anzusehen ist. Falls sie eine Krankheit sein sollte, wüßten wir nicht, wie sie zu behandeln wäre, es sei denn mit Linderungsmedikamenten. Auf jeden Fall ist sie, was immer sie sein mag, ziemlich heterogen. Erblichkeit scheint eine Rolle zu spielen, doch das tut auch die Umwelt – falls wir nur wüßten, welche Umweltaspekte im Spiel sind! Jedenfalls scheint eine große Anzahl von Menschen von diesem undefinierbaren »Krank-Sein« befallen zu sein, was die Gesundheitseinrichtungen erheblich belastet. Das ganze ist paradox, beängstigend und die Ursache für eine große Menge an Leiden. In dieser verwirrenden Situation sind laute Stimmen zu vernehmen, die schrill verkünden, sie und sie allein hätten den Schlüssel nicht nur zum Wesen und zur Ursache der Störung, sondern auch für die Heilung. Unglücklicherweise widersprechen sich diese Stimmen; überdies gelingt es ihnen nicht, akzeptables Beweismaterial zur Untermauerung ihrer Behauptungen beizubringen. Kein Wunder, daß sich die meisten Menschen verwirrt und zugleich verängstigt fühlen und die bedrohlichen Wörter »mentale Krankheit« oder »Geisteskrankheit« nicht gern in den Mund nehmen. Immerhin ist dies nun einmal die Lage. Wir müssen die Tatsachen hinnehmen, wie sie sind; kann die Forschung ein Licht auf die Ursachen und die Heilung der Neurose werfen?

2. Ursachen der Neurose

Dämonologie und Psychoanalyse

Fast bis zur letzten Jahrhundertwende trat die weitestverbreitete und fast universelle Theorie bezüglich mentaler Krankheiten unter dem Stichwort der dämonischen oder satanischen Besessenheit auf; jemand, der sich auf eine Weise verhielt, daß ihm die Einsicht fehlte (wie es der Psychotiker tut), oder daß er seinen eigenen erklärten Absichten und Wünschen entgegenhandelte (wie es der Neurotiker tut), vermochte dies nur zu tun, weil er von einer fremden Macht besessen war. Diese Macht konnte eindeutig nur vom Bösen kommen, da sie im Gegensatz zum normalen, gottesfürchtigen Verhalten stand, wie es normale, gottesfürchtige Menschen demonstrierten. Eine solche Diagnose der Ursache indizierte zugleich die Therapie: Exorzismus. Wenn ein kleiner Satan oder Beelzebub diese betrüblichen Symptome verursachte, dann mußte der Priester oder der Hexendoktor oder wer immer die Kräfte seines religiösen Amts einsetzen, um den Teufel auszutreiben. Falls der Patient im Verlauf dieser Prozeduren zu Schaden kam (der oft nicht mehr zu beheben war), zählte das wenig; es ging um seine unsterbliche Seele, und da durfte sich kein Bedenken wegen seines Körpers dazwischenschalten. Man sollte sich nicht vorstellen, daß diese Methoden unbedingt nutzlos und absurd gewesen seien, nur weil sie aus einer offensichtlich falschen Vorstellung von der Ursache der geistigen Erkrankung hervorgegangen waren. Karl Jaspers, einer der berühmtesten deutschen Psychiater der Zeit vor Hitler, stellte ausdrücklich fest, daß seines Erachtens

Psychoanalytiker, Psychotherapeuten und andere ärztliche Praktiker zweifellos im Hinblick auf die Behandlungswirkung eindeutig »Schamanen, Medizinmännern, Priestern, religiösen Führern, Heiligen und Quacksalbern aller Art« unterlegen waren. Der Grund dafür ist natürlich, daß für den Gläubigen der Einfluß einer solchen Person in keinem Verhältnis zum rationalen Gehalt einer Aussage steht, die eine Verbindung zwischen den beiden herstellt; die Suggestibilität steigert sich bis zu einem Punkt, wo verblüffende mentale und körperliche Phänomene gang und gäbe werden.

Es wäre ganz falsch, sich vorzustellen, man müsse die wahre Ursache einer Störung kennen, ehe man sie erfolgreich behandeln kann. Historisch geht die Entdeckung des Syndroms gewöhnlich derjenigen der Krankheits-»Ursache« voraus – wobei wir für den Augenblick annehmen wollen, daß es wirklich eine einzige Ursache gibt und nicht vielmehr einen ganzen Komplex ursächlicher Faktoren, die zusammenwirken, um die »Krankheit« hervorzubringen. So erörtert bereits der römische Autor Celsus (25 v. Chr.–50 n. Chr.) in seiner Schrift *De Medicina* die Tuberkulose, obwohl die Entdeckung des Tuberkelbazillus erst 1882 stattfand. Auch wartete die Behandlung nicht immer auf die Entdeckung der »Ursache«. Aretaios von Kappadokien, der im 3. Jahrhundert n. Chr. lebte, soll eine Milchdiät bei Schwindsucht eingeführt haben, um nur ein Beispiel zu erwähnen. Im 18. Jahrhundert war die Ursache des Skorbuts nicht bekannt, aber man wandte frische Obstsäfte an, um sein Auftreten zu verhindern. Jenner kannte die Ursachen der Pocken nicht und wußte auch nicht, warum eine Impfung Schutz gegen die Krankheit bot. So müssen uns der Mangel an Wissen und selbst die Annahme ganz unvernünftiger »Ursachen« nicht daran hindern, Heilmittel zu entdecken, die recht wirksam sein können. Der Exorzismus funktionierte in einigen Fällen wahrscheinlich ganz gut, doch das allgemeine Fehlen religiöser Gefühle in unseren Tagen macht ihn völlig ungeeignet als Heilmittel gegen neurotische und andere mentale Übel.

Satanische Besessenheit und Exorzismus wurden als kausale Faktoren in der Erklärung der Neurose durch die Psychoanalyse ersetzt, und in den letzten fünfzig Jahren waren es die Theorien Freuds und seiner Nachfolger, die gewichtigen Einfluß auf das Denken sowohl der Psychiater wie der Psychologen ausübten. Es wäre ganz unangebracht, im einzelnen auf diese Theorien einzugehen; wir werden nur eine sehr kurze und dürftige Darstellung der Hauptumrisse dieser Theorien geben, was zu einer Erörterung der darauf basierenden Behandlungsmethoden führen soll. Dies mag ungerecht erscheinen, aber es stehen viele andere Darstellungen zur Verfügung, und diese Theorien und Methoden sind ohnehin, wie wir aufzeigen werden, jetzt nur noch von historischem Interesse. Also kurz gesagt: Freud entwickelte ein medizinisches Modell, nach dem die »Symptome«, über die der Patient klagt, das Resultat einer Neubelebung bestimmter »Komplexe« sind, die in der frühesten Kindheit angelegt wurden; die Behandlung habe sich mit diesen Komplexen zu befassen, nicht mit den Symptomen. Der primäre und im Grunde universelle Komplex war natürlich der Ödipuskomplex; entsprechend dieser Sage verliebt sich jeder Junge in seine Mutter, begehrt sie sexuell, unterdrückt diesen Trieb aber aus Furcht vor seinem Vater. Der unbewußte Komplex schwelt weiter und läßt Symptome entstehen, wenn Ereignisse in der Lebensgeschichte des Patienten seine Widerstände schwächen oder den latenten Komplex erwecken. Die Behandlung besteht in endlosen Gesprächen, während deren der Analytiker versucht, eine Vorstellung von der inneren Dynamik im Leben des Patienten zu gewinnen: durch Traumdeutung, durch Wortassoziation oder durch scheinbar zielloses Reden des Patienten, der ermahnt wird, alles zu sagen, was ihm in den Sinn kommt. Dann versucht der Analytiker, den Patienten dazu zu bringen, sich an die Situationen zu erinnern, die den Komplex auslösten, und diese Erinnerungen in sein jetziges Leben zu integrieren – nicht nur intellektuell, sondern auch emotional. Dies nimmt lange Zeit in Anspruch (selbst unter der Annahme, daß es sich überhaupt machen läßt, und unter der Annahme, daß es überhaupt etwas zu erinnern und integrieren gibt); es ist bezeichnend, daß die Psychoanalyse noch immer mehrere Jahre dauert, wobei man fünfmal wöchentlich je eine Stunde beim Analytiker zubringt – zu einem Preis von fünfzig Dollar pro Stunde (in den USA). Eine ausgewachsene Analyse dürfte wahrscheinlich um die fünfzigtausend Dollar kosten, wenn man als durchschnittliche Dauer vier Jahre annimmt; einige sind kürzer, andere jedoch dauern beträchtlich länger, und Analysen über zwanzig Jahre hinweg sind nichts Unbekanntes.

Diese sehr unzulängliche Darstellung läßt viele interessante und faszinierende Insassen der Freudschen Menagerie außer Betracht. So haben wir eine Zensur, die heftig darauf bedacht ist, beunruhigende Gedanken nicht bewußt werden zu lassen, obwohl sie nachts gelegentlich schläft und zuläßt, daß böse Gedanken in der Verkleidung unserer Träume zum Vorschein kommen. Die heilige Trinität des Ich, des Über-Ich und des Es tritt auf, das gleiche tun Eros und Thanatos, der Liebes- und der Todestrieb. Freud durchstöberte die ganze griechische Mythologie, um seine vielen Schöpfungen zu benennen, aber wir müssen darauf verzichten, auf diese verblüffenden und fabelhaften Details einzugehen. Im Dschungel des Unbewußten wimmelt es von gefährlichen Monstern, und nur der stets wachsame Analytiker vermag den unaufmerksamen Patienten zu schützen. Die eigentlichen Details der Geschichte variieren sehr, je nach dem Erzähler; verschiedene Analytiker haben sehr unterschiedliche Geschichten über ihre Abenteuer in diesem Land des Geheimnisvollen zu berichten. Selbst ein und derselbe Erzähler ändert oftmals seinen Sinn; Freuds eigene Darstellung wechselt jedesmal, wenn die Geschichte neu erzählt wird. Vieles von dem, was Freud zu sagen hat, ist natürlich nur eine Wiederholung dessen, was andere gedacht haben. Schon Platon erzählte die Fabel des Wagenlenkers, der seine beiden Pferde zu bändigen hat, das gute Pferd und das böse; der Wagenlenker ist das Ich, das gute Pferd das Über-Ich, das böse ist das Es. Der Hauptunterschied besteht darin, daß sich Platon bewußt war, eine Fabel zu erzählen, um eine philosophische Frage zu illustrieren; Freud unterlag der Versuchung, eine wissenschaftliche Theorie zu konstruieren. Selbst das Unbewußte war natürlich keine Erfindung Freuds; wenigstens zweihundert weitere Autoren von den ältesten Zeiten bis herauf zu Freuds Epoche waren ihm darin vorangegangen, solches zu postulieren.

Es mag nützlich sein, dem Leser an dieser Stelle ein Beispiel vorzuführen, das die Art von Theorien illustriert, wie sie Freudianer vortragen, um gewisse neurotische Symptome zu erklären und dem einen wissenschaftlicheren Erklärungstypus entgegenzustellen. Das gewählte Beispiel ist absichtlich so ausgesucht, daß es ziemlich einfach und unwichtig ist; mit komplexeren Fällen werden wir uns später befassen. Allerdings ist der Fall der Enuresis nocturna, des nächtlichen Bettnässens sehr lehrreich; er führt eine Anzahl interessanter Punkte vor Augen, die wir später weiter ausarbeiten werden. Die Fakten sind ganz einfach; viele Kinder nässen nachts ins Bett, und dies selbst noch in einem Alter, in dem die Mehrzahl ihrer Brüder und Schwestern damit aufgehört hat. Warum? Und was kann man dagegen tun? Die Psychoanalytiker betrachten die Enuresis mit schwerem Argwohn; einer von ihnen sagte: »Die Enuresis gilt in der Psychoanalyse stets als

Symptom einer tiefer zugrunde liegenden Störung.« Unter diesem Blickwinkel schreibt der Kliniker fundamentale kausale Bedeutung den tiefsitzenden Mustern der Kind-Eltern-Beziehungen zu, die »von Geburt an entsprechend dem komplexen Wechselspiel unbewußter Kräfte auf beiden Seiten geformt werden«. Einige der von Analytikern vertretenen Theorien nehmen die Grundlage der psychoanalytischen Symbolik an. Für einen Analytiker beispielsweise »stellt die Enuresis ein Abkühlen des Penis dar, dessen Feuer vom Über-Ich verurteilt wird«. Für einen anderen bedeutet die Enuresis einen Versuch, einer masochistischen Situation zu entkommen und die destruktiven Tendenzen nach außen zu verlagern, indem man den Urin als ätzende Flüssigkeit und den Penis als eine gefährliche Waffe versteht. Wieder ein anderer Analytiker gibt zu verstehen, daß die Enuresis gewöhnlich ein Liebesverlangen darstelle und eine Form des »Weinens durch die Blase«.

Es gibt zu viele unterschiedliche Spekulationen dieser Art bei den psychoanalytischen Autoren, um sie alle aufzuführen; bequemerweise lassen sie sich nach drei verschiedenen Gesichtspunkten gruppieren. Einige meinen, die Enuresis sei eine Ersatzform der Befriedigung unterdrückter genitaler Sexualität: Wenn ich nicht mit meiner Mutter schlafen kann, dann werde ich meinen Penis auf diese Weise benutzen. Andere betrachten die Enuresis als unmittelbare Manifestation tiefsitzender Ängste und Befürchtungen. Wieder andere interpretieren sie als kaschierte Form der Feindseligkeit gegenüber Eltern oder Ersatzeltern, einer Feindseligkeit, die das Opfer nicht offen auszudrücken wagt: Wenn ich dich nicht offen angreifen kann, weil du stärker bist, dann werde ich dich auf diese Weise ärgern. All diese Theorien bestehen auf dem Primat eines psychischen »Komplexes« und der sekundären Rolle des »Symptoms«; das Interesse gilt jenem, nicht diesem. Infolgedessen zieht sich die Behandlung lange hin, läßt sich auf die suchende Prüfung des Unbewußten des Patienten durch Traumdeutung, Wortassoziation und andere komplexe Methoden ein und begibt sich in die Erörterung über viele Aspekte der kindlichen Persönlichkeit, die offenbar für den einfachen Vorgang des Bettnässens unerheblich sind. Erzielt dieser ganze komplizierte Aufwand eine Wirkung?

Es besteht kein Zweifel, daß Kinder, die über eine Anzahl von Jahren hinweg so behandelt werden, wirklich eine Besserung zeigen und ein recht hoher Anteil von ihnen geheilt daraus hervorgehen wird. Doch das ist kein gerechtes Kriterium; man weiß gut, daß die meisten enuretischen Kinder spontan remittieren, das heißt, sie zeigen auch dann eine Besserung, wenn sie überhaupt keine psychiatrische oder medizinische Behandlung erhalten. Mit fünf Jahren sind etwa zwölf Prozent aller Kinder Bettnässer, aber mit etwa zwölf sind es nur noch wenige; die übrigen haben das Verhalten ganz ohne Behandlung aufgegeben. So befindet sich der Therapeut in einer guten Position, ganz so wie ein Arzt, der eine gewöhnliche Erkältung behandelt; was immer er tut, dürfte bessernd wirken, und der dankbare Patient wird wahrscheinlich dem Arzt für die Behandlung danken, auch wenn die Heilung ohne diese Behandlung genauso rasch eingetreten sein könnte. Um die Nützlichkeit seiner Behandlung zu beweisen, müßte er zeigen, daß sie besser ist als keine Behandlung; das heißt, wir benötigten klinische Versuche, bei denen Patienten aufs Geratewohl einer Behandlungsgruppe zugewiesen werden, in der sie einer Psychoanalyse oder einer anderen Behandlung unterzogen werden, die den Patienten vermeintlich »heilt«, und dazu eine Kontrollgruppe, der entweder keine Behandlung oder noch besser eine »Placebo«-Behandlung zuteil wird, nämlich eine Form einer sinnlosen und sicherlich wirkungslosen »Kur«, die dem Patienten suggeriert, es geschehe etwas für ihn, während er in Wirklichkeit nur eine Pillenattrappe aus Zucker und Mehl erhält. Eine derartige Placebobehandlung ist bedeutsam; suggestiblen Patienten kann es besser gehen, wenn sie die Tatsache, daß sie behandelt werden, so sehr beeindruckt, daß die Suggestion wirksam wird und sie veranlaßt, ihr »Symptom« aufzugeben. Deshalb könnte die Psychoanalyse, im Vergleich mit Behandlungslosigkeit, einfach dank einem Suggestionseffekt wirken; dies ließe sich ausschließen, wenn man eine überzeugende Placebobehandlung hätte. Experimente haben gezeigt, daß die Wirksamkeit von Schmerztabletten und Injektionen zu fünfzig Prozent auf Suggestion zurückgeht; mit anderen Worten: Placebotabletten und -spritzen, die keinerlei physiologische Wirkung haben, sind mindestens halb so wirksam und können genauso wirksam sein wie Aspirin und Morphium. Die Suggestibilität ist ein bedeutsamer Faktor, den man stets sorgfältig in derartigen Experimenten kontrollieren sollte, und dies zumal dann, wenn die vermeintlichen Wirkungen teilweise oder völlig mentaler Natur sind.

Funktioniert die Psychotherapie, wenn die Bedingungen auf diese Weise korrekt kontrolliert werden, das heißt, wenn wir mit unserer Experimentalgruppe im Vergleich zu einer angemessen zusammengestellten Placebo- oder therapielosen Gruppe arbeiten? Die Antwort ist nicht bekannt; Psychoanalytiker und Psychotherapeuten versäumten es hier wie in anderen, wichtigeren Bereichen völlig, ihre weitreichenden Ansprüche durch angemessene Experimente oder klinische Versuche zu untermauern. Aus veröffentlichten Arbeiten und aus dem, was man über den natürlichen Verlauf der Enuresis bei Kindern weiß, kann man eine gewisse Antwort konstruieren, wiewohl dies natürlich eine weit weniger befriedigende Methode als der direkte klinische Vergleich ist. Eine derartige Antwort fiele negativ aus; an Enuresis leidende Kinder, die von erfahrenen Psychoanalytikern oder von Psychotherapeuten unter Anwendung analytischer Begriffe und Methoden behandelt werden, scheinen keineswegs rascher eine Besserung zu zeigen als überhaupt nicht behandelte Kinder. Es scheint möglich zu sein, daß die Psychoanalyse im Vergleich zu einer Placebo-Behandlungsgruppe sogar noch schlechter funktioniert, doch das Material ist im Augenblick nicht ausreichend, als daß sich dies mit irgendwelcher Gewißheit feststellen ließe. Allerdings bedarf es keines solchen Beweises; halten wir an dieser Stelle nur fest, daß es kein veröffentlichtes Belegmaterial gibt, wonach die Psychoanalyse bei Kindern oder Erwachsenen die Enuresis heilte oder besserte. Dies muß einen sehr argwöhnisch gegenüber jeglicher Behauptung machen, die betreffende Theorie sei richtig, und zwar sowohl im Hinblick auf die Herkunft des »Symptoms« wie im Hinblick auf die Behandlungsmethode.

Es ist interessant festzustellen, daß lange, bevor die mittelalterliche Dämonologie und die viktorianische Psychoanalyse in Erscheinung traten, bereits die Rudimente einer Theorie existierten, die später in zurückhaltenderer und wissenschaftlicherer Weise neurotische Befürchtungen und Ängste erklären sollte. Diese alten Theorien waren griechischen Ursprungs, wurden aber in ihrer überzeugendsten Form von Marcus Tullius Cicero in seinen *Tusculanae Disputationes* artikuliert. An erster Stelle erklärt er: »Ab earum rerum est absentium metus, quarum est aegritudo«, das heißt, bei neurotischen Störungen empfindet man Angst vor nicht anwesenden Dingen, deren Anwesenheit Kummer oder Schmerz oder Bedrängnis auslöst. Dies läßt augenblicklich an einen Lernprozeß denken, bei dem der korrekt mit dem »anwesenden Ding« (dem unkonditionellen Reiz, nach modernem Sprachgebrauch) assoziierte Schmerz hervorgerufen wird, wenn das »Ding« nicht vorhanden ist, das heißt durch einen konditionellen Reiz. Wenn wir nun die Schmerzreaktion beseitigen können, wird auch die neurotische Angst weggenommen: »Sublata igitur aegritudine sublatus est metus.« Dies legt natürlich eine Löschungsmethode nahe, sei es durch Desensibilisierung, durch Reizüberflutung oder durch Modelllernen. Cicero schließt seine Darstellung damit ab, daß er auf individuelle Unterschiede verweist: »At qui in quem cadit aegritudo, in eundem timor; quarum enim rerum praesentia sumus in aegritudine, eadem impedentes et venientes timemus.« Frei übersetzt heißt das, daß derjenige, der leicht in Bedrängnis gerät, auch eine leichte Beute der Angst oder der Furcht ist. Denn wenn Reize durch ihre Anwesenheit Schmerz auslösen, fürchten wir auch die Drohung, daß sie sich einstellen könnten. Mit anderen Worten: Menschen mit starken Angstreaktionen auf aktuelle Gefahren und belastende Situationen lassen auch starke angelernte Ängste bei Abwesenheit dieser Reize erkennen. Wir können Cicero nicht in die Einzelheiten seiner Erörterungen folgen, doch die Elemente unserer modernen Neuroseauffassung sind in seiner Darstellung sicherlich enthalten.

Biologische Faktoren

Gibt es eine Alternative? Es gibt tatsächlich eine, und diese Alternative ist typisch für die in diesem Buch vertretene Auffassung. Die von den Verfechtern dieser Alternative gehegte Ansicht besagt, daß sich in der Mehrzahl der Fälle Enuresis als einfacher Verhaltensdefekt betrachten läßt. Dieser Verhaltensfehler geht auf ein bestimmtes falsches Verhaltenstraining zurück. Gewöhnliche Enthaltsamkeitstrainingsprozesse dienen dazu, dem Kind beizubringen, daß es auf Blasenstimulation mit Erwachen reagiert. Das Kind lernt so, das

Bettnässen durch den Gang auf die Toilette (oder durch die Benutzung des Töpfchens) zu ersetzen; scheitert dieses Lernen, ist Enuresis die Folge. Eine gründliche Untersuchung hat gezeigt, daß trotz eines gelegentlich vorhandenen Grades an Pathologie im Blasenentleerungssystem in neun von zehn Fällen Bettnässen ein Gewohnheitszustand ist. Einen etwas anderen Standpunkt nehmen diejenigen ein, die meinen, einfache Enuresis sei eine Fortsetzung der automatischen frühkindlichen Blasenreflexe in die spätere Kindheit hinein, während im Fall komplizierterer Enuresisarten das Kind die Gewohnheit erworben hat, während des Schlafs in Reaktion auf bestimmte Umweltbedingungen zu urinieren. Beide Typen der Enuresis werden auf falsche Trainingsverfahren zurückgeführt.

Es gibt zwei hauptsächliche »Ursachen« dieses mutmaßlichen Gewohnheitsdefekts, die natürlich beide zusammenwirken können, um jenes Ergebnis hervorzubringen. Die eine ist falsches oder unzulängliches Training oder eine ähnliche umweltliche Verursachung; die andere ein Mangel an Trainierbarkeit beim Kind. Die letztere Bedingung mag einfach von dem Umstand herrühren, daß das Kind ungewöhnlich tief schläft und daher auf den Drang der vollen Blase hin nicht aufwacht; oder es könnte sein, daß es konstitutionell disponiert ist, Schwierigkeiten mit den notwendigen neuralen Verbindungen zwischen dem Reiz (der vollen Blase) und der Reaktion (dem Aufwachen) zu haben. Beide Bedingungen spielen offenbar eine Rolle, wobei extravertierte Kinder größere Schwierigkeiten haben als introvertierte; wir werden später sehen, warum dies so sein dürfte. Hier wollen wir uns nicht weiter auf die Theorie über die Entstehung der Enuresis einlassen, sondern statt dessen die sich aus einem solchen Modell nahelegenden Behandlungsmethoden betrachten.

Die Hypothese besagt, daß es dem Kind nicht gelingt, den

Reiz und die Reaktion miteinander zu verknüpfen; die Behandlung sollte daher darin bestehen, Bedingungen zu schaffen, die dazu führen, daß eine solche Verknüpfung hergestellt wird. Der erste, der eine praktische Methode dafür vorgeschlagen hat, war ein englischer Kinderarzt, Dr. J. Nye, der seine vorgeschlagene Behandlung 1830 folgendermaßen beschrieb: »Man verbinde einen Pol einer elektrischen Batterie mit einem feuchten Schwamm oder einer Metallplatte, angebracht zwischen den Schultern des Patienten, und den anderen Pol mit einem trockenen Schwamm, angebracht am meatus urinarius (dem Harnröhrenausgang). Ist dies geschehen, und zwar so, daß es den Patienten nicht belästigt, lasse man ihn zu Bett bringen und den Stromkreis durch das Bett schließen. Das Geräusch der Batterie wird den Patienten bald in Schlaf lullen. Solange der Schwamm trocken ist, fließt keine Elektrizität durch den Körper des Patienten, und sein Schlummer bleibt ungestört, doch in dem Augenblick, da der Patient zu urinieren beginnt, wird der Schwamm feucht und zu einem elektrischen Leiter. Der Stromkreis schließt sich durch den Körper des Patienten, er wird aufgescheucht, erwacht und ertappt sich während des Vorgangs selber, und so tritt durch den Willen wie durch die Elektrizität die Warnung vor einer Fortsetzung zumindest in diesem Augenblick ein. Eine Wiederholung der gleichen Erfahrung in einer ausreichenden Anzahl von Fällen sollte, wie ich zu meinen geneigt bin, den Patienten heilen, doch seit mir dieser Gedanke kam, hatte ich noch keine Gelegenheit, ihn der Prüfung durch ein praktisches Experiment zu unterziehen und ihn meinem Berufsstand zur Erörterung seines Werts vorzulegen.« Wir wissen jetzt, daß die Methode in der Tat sehr gut funktioniert hätte.

Was bei dem vorgeschlagenen Arrangement stattfindet, ist ein Pawlowscher Konditionierungsprozeß. Pawlows ursprüngliches Experiment ist ausreichend bekannt und bedarf weniger Erklärungen. Er demonstrierte, daß Hunde nicht auf den Klang einer Glocke hin, aber auf den Anblick von Nahrung hin Speichel absonderten. Dann verband er die beiden Reize (Glocke – Nahrung) mehrmals miteinander, bis schließlich die Glocke (der sogenannte konditionelle Reiz oder CS) selbst beim Fehlen von Nahrung (dem unkonditionellen Reiz oder UCS) reichliche Speichelabsonderung hervorrief. In dem oben beschriebenen Arrangement bildet die vergrößerte Blase den konditionellen Reiz und das vom Stromkreis erzeugte Kribbelgefühl, von dem der Patient aufwacht, den unkonditionellen Reiz. Nach ein paar Wiederholungen löst der konditionelle Reiz den Effekt aus, den zuvor nur der unkonditionelle hervorgebracht hat, nämlich das Aufwachen des Patienten, ehe er bettnäßt. So wird der Gewohnheitsdefekt durch die Ergänzung der üblichen Trainingsverfahren auf diese spezielle Weise behoben. Eine der von Nye vorgeschlagenen ähnlichen Methoden wurde sehr erfolgreich in Australien angewandt, doch die verbreitetste, die um die Jahrhundertwende in Deutschland aufkam, verwendet statt dessen ein zwischen zwei porösen Metallplatten angebrachtes Bettuch; diese Platten sind in einer Reihenschaltung mit einer Batterie und einer Glocke verbunden. Das trockene Bettuch wirkt als Isolator; sowie das auf dieser Vorrichtung schlafende Kind das Bettuch naßzumachen beginnt, fungiert der salzhaltige Urin als elektrischer Leiter und stellt eine Verbindung zwischen den beiden Metallplatten her. Dadurch wird der Stromkreis geschlossen, die Glocke läutet und weckt das Kind auf – und veranlaßt es, reflexhaft den Vorgang des Urinierens zu unterdrücken. Diese Methode wird jetzt weithin in Kinderbetreuungskliniken in aller Welt angewandt; sie ist völlig sicher und wird von Eltern wie Kindern gleicherweise akzeptiert. Funktioniert sie?

Abbildung 1 zeigt die Ergebnisse der Anwendung von drei verschiedenen Behandlungen bei Enuretikergruppen. Die erste war eine Placebobehandlung, das heißt eine Behandlungsattrappe, die keine weitere Wirkung haben sollte, als eine Suggestibilitätskontrolle zu liefern und die Illusion zu wecken, daß geholfen worden sei. Man erkennt, daß in der Zeitspanne von sechs Wochen, die der Test dauerte, bei den Patienten keinerlei Besserung eintrat. Die beiden anderen Gruppen wurden nach der »Glocken-und-Bettuch«-Methode behandelt, allerdings mit einem wichtigen Unterschied. Bei der einen Gruppe war das Gerät stets eingeschaltet, bei der anderen nur in zwei von drei Malen, so daß in einem von drei Fällen der Patient nicht den Zusammenhang von Blasenvergrößerung und Wecken durch die Glocke erlebte. Die erste Methode ist die der kontinuierlichen Verstärkung, die zweite die der intermittierenden Verstärkung, was bedeutet, daß die Verknüpfung zwischen konditionellem Reiz und unkonditionellem Reiz kontinuierlich oder mit Unterbrechungen stattfand. Der Grund für diesen Unterschied wird bald deutlich werden; im Augenblick halte man einfach fest, daß unter beiden Bedingungen das wöchentliche Mittel des nächtlichen Bettnässens von durchschnittlich achtmal auf weniger als einmal absank – was natürlich bedeutet, daß die große Mehrheit der Kinder völlig geheilt war. Die intermittierende Verstärkung mag als ein bißchen weniger wirksam erscheinen, was kaum überrascht, doch sie läuft auf weithin den gleichen Grad von Besserung oder Heilung hinaus.

So zeigt sich, daß diese Methode einfach, schnell und mühesparend ist; die Behandlung geschieht zu Hause, durch die Eltern, und bedarf nicht der Mitwirkung durch einen Psychologen oder einen Psychiater – ausgenommen zu Beginn, um die Behandlung einzuleiten, und gelegentlich während ihres Verlaufs zur Feststellung, was sich abspielt. Sie liefert den ein-

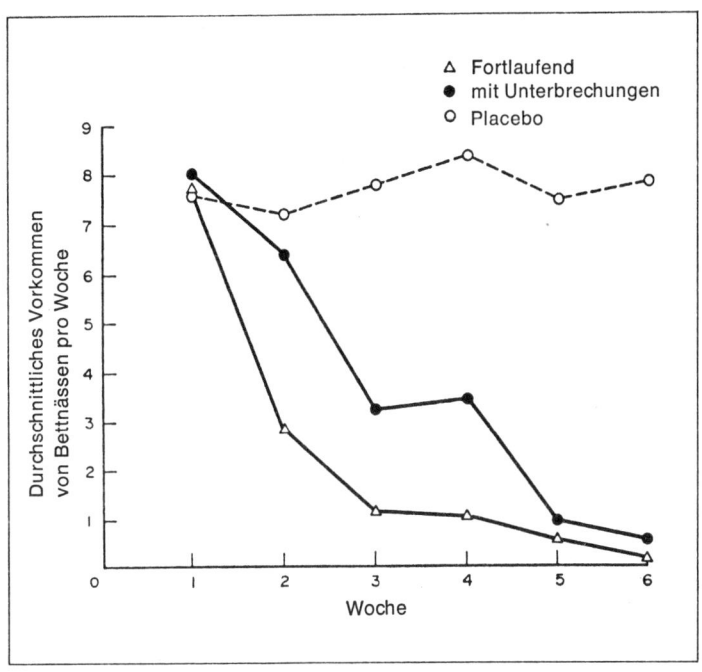

1. Die Wirkungen verschiedener Behandlungsmethoden bei nächtlichem Bettnässen.

deutigen Beweis für ihre Wirksamkeit (es handelt sich natürlich nicht um die einzige derartige Untersuchung; es gibt viele weitere, die das gleiche Ergebnis erbringen). Nicht zuletzt leuchtet die Behandlung unmittelbar ein, mit anderen Worten: Eltern und Kinder verstehen augenblicklich ihren Sinn und haben keine Schwierigkeiten, bereitwillig mitzuarbeiten und die Vorrichtung zu betätigen. Dies sind wichtige Vorteile.

Das Experiment, dessen Ergebnisse in Abbildung 1 wiedergegeben sind, läßt sich jetzt verwenden, um zwischen den beiden Theorien zu unterscheiden, mit denen wir zu tun haben, nämlich der psychoanalytischen und der verhaltenspsychologischen. Beide Theorien machen Vorhersagen, und soweit sich diese widersprechen, kann das Experiment gut dazu dienen, uns mitzuteilen, welche Theorie richtig ist – oder eigentlich: welche Theorie besser mit den Tatsachen in Einklang steht. (In der Wissenschaft läßt sich keine Theorie jemals »richtig« nennen; sie mag heute zutreffen, doch morgen kann eine Tatsache auftauchen, die sich nicht im Sinn unserer Theorie verstehen läßt.) Betrachten wir also die von beiden Theorien gemachten Vorhersagen und erwägen wir auch einige weitere Sachverhalte, die durch das Experiment zutage kamen und von denen bisher aber noch nicht die Rede war.

In erster Linie hätte die Psychoanalyse nicht vorhergesagt, daß die Behandlung wirklich funktioniere; bestenfalls hätten Psychoanalytiker erklärt, in ein paar vereinzelten Fällen könne eine derartige »symptomatische« Behandlung für eine begrenzte Zeitspanne Erfolg haben. Verhaltenswissenschaftler hingegen konnten einen Erfolg vorhersagen und taten es auch; wie wir sahen, wurde die Vorhersage schon vor anderthalb Jahrhunderten gemacht. In diesem Punkt müssen wir der Verhaltenstheorie einen Pluspunkt zuschreiben, der psychoanalytischen aber einen Minuspunkt.

Nahezu sämtliche Kinder haben das gewünschte Verhalten gelernt; besteht die Wahrscheinlichkeit, daß sie rückfällig werden? Die Lerntheorie würde sagen, es bestehe durchaus die Möglichkeit, daß viele von ihnen rückfällig werden. Das hat seinen Grund einfach darin, daß alle konditionierten Reaktionen der Löschung unterworfen sind. Wir werden diese Löschung später einigermaßen detailliert erörtern (weil sie ein wesentlicher Begriff für die Behebung neurotischer Störungen ist), doch hier wollen wir einfach feststellen, daß konditionierte Reaktionen durch die Verbindung von konditionellem Reiz und unkonditionellem Reiz zustande kommen; werden sie später voneinander getrennt, und der konditionelle

Reiz produziert sich selber und ohne den unkonditionellen Reiz, dann besteht eine gewisse Tendenz, daß die Verknüpfung zerbricht und eine Löschung stattfindet. Eine solche Löschung tritt in Form eines Rückfalls zutage, und zu derartigen Rückfällen kommt es bei einer ganzen Anzahl von Patienten. Die Psychoanalytiker hätten vorhersagen müssen, daß es bei allen erfolgreich behandelten Kindern zu Rückfällen kommen werde. Falls die Störung von nervösen »Komplexen« herrühren sollte, die nach den Freudianern verantwortlich sind, könnte nur die Ausschaltung dieser Komplexe das Kind auf Dauer heilen; alles andere sei nur symptombezogen und müsse notwendigerweise zum Rückfall führen. Dies trifft für die Mehrzahl der Kinder eindeutig nicht zu. Die Tatsachen bestätigen die von der Verhaltenstheorie gemachte Vorhersage, nicht die der psychoanalytischen.

Die Psychoanalytiker haben eine alternative Hypothese. Sie sagen, beim Patienten könne es statt zum Rückfall zu einer »Symptomverschiebung« kommen; mit anderen Worten: Falls der Komplex nicht ausgeschaltet ist, tritt nach einer rein symptomatischen Behandlung entweder dasselbe Symptom wieder auf (Rückfall), oder es kann ein völlig anderes Symptom zum Vorschein kommen (Symptomverschiebung). Im Fall der Enuresis haben sie oftmals vorhergesagt, daß sich die Angst, die man bei enuretischen Kindern sehr oft beobachtete, sehr verstärken könne, auch wenn die eigentliche Enuresis nicht wieder auftrete. Diese Vorhersage leitet sich natürlich aus dem Umstand her, daß Psychoanalytiker davon überzeugt sind, die Enuresis komme als Ergebnis einer schweren Angst zustande, die in dem Kind bereits vorhanden sei und das enuretische Symptom als Ausdruck eben dieser Angst erzeuge. Verhaltenswissenschaftler vertreten die entgegengesetzte Ansicht; sie sind davon überzeugt, daß die Angst als Nachwirkung der Enuresis entsteht, das heißt durch den Tadel, der dadurch ausgelöst wird, durch die Schelte, durch die Schwierigkeiten mit den Angehörigen des Kindes und so fort. Man behebe die Enuresis, und die Angst werde gleichfalls verschwinden. Die Tatsachen bekräftigen die letztere Hypothese; viele Therapeuten haben nach Ersatzsymptomen Ausschau gehalten, besonders nach gesteigerter Angst, aber einhellig nichts an solchen Wirkungen finden können. Abermals erhält also hier die Psychoanalyse einen Minuspunkt, die Verhaltenstherapie hingegen einen Pluspunkt.

Falls die bei diesen Kindern beobachteten Rückfälle auf unzulängliches Lernen zurückgehen, dann sollten wir imstande sein, aus der Lerntheorie Methoden zur Verhinderung der Mehrzahl solcher Rückfälle abzuleiten. Dies kann in der Tat geschehen. Eine solche Methode ist das »Überlernen«. Die Löschung kommt teilweise dadurch zustande, daß die neue Verhaltensweise nicht stark genug eingeprägt ist; und das Problem ist, sie stärker einzuprägen. Konditioniert man einen Hund, beim Klang einer Glocke Speichel abzusondern, kann man Glocke und Nahrung Hunderte, ja Tausende von Malen miteinander verknüpfen; es gibt dafür keine Grenze. Man kann weitermachen, nachdem die Verbindung sehr sicher hergestellt ist. Im Fall der Enuresis ist das nicht möglich; sowie der Enuretiker das Bettnässen eingestellt hat, kann man einfach deshalb konditionellen Reiz und unkonditionellen Reiz nicht mehr verknüpfen, weil es keinen unkonditionellen Reiz mehr gibt. Man kann jedoch zwei Dinge tun, um das Gleichgewicht wiederherzustellen. Man kann das rückfällige Kind nachtrainieren, indem man ein paarmal durch Glocke und Bettuch eine Verbindung von konditionellem und unkonditionellem Reiz herstellt; das reicht gewöhnlich aus, um die Heilung dauerhaft zu machen. Oder man kann ein Kind veranlassen, reichlich Wasser zu trinken, ehe es zu Bett geht; obwohl es geheilt ist, was die gewöhnliche Flüssigkeitsaufnahme anlangt, übt diese zusätzliche Wasseraufnahme einen zusätzlichen Druck auf die Blase aus, und das Kind dürfte wahrscheinlich zum Bettnässen zurückkehren. So kann man ihm jetzt ein zusätzliches Training verschaffen, und dadurch, daß es sein Verhalten »übergelernt« hat, besteht weit weniger Wahrscheinlichkeit eines Rückfalls. Von beiden Methoden hat sich gezeigt, daß sie sehr gut funktionieren, und damit gebührt der Verhaltenstherapie ein weiterer Pluspunkt.

Allerdings mag viel von dem, was wir bisher gesagt haben, alles andere als eindrucksvoll klingen, weil es sich wirklich nicht weit vom gesunden Menschenverstand entfernt: die zutage geförderten Tatsachen mögen interessant sein, eigentlich überraschend aber sind sie nicht. Es gibt jedoch eine Vorhersage, die sich nicht aufgrund des gesunden Menschenverstands machen läßt, und eben diese Vorhersage wurde in unserem Experiment dadurch geprüft, daß es eine Gruppe mit kontinuierlicher und eine andere mit intermittierender Verstärkung gab. Die Lerntheorie sagt voraus, und das Experiment hat bestätigt, daß die Löschung nach einer intermittierenden Verstärkung viel langsamer und weniger nachdrücklich vor sich geht als nach einer kontinuierlichen; falls Rückfälle einfach Beispiele für die Löschung einer konditionierten Reaktion sind, dann dürfte man erwarten, daß Rückfälle bei unseren enuretischen Kindern in der Gruppe mit intermittierender Konditionierung weniger häufig auftreten als in der Gruppe mit kontinuierlicher Konditionierung. Und genau das stellte sich heraus: Es gab einen bedeutsamen Unterschied in der Häufigkeit der Rückfälle, und zwar in der vorhergesagten Richtung. Daß dies durch Zufall geschehen sein sollte, ist sehr unwahrscheinlich; das legt nahe, daß sich die Theorie, auf die sich diese Behandlung stützt, weithin auf dem richtigen Weg befindet. Also ein weiterer Pluspunkt für die Verhaltenstherapie.

Die Glocken-und-Bettuch-Methode wird jetzt in großem Umfang in Kinderbetreuungskliniken und anderswo angewendet, und kaum jemand würde heutzutage auch nur daran denken, für die Behandlung der Enuresis die Psychoanalyse einzusetzen. Es mag jedoch von Nutzen sein, sich an einige der Schwierigkeiten zu erinnern, die auftraten, als die Methoden der Verhaltensbehandlung erstmals zur Debatte standen, nämlich etwa zur Zeit des Zweiten Weltkriegs. Die zu berichtenden Vorfälle trafen mich persönlich und sind in jeder Einzelheit buchstäblich wahr; sie mögen die Art der Verzerrungen und Ablehnungen illustrieren, die einer Theorie widerfahren können, ehe sie weithin akzeptiert ist. Als ich versuchte, den verantwortlichen Konsiliarius der Kinderabteilung des Krankenhauses, an dem ich arbeitete, dazu zu bewegen, die Glocken-und-Bettuch-Methode auf experimenteller Grundlage einzuführen, schwor er, solange er lebe, werde kein Kind unter seiner Obhut dieser Erfindung des Teufels ausgesetzt werden; Psychotherapie sei die einzige Methode, die anzuwenden sei, und er weigere sich sogar, das Belegmaterial zu lesen, aufgrund dessen ich die Einführung dieser üblen Apparatur vorschlug. (Unnötig zu betonen, daß die Erfolgsrate der Enuresisbehandlung in dieser Abteilung auffallend kläglich war.) In der Tat mußten wir bis zu seinem Tod warten, ehe seine Nachfolger die Glocken-und-Bettuch-Vorrichtung verwendeten, natürlich, um dann zu finden, daß sie genau die ideale Enuresisbehandlung darstellte.

Als ich einige provisorische Anregungen zur Anwendung dieser neuen Methode veröffentlichte, regte sich ein bekannter Psychoanalytiker in der Presse über diesen Sadisten auf, der die Absicht hatte, den Penissen kleiner Jungen Elektroschocks zu versetzen. Ich versuchte darzutun, daß die Methode überhaupt keinerlei Schocks mit sich brachte, doch das nützte nichts; das Etikett »Sadist« blieb lange Zeit haften. Einige Psychoanalytiker haben selbst heutzutage noch sehr merkwürdige Vorstellungen über die von Verhaltenswissenschaftlern angewandten Methoden.

Etwa zur selben Zeit erhielt ich einen Brief einer Amerikanerin, die einige meiner Schriften gelesen hatte und mich um Auskunft bat, wie man eine Glocken-und-Bettuch-Vorrichtung bekommen könne. Sie hatte sich mit einem psychiatrischen Krankenhaus in ihrer Heimatstadt in Verbindung gesetzt, aber eine Abfuhr durch einen Brief erhalten, den sie beilegte. Was in diesem Brief zum Ausdruck kam, war von so klassischer Simplizität und von solchem Charme, daß sich eine Zusammenfassung lohnt. Nach dem verantwortlichen Psychiater der Kinderklinik gab es eine Methode wie die von mir vorgeschlagene überhaupt nicht. Gäbe es eine derartige Methode, könne sie unmöglich funktionieren. Und falls sie doch funktioniere, wolle er verdammt sein, wenn er jemandem helfe, etwas über sie herauszubekommen. Dies war die Atmosphäre, in der die Verhaltensmethoden heranwuchsen, und die damals grassierenden falschen Vorstellungen findet man noch immer an allen Ecken und Enden.

Angst und Konditionierung

Moderne Neurosetheorien stützen sich auf einen fundamentalen Sachverhalt der biologischen Realität und des evolutiven Fortschritts, nämlich auf den Umstand, daß sich die Menschheit über mehrere Stadien, vom Reptil zum Säugetier, hinweg entwickelt hat und daß unser Gehirn noch immer die Spuren dieser Entwicklung trägt. Wie Schliemann beim Ausgraben des antiken Troja fand, daß dort mehrere Städte übereinander errichtet worden waren, so finden wir auch in unserem Gehirn, daß sich mehrere Schichten der evolutiven Entwicklung überlagern. Wir verstehen uns im Sinn des Homo sapiens, des rationalen Menschen, doch der Teil unseres Gehirns, der dem rationalen Denken dient, die gewölbte graue Masse unterhalb des Schädels, wickelt sich sorgfältig um ältere, nicht-rationale Teile unseres Gehirns, die noch immer viel von dem bestimmen, was wir tun, was wir anstreben und was wir zu erreichen suchen. Eben diese alten Überreste unserer Jahrmillionen zurückliegenden Vergangenheit machen sich geltend und quälen uns in der Gestalt neurotischer Symptome.

Man könnte sagen, daß wir an einer Generationenkluft von wahrhaft gigantischem Ausmaß leiden – einer Generationenkluft nicht nur ontogenetischer Art wie diejenige, die dadurch entsteht, daß wir älter werden und den Kontakt mit den jüngeren Menschen in unserer Gesellschaft nicht aufrechterhalten, sondern vielmehr phylogenetischer Art, das heißt in bezug auf unsere ganze evolutive Entwicklung. Paul MacLean, Chef des Laboratoriums für Gehirnentwicklung und Verhalten am National Institute of Mental Health in den Vereinigten Staaten, hat die Sache sehr deutlich formuliert: »In der Evolution dehnt sich das Primatenvorderhirn gemäß drei Grundmustern, die sich als reptilisch, altsäugetierisch und neusäugetierisch bezeichnen lassen. Das Resultat ist die bemerkenswerte Verknüpfung dreier Gehirntypen, die ihrer Struktur und ihrer Chemie nach radikal verschieden und in evolutionärem Sinn durch zahllose Generationen voneinander getrennt sind. Wir besitzen sozusagen eine Hierarchie von drei Gehirnen in einem: ein dreieiniges Gehirn. Oder anders ausgedrückt: wir haben eine Verknüpfung dreier Biocomputer, von denen jeder seine besondere Art der Intelligenz, des Zeitsinns, des Gedächtnisses, der Motorik und anderer Funktionen aufweist. Wiewohl mein vorgeschlagenes Schema zur Unterteilung des Gehirns als stark vereinfachend erscheinen mag, bleibt die Tatsache bestehen, daß die drei

Grundformationen für jedermann erkennbar vorhanden sind, und sich dank verbesserter anatomischer, chemischer und physiologischer Techniken im Detail klarer darstellen als je zuvor. Man sollte betonen, daß sie, wiewohl sie getrennt sind, imstande sind, ein wenig gemeinsam zu wirken.«

Was tun diese drei »Gehirne«, das sie voneinander trennt? Nach MacLean bildet das Reptiliengehirn die Grundlage für solche genetisch angelegten Verhaltensweisen wie die Wahl einer Wohnstätte, die Einrichtung und die Verteidigung eines Territoriums, Jagd, Heimkehr, Paarung, die Herausbildung sozialer Hierarchien und dergleichen. Besonders beim Menschen, so meint MacLean, ist das Reptiliengehirn an zwanghaften, repetitiven, ritualistischen, täuschenden und imitativen Verhaltensformen beteiligt. Im Grunde ist vieles von unserem primitiveren, instinktiven Verhalten auf diesen physiologischen Fundamenten errichtet, die 250 Millionen Jahre zurückreichen, nämlich bis ins Zeitalter der Reptilien. Wie MacLean hervorhebt, »ist es zur Tradition geworden, die Rolle der Instinkte im menschlichen Verhalten gering zu achten, aber wie soll man jene Handlungen kategorisieren, die einer Disposition zu zwanghaftem und ritualistischem Verhalten entstammen: einer Neigung zu Vorurteil und Täuschung; einem Hang, sich wie in juristischen und anderen Fragen an Präzedenzfälle zu halten; und einer natürlichen Tendenz zur Nachahmung? All diese Neigungen besitzen einen Überlebenswert, aber sie sind zweischneidig und können zum Guten wie zum Schlechten ausschlagen.«

Reptilien haben nur einen rudimentären Cortex, und man nimmt an, daß er sich beim Übergang zum Säugetier erweiterte und durchstrukturierte, wodurch das Säugetier ein geeignetes Mittel erhielt, seine Umwelt zu beurteilen und das Überleben zu lernen. Sowohl bei niedrigeren wie bei höheren Säugetieren bildet der alte Cortex eine große Ausbuchtung (den limbischen Lappen), die den Hirnstamm umgibt. Dieser primitive limbische Cortex ist zuständig für emotionales Verhalten, wie man es in Furcht und Angst findet, und für Ernährung, Kampf und Selbstschutz. Vor kurzem entdeckte man auch, daß genitale und andere Formen des Sexualverhaltens mit diesem altsäugetierischen Gehirn zusammenhängen, was nahelegt, daß es für Ausdruck- und Gefühlszustände zuständig ist, die die Fortpflanzung der Art fordern. Auch wird zu bedenken gegeben, daß dieses System fundamental für die Entwicklung des Gefühls von Individualität und persönlicher Identität verantwortlich ist. Dies alles sind wichtige Funktionen, doch sie sind noch immer deutlich von kognitivem Verhalten, von induktivem und deduktivem Denken und anderen spezifisch menschlichen Verhaltensmustern unterschieden. »Verglichen mit dem limbischen Cortex ist der neue Cortex ein expandierender Zähler. Er entfaltet sich spät in der Evolution und hat seinen Höhepunkt beim Menschen, wo er zum Gehirn des Lesens, Schreibens und Rechnens wird. Diese Mutter der Erfindung und dieser Vater des abstrakten Denkens ermöglichen die Aufbewahrung und die Fortentwicklung von Gedanken.«

Das limbische System, jener Teil des alten oder altsäugetierischen Gehirns, der für das Entstehen von Emotionen und für deren Ausdruck und Koordination verantwortlich ist, reagiert unmittelbar wahrscheinlich nur auf solche direkten sensorischen Eingänge wie Schmerz und Lust, vermittelt durch die Sinne. Ein Tier jedoch, das nicht imstande wäre, diese direkten und unmittelbaren Konsequenzen seines Tuns zu antizipieren, wäre schwer beeinträchtigt; es benötigt eindeutig ein bestimmtes Signalsystem, das ihm eine Vorwarnung bevorstehender Ereignisse liefert, die es wahrscheinlich betreffen und Belohnungs- oder Bestrafungskonsequenzen haben werden. Ein derartiges System stellt Pawlows Konditionierungsmechanismus zur Verfügung; es ist wahrscheinlich höchst nutzbringend, die Konditionierung im Licht der evolutiven Entwicklung als einen ziemlich elementaren Mechanismus zur Antizipation künftiger Ereignisse auf einer einfachen Wahrscheinlichkeitsgrundlage zu verstehen. Wie wir sehen werden, erkannte Pawlow auch das Vorhandensein eines zweiten Signalsystems, nämlich des rationalen, kognitiven Denkens, vermittelt durch den Neocortex; dieses ist in seiner Wirksamkeit der Konditionierung sicherlich überlegen und sollte vielleicht deren Stelle einnehmen, wenn wir durch eine allmächtige Gottheit wirklich de novo geschaffen werden sollten. Allerdings existieren in der Natur keine solchen völlig neuen Schöpfungen; wir alle weisen die Spuren unserer Herkunft auf, und im Fall der Konditionierung tragen sowohl Menschen wie Tiere, von den niedrigsten bis zu den höchsten, noch immer das Gepräge dieses alten, primitiven Antizipationssystems, das einst zweifellos äußerst nützlich war, jetzt aber oft überflüssig ist und verhängnisvoll dem zweiten Signalsystem in die Quere kommen kann. Die moderne Neurosetheorie behauptet im wesentlichen, daß dann neurotische Probleme und Symptome auftreten, wenn es zu einem Konflikt zwischen den Botschaften, die aus dem primitiven Konditionierungssystem eintreffen, und denjenigen kommt, die wir aus dem angemesseneren, aber weniger mächtigen zweiten Signalsystem erhalten. Die Erklärung des neurotischen Paradoxes lautet kurzgefaßt: diejenigen Handlungen, die wir »neurotisch« nennen, werden gewöhnlich, wenn nicht immer, durch die Tätigkeit der Palaeocortexmechanismen, besonders des limbischen Systems hervorgerufen, die durch einen Konditionierungsprozeß aktiviert werden; das rationale, bewußte Denken kann die Unangemessenheit dieser Gefühle (Angst, Furcht, Depression) erkennen, ist aber zu machtlos, um das primitive System unter seine Kontrolle zu bringen.

Einige moderne Psychologen versichern, die Konditionierungstheorien seien »altmodisch«; »kognitive« Theorien seien an ihre Stelle getreten. Falls damit gemeint sein soll, daß sich das menschliche Verhalten (und auch das tierische) nicht allein durch Konditionierungsmechanismen erklären lasse, dann ist die Behauptung zweifellos richtig. Schließlich betonte Pawlow selber schon die Bedeutung des zweiten Signalsystems (wie er das nannte, was heutzutage unter der Bezeichnung »kognitive Prozesse« läuft); er wäre der letzte gewesen, die Wichtigkeit dieses Systems zumal für Menschen zu bestreiten. Doch dies bedeutet nicht, daß es keinen solchen Mechanismus wie die primitive Konditionierung gäbe oder daß dieser Prozeß nicht nachdrücklich die Richtung bestimmen könnte, in der sich unsere Emotionen verknüpfen. Das Beweismaterial für einige derartige Prozesse wie den von Pawlow beschriebenen ist so überwältigend, daß sich nur schwer einsehen läßt, wie jemand, der mit der Literatur vertraut ist, den geringsten Zweifel an diesem Stand der Dinge haben kann. Die Bedeutung der primitiven Konditionierung, auch für Menschen, zu bestreiten, ist ebenso unwissenschaftlich wie ihre Überschätzung; vonnöten ist eine angemessene Würdigung ihres Stellenwerts im Leben von Menschen und niedrigeren tierischen Organismen.

Betrachten wir ein bezeichnendes psychologisches Experiment, um einige dieser Punkte zu illustrieren. Das Experiment findet in einem »Versuchsstand der bedingten Fluchtreaktion« statt, der als »Pendelkasten« bekannt ist; die Versuchstiere sind gewöhnlich Ratten, zumeist aber ist es wünschenswert, mit Hunden zu arbeiten, weswegen wir uns vorstellen wollen, daß wir es in unserem Laborexperiment mit Hunden zu tun haben. Der »Kasten« ist so gebaut, daß er zwei durch eine Hürde voneinander getrennte Hälften hat; die Hunde können diese Hürde mühelos überspringen, um von der einen Seite des Kastens auf die andere zu kommen (das heißt hin und her zu »pendeln«). Jede Seite besitzt einen Boden aus Metallstäben; diese lassen sich getrennt unter Strom setzen, so daß der Hund einen elektrischen Schlag in den Füßen verspürt, wenn er sich auf dieser oder jener Seite der Vorrichtung befindet. Dieser Schlag ist der unkonditionelle Reiz; er löst Schmerz aus und veranlaßt den Hund, über die Hürde auf die andere Seite des Kastens zu springen, die nicht unter Strom steht. Führen wir nun ein Signal ein, das dem Hund zu verstehen gibt, daß ein Schlag bevorsteht, lernt er bald, auf das Signal hin zu springen und damit dem Schlag auszuweichen. Das übliche Signal ist ein Blinklicht, doch jedes andere visuelle oder akustische Signal täte natürlich den gleichen Dienst. Dieses Signal ist der konditionelle Reiz; für sich übt es keine Wirkung auf das Verhalten des Hundes aus, solange es nicht mit dem Schlag gekoppelt ist. Doch wenn wir mehrmals das Aufblinken des Lichts dem Schlag nur ein paar Sekunden vorangehen lassen, ermöglicht der Konditionierungsprozeß dem Tier, den Schlag zu antizipieren, und es beginnt, bei dem Lichtzeichen zu springen, so daß es dem Schlag entgeht. Dies ist mithin ein typisches Paradigma der Konditionierung: der konditionelle Reiz übernimmt die Funktion des unkonditionellen und gestattet es dem Tier, die nachteilige Erfahrung des Schlags zu *vermeiden.*

Wie funktioniert dieser Prozeß? Eindeutig ist Angst oder Furcht im Spiel, da wir furchtsames Verhalten bei dem Hund entdecken können, wenn der konditionelle Reiz auftritt: Er jault, uriniert, rennt umher und zeigt alle Anzeichen des Erschrecktseins. Fernerhin können wir psycho-physiologische Anzeichen von Furcht messen, so etwa schnelleren Herzschlag, rascheren Atem und so fort. Die eine Möglichkeit ist, daß das Konditionierte die emotionale Wirkung des Schlags ist; durch die Koppelung von Licht und Schlag erwirbt das

Licht das Vermögen, beim Hund Furcht oder Angst zu erzeugen, und der Hund reagiert darauf, wie er auf den Schlag reagiert, das heißt, er springt. Auf diese Weise beschwichtigt er die Furcht oder Angst; sie reduziert sich, weil ihm die Erfahrung gezeigt hat, daß er sich nach dem Sprung in Sicherheit befindet. Das Springverhalten wird belohnt (durch eine Abnahme der Angst), und der Hund fährt fort, auf das Lichtsignal hin zu springen, ohne jemals wieder den Schlag zu erleben. Man kann also sagen, Angst sei das Vermittlungsglied im Verhalten des Hundes, wie wir auch sehen werden, daß sie es beim neurotischen menschlichen Verhalten ist.

Natürlich ist das Verhalten des Hundes bisher nicht neurotisch, sondern völlig vernünftig; unter Ausnutzung des primitiven Mechanismus des konditionierten Reflexes hat der Hund gelernt, die schmerzlichen Konsequenzen des elektrischen Schlags zu vermeiden. Allerdings verhält er sich nicht rational, wie sich ganz einfach zeigen läßt, indem man den Strom ganz ausschaltet, so daß der Hund selbst dann keinen Schlag mehr erhalten kann, wenn er sich weigern sollte, auf das Lichtsignal hin zu springen (die Formulierung: »auf das Lichtsignal hin zu springen«, mag irreführend sein; sie besagt: »auf die Aufforderung durch das Lichtsignal zu springen«, nicht »in Richtung auf das Lichtsignal«. Das Licht ist nämlich über der Hürde angebracht und bedeutet »Gefahr« für jede der beiden Kammern, aus denen die Vorrichtung besteht). Da jetzt kein Schlag mehr droht, wäre es vernünftig, mit dem Springen aufzuhören, doch die Versuchstiere springen weiterhin auf das Lichtsignal hin; in Hunderten von Versuchen gelingt es nicht, sie davon abzubringen. Dies kommt nahe an menschliches phobisches oder zwanghaftes Verhalten heran, obwohl man die Ähnlichkeit natürlich nicht überstrapazieren darf.

Nun können wir die Schraube ein Stück weiterdrehen; *bestra-*

fen wir also den Hund dafür, daß er auf das Lichtsignal hin springt. Dies kann dadurch geschehen, daß man das Gitter unter Strom setzt, doch diesmal so, daß bei Aufleuchten des Lichts die Seite, auf der sich der Hund gerade befindet, sicher ist, diejenige hingegen, in die er springt, unter Strom steht. So ist der konditionelle Reiz jetzt falsch gekoppelt; er sollte Sicherheit für die Seite signalisieren, auf der sich der Hund aufhält, und Gefahr für die andere. Dennoch wird der Hund weiterhin springen, auch wenn er jedesmal durch einen schmerzhaften Schlag bestraft wird. Dies ist eine noch genauere Kopie neurotischen menschlichen Verhaltens: eines falsch angepaßten, Bestrafung bewirkenden Verhaltens, dessen Auswirkungen das Gegenteil dessen sind, was der Organismus anstrebt.

Es gibt noch weitere Ähnlichkeiten mit der menschlichen Neurose. Zunächst einmal lassen die Hunde Zeichen von Furcht erkennen, wenn der konditionelle Reiz auftritt, doch sowie sie die Kunst beherrschen, den Schlag dadurch zu *vermeiden,* daß sie auf das Lichtzeichen hin springen, zeigen sie wenig emotionale Reaktion; sie springen einfach ohne Anzeichen von Furcht oder Angst. Auf ähnliche Weise zeigt der menschliche Zwangsneurotiker, der sich vor Verunreinigung fürchtet, keine Furcht oder Angst, solange es ihm gestattet ist, seinem Wasch- und Reinigungsritual nachzugehen. Angst kommt erst auf, wenn der Mensch oder der Hund daran gehindert wird, die konditionierte Handlung zu vollziehen.

Warum gelingt es dem Hund nicht zu lernen, daß er nicht mehr springen muß, obwohl es völlig sicher ist, an seinem Aufenthaltsort zu bleiben, und obwohl er sich sogar die Bestrafung durch den Schock zuzieht, wenn er springt, statt sie zu vermeiden? Vermutlich findet sich die Antwort in einem ziemlich gut untermauerten, allgemeinen psychologischen

Gesetz, welches in Kürze besagt, daß $V = G \times T$; mit anderen Worten: Handlung oder Verhalten ist eine multiplikative Funktion von Gewohnheit und Trieb. Die Gewohnheit ist in diesem Fall natürlich die konditionierte Reaktion des Springens; diese multipliziert sich mit dem Trieb- oder Motivationsquantum, das das Tier anspornt. Nun steigert der Schlag, in den es hineinspringt, seine Furcht oder Angst beträchtlich, und diese Furcht wirkt als ein Trieb, der sich mit der Gewohnheit des Springens multipliziert und daher diese spezielle Handlung zu einer noch unausweichlicheren Konsequenz des auftretenden konditionellen Reizes macht. Dies ist eine wichtige Verallgemeinerung, auf die wir im Zusammenhang mit der Behandlung menschlicher Neurosen wieder stoßen werden; um die schädliche neurotische Gewohnheit loszuwerden, dürfte es nötig sein, das momentane Angstquantum auf ein erträgliches Niveau zu senken und damit auch die Stärke und die Wahrscheinlichkeit des Vollzugs der neurotischen Handlung zu verringern. Dies ist eine der Grundlagen der Behandlungsart, der wir unter der Bezeichnung »Desensibilisierung« begegnen werden.

Eine andere Methode scheint sich in genau die entgegengesetzte Richtung zu bewegen; dies ist die sogenannte Methode der »Reaktionsverhinderung« oder der »Reizüberflutung«; bei der Anwendung auf menschliche Patienten wird sie zuweilen auch »Katharsis« oder »Implosion« genannt. Es gibt eine sichere Weise, wie wir unsere Hunde von ihrem »neurotischen« Verhalten zu heilen vermögen; wir können sie daran hindern, so zu handeln, indem wir die Hürde in einem solchen Maß erhöhen, daß der Hund nicht darüberspringen kann, wenn das Licht aufleuchtet. Dies erzeugt in dem Tier einen schrecklichen Ansturm von Angst (daher der Ausdruck »Reizüberflutung«: das Tier wird von Furcht und Angst überflutet). Es läuft jaulend und heulend in seiner Seite des

Käfigs herum; es versucht vergebens, auf die andere Seite hinüberzuspringen; es kann in seiner Angst einen regelrechten Nervenzusammenbruch erleiden. Doch derartige Ausbrüche halten nicht lange an; nach einer Weile beruhigt sich der Hund, schließlich ist seine ganze Emotion aufgebraucht, und er legt sich ruhig nieder. Man benötigt nur ein paar solcher Erfahrungen der »Reaktionsverhinderung«, um ihn von seiner »Neurose« zu heilen; von nun an wird er nicht mehr auf das Lichtsignal hin springen, sondern es völlig unbeachtet lassen. Wie wir später sehen werden, funktioniert diese Methode genausogut bei menschlichen Neurotikern, obwohl gewöhnlich erheblich mehr Zeit erforderlich ist.

Es besteht eine weitere Analogie zwischen dem Verhalten des Hundes, der springt, obwohl dies eindeutig seinen eigensten Interessen zuwiderläuft, und dem menschlichen Neurotiker, der gleichfalls auf eine Weise handelt, die ihm zum Nachteil gereicht. Beiden gelingt es nicht, das durchzuführen, was von Psychiatern zuweilen mit »Realitätsprüfung« bezeichnet wird. Neurotiker erklären oftmals, sie fürchteten sich vor bestimmten Tieren oder Menschen oder Situationen; infolgedessen meiden sie diese Tiere oder Menschen oder Situationen. Nun können in der Vergangenheit diese Reize (Tiere, Menschen, Situationen) zu konditionellen Reizen für Furchtoder Angstreaktionen geworden sein, indem sie sich mit einer unkonditionellen schmerzhaften Erfahrung verknüpften; Tatsache ist jedoch, daß diese Verknüpfung gewöhnlich eine zufällige war und wahrscheinlich nicht mehr vorhanden ist. Falls sich der Neurotiker nur zur Erfahrung des Vorhandenseins des konditionellen Reizes bringen könnte, das heißt des gefürchteten Tiers oder Menschen oder der gefürchteten Situation, dürfte er bald entdecken, daß aus dieser Konfrontation keine schrecklichen oder schmerzhaften Konsequenzen hervorgehen; durch eine derartige »Realitätsprüfung« könnte er entdecken (oder könnte eigentlich – weil sein Cortex sich gewöhnlich der Zufälligkeit durchaus bewußt ist – sein limbisches System entdecken), daß es dort, wo Hoffnungen sind, Betrogene gibt und daß Ängste falsch sind – mit anderen Worten: daß diese konditionellen Reize völlig harmlos sind. Auch dem Hund mißlingt die »Realitätsprüfung«; er springt, statt gelegentlich abzuwarten, ob der Schlag noch immer auf das Licht folgt, und vermag mithin nicht zu entdecken, daß es völlig sicher wäre, in seinem Teil des Pendelkastens zu bleiben. Die Reaktionsverhinderung zwingt den Neurotiker und den Hund zur Realitätsprüfung und nötigt ihnen damit ein normales, nicht-neurotisches Verhalten auf.

Aufmerksame Leser werden einen wichtigen Unterschied zwischen diesem Experiment und dem Prototyp der Pawlowschen Konditionierung, nämlich dem Glocken-Speichelabsonderungs-Experiment, bemerkt haben. Bei dem Experiment, in dem die Glocke, die als konditioneller Reiz wirkt, und die Speichelabsonderung als die unkonditionierte Reaktion durch die nach dem Glockenzeichen verabreichte Nahrung verknüpft sind, bewirkt das Ertönen des Glockenzeichens allein, das heißt ohne nachfolgende Nahrungsgabe, eine Löschung; dies ist eines der bedeutenden von Pawlow entdeckten Gesetze. Konditionelle Reize, die dem Organismus dargeboten werden, ohne daß ihnen in einem bestimmten Stadium unkonditionelle Reize nachfolgen, führen zur Löschung; in Übereinstimmung mit diesem Gesetz bewirkt das Läuten der Glocke, wie eng es in der Vergangenheit auch mit der Speichelabsonderung verknüpft gewesen sein mag, schließlich ein Aufhören der Speichelbildung, wenn sie häufig genug ohne die Verstärkung durch die in einem bestimmten Stadium hinzukommende Nahrung geläutet wird. Nahrung braucht nicht *immer* den Glockenton zu begleiten; die konditionierte Reaktion läßt sich sehr wohl aufrechterhalten, wenn die Verstärkung nur bei zwei von drei Gelegenheiten gegeben wird. Eine derartige partielle Verstärkung kann, wie wir bereits bei der Glocken- und Bettuch-Kur für Enuresis gesehen haben, recht wirksam sein und mag in der Tat für eine weniger ausgeprägte Löschung verantwortlich sein, wenn die Verstärkung völlig zurückgenommen wird. Der Fall der Hunde in der Lichtzeichen-Schlag-Situation liegt nun insofern völlig anders, als der Hund selbstverständlich nicht weiß, wann sich an das Glockenzeichen keine Nahrungsgabe anschließt, während im Fall des Schlag-Experiments ein komplizierender Faktor hinzukommt: der Hund springt, um Angst zu verringern oder zu vermeiden, was ein neuer in die Situation eingeführter Faktor ist. In diesem Sinn ist es, als würde die konditionierte Reaktion, nämlich die Angst, vor der Löschung durch das Handeln des Hundes, nämlich durch sein Springen, *geschützt,* durch das er verhindert, daß eine Realitätsprüfung (die allein eine Löschung bewirken könnte) stattfinden kann. Dieser erhebliche Unterschied ist wahrscheinlich eine Parallele zu dem anderen beträchtlichen Unterschied zwischen den beiden Experimenten, der darin besteht, daß der unkonditionelle Reiz im Fall des Schlags schädlich, schmerzhaft oder negativ verstärkend ist, hingegen nahrhaft belohnend oder positiv verstärkend im Fall der Nahrung. Wir werden später auf diese Unterscheidung zurückkommen.

Dieser einigermaßen ausführlich behandelte Experimenttypus bildet nicht die einzige tierische Analogie zur menschlichen Neurose. Pawlow hat wie gewöhnlich als erster dieses Gebiet erforscht. Er konditionierte Hunde, Speichel abzusondern, wenn man ihnen einen schwarzen Kreis auf einem weißen Untergrund vorhielt; dies mag als R + bezeichnet werden, das heißt, als Reiz, der positive Verstärkung erhielt. Und er konditionierte die Hunde auch, *keinen* Speichel auf den Anblick einer Ellipse abzusondern; dies mag als R − bezeichnet werden, das heißt als Reiz, dem keine positive Verstärkung zukam. (Genaugenommen produzierten die durch den Kreis zur Speichelabsonderung konditionierten Hunde zuerst auch auf den Anblick der Ellipse Speichel; dies wird als *Reizgeneralisierung* bezeichnet. Hunde wie Menschen werden nicht nur auf den eigentlichen Reiz konditioniert, der mit dem unkonditionellen Reiz gekoppelt ist, sondern auch auf andere Reize hin, die dem konditionellen Reiz auf bestimmte Weise ähneln. So ähnelt die gleichfalls in Schwarz auf einen weißen Untergrund gezeichnete Ellipse für die Hunde so ausreichend dem Kreis, daß sie konditioniert wurden, auf seinen Anblick hin gleichfalls Speichel zu produzieren, wiewohl nicht in der gleichen Menge; es galt, sie so zu konditionieren, auf die Ellipse hin keinen Speichel abzusondern, indem man wiederholt die Assoziation zwischen Ellipse und Ausbleiben von Nahrung herstellte.)

Nachdem er den Hunden diese Unterscheidung zwischen Kreis und Ellipse beigebracht hatte, ging Pawlow daran, ihnen Ellipsen vorzuführen, die immer kreisförmiger wurden, bis der Punkt erreicht war, an dem die Hunde nicht mehr zwischen den beiden Formen unterscheiden konnten. An dieser Stelle bekamen sie, was man in Analogie einen Nervenzusammenbruch nennen könnte; sie zerrten an ihrem Geschirr, weigerten sich, in die Experimentierkammer zu gehen, zeigten starke Reaktionen (das heißt, sie sonderten auf die Ellipse, aber nicht auf den Kreis hin Speichel ab), ließen sehr starke emotionale Reaktionen erkennen und so fort. Pawlow interpretierte dieses Verhalten im Sinn eines Konflikts: er hatte in den Tieren einen unentrinnbaren Konflikt zwischen Reaktion und Nicht-Reaktion auf Reize angelegt, die sie nicht korrekt unterscheiden konnten, und eben dieser Konflikt erzeugte, wie die schweren Konflikte, denen Menschen ausgesetzt sind, einen neurotischen Zusammenbruch.

J. H. Masserman, ein bekannter Psychiater, wandte eine andere Art des Konflikts an, um bei Katzen einen Zusammenbruch hervorzurufen. Er lehrte sie, mit der Nase den Deckel einer Schachtel zu heben, um an Nahrung zu gelangen, die sich in der Schachtel befand. Dann ordnete er die Dinge so an, daß den Katzen, wenn sie den Deckel zu öffnen suchten, ein heftiger Windstoß ins Gesicht fuhr; dies löste einen starken Konflikt aus (den Windstoß zu vermeiden oder den Versuch zu machen, an die Nahrung zu gelangen), und dementsprechend zeigten die Tiere erhebliche Furcht und Unbehagen, wenn sie sich der Schachtel näherten. Genaugenommen besteht, wie bei allen analogen Experimenten, große Unsicherheit bezüglich der richtigen Interpretation. Man braucht bei dieser Situation überhaupt keinen Konflikt anzunehmen, sondern nur festzustellen, daß die »Bestrafung« in dieser Situation (durch den ihnen entgegenfahrenden Windstoß) die Katzen konditionierte, mit Furcht auf die Schachtel zu reagieren und sie später zu meiden.

Es ergäbe wenig Sinn, weiterhin im Detail die vielen Tierexperimente darzustellen, die auf diesem Gebiet angestellt wurden, oder sich mit ihrer Interpretation auseinanderzusetzen. Es möge die Feststellung genügen, daß auf dieser Linie viele Kenntnisse über den Konditionierungsprozeß, über die Löschung, über die Generalisierung und andere Merkmale der Konditionierung gewonnen wurden und daß insbesondere unser Wissen über Furcht- und Angstreaktionen und ihr Schicksal im Zeitablauf durch diese Experimente beträchtlich erweitert wurde. Offensichtlich läßt sich dieses Wissen nicht unmittelbar und direkt auf Menschen übertragen: sie sind viel komplexer als solche Tiere wie Hunde und Katzen. Sie besitzen ein zweites, durch die Sprache unterstütztes Signalsystem, das weit über alles hinausreicht, was Tiere zeigen können; und sie sind durch kulturelle und andere Faktoren beeinflußt, die bei Tiergruppen keine Rolle spielen. Aber wir können Anregungen aus diesen Arbeiten mit Tieren entnehmen und versuchen, Erkenntnisse von Tieren auf Menschen zu übertragen. Der letzte und endgültige Schiedsrichter über unseren Erfolg muß natürlich die unmittelbare Arbeit mit Menschen sein; ich darf hier auf spätere Kapitel vorgreifen, indem ich ganz unzweideutig feststelle, daß eine solche Anwendung, aufs Ganze gesehen, weit über das hinaus erfolgreich war, was die meisten Psychologen erhofft oder erwartet hätten.

3. Eine Theorie der Neurose

J. B. Watsons Konditionierungsmodell

Die hier vorzustellende Theorie ist die Ausarbeitung und die Erweiterung eines Modells, das ursprünglich J. B. Watson, der Begründer des Behaviourismus und einer der originellsten amerikanischen Psychologen in den beiden ersten Dekaden dieses Jahrhunderts, vorgeschlagen hatte. Er äußerte einmal: »Psychologie, wie sie der Behaviourist versteht, ist eine rein objektive, experimentelle Disziplin der Naturwissenschaft. Ihr theoretisches Ziel ist die Vorhersage und die Kontrolle des Verhaltens.« Dies ist genau das, was der Psychiater und der klinische Psychologe zu tun versuchen: neurotisches Verhalten vorhersagen und kontrollieren und es nach Möglichkeit in eine für den Patienten annehmbarere Richtung lenken. Watsons Beitrag zu diesem Ziel war äußerst wichtig, wiewohl die Form, die seine Darstellung annahm, ziemlich unorthodox aussah. Statt seine Theorie im Detail auszuarbeiten, sich ausführlich auf die Experimentalliteratur zu berufen und dann den Versuch zu unternehmen, die aus der Theorie abgeleiteten Vorhersagen zu verifizieren, publizierte er nur eine einzige Fallgeschichte, nämlich die des »kleinen Albert«, die er benutzte, um seine Theorie zu veranschaulichen; die Theorie ist nicht detailliert ausgestaltet, sondern man muß sie mehr oder weniger aus den Stücken rekonstruieren, die über diese eine Fallgeschichte verstreut sind. Die nur zehn Seiten lange Abhandlung veröffentlichte er gemeinsam mit Rosalie Rayner, seiner Schülerin und späteren Frau, und sie war zugleich die Ursache seiner publizistischen Staub aufwirbelnden

Scheidung und seines schließlichen Ausschlusses aus dem akademischen Leben dank dem viktorianischen Gewissen einer aufgebrachten Universitätsverwaltung. (Er wurde zum Millionär, indem er seine psychologische Begabung für die Werbung einsetzte – ein großer Verlust für die Psychologie, aber ein Gewinn für die Werbung!)

Der Leser ist darauf aufmerksam zu machen, daß die Theorie Watsons übermäßig vereinfachend, in wichtigen Aspekten falsch und sowohl für Experimentalpsychologen wie für Kliniker und Psychiater unannehmbar ist. Der Fall des kleinen Albert hat dadurch, daß er so eindeutig und direkt ist, eine beträchtliche Aufmerksamkeit auf sich gezogen und mitgewirkt, die sehr realen Schwierigkeiten zu überdecken, denen sich jede Konditonierungstheorie der Neurose (und insbesondere Watsons eigene Theorie!) zu stellen hat. Da Watson und Rayner einen so reizvollen Fall vorlegten, hat man relevanten Kritiken nicht immer mit ausreichender Aufmerksamkeit zugehört; besonders dadurch, daß sie für Laienleser schrieben, versäumten es viele Psychologen, zulänglich auf die Einzelheiten bezüglich der Schwierigkeiten einzugehen, die sich aus der Anwendung von Watsons Theorie auf die Neurosen Erwachsener ergeben. Warum, so mag sich der Leser fragen, soll er einer Theorie konfrontiert werden, die sowohl übermäßig vereinfachend wie auch im wesentlichen falsch ist? Die Antwort lautet, daß in der Wissenschaft oftmals falsche Theorien den Weg zu wirklichen Fortschritten aufzeigen; solange sie auf eine Weise falsch sind, die sich richtigstellen läßt, ohne daß ihre entscheidenden Grundlagen preisgegeben werden müssen, so lange bleiben sie wissenschaftlich bedeutsam und fruchtbar. Man denke beispielsweise an John Dalton, den Begründer der modernen Atomtheorie. Alles, was Dalton über Atome sagte – abgesehen vom bloßen Faktum ihrer Existenz, was nichts Neues darstellte – war falsch. Sie sind nicht unteilbar und nicht von einheitlichem Gewicht, sie müssen sich nicht an die Gesetze definiter oder multipler Proportionen halten, und überdies sind seine Angaben über relative Atomgewichte und Molekularbeschaffenheit größtenteils unrichtig. Dennoch und trotz alledem war er mehr als jeder andere an der Entwicklung der modernen Chemie beteiligt. Denn bei der Entstehung einer allgemeinen wissenschaftlichen Theorie ist nicht das Wichtigste, recht zu haben: Wichtig ist, die richtige Idee zu haben; die fruchtbare Vorstellung, die Wissenschaftler in die Lage versetzt, neue Wege zu verfolgen, neue Einsichten zu sammeln, neues Territorium zu erschließen – selbst wenn es ihnen dabei zu zeigen gelingt, daß viele oder die meisten der ursprünglichen Hypothesen falsch waren. Auf die gleiche Weise liegt die Bedeutung von Watsons neuer Idee nicht in den Einzelheiten, sondern in der Richtung, die er aufzeigte; er schlug eine Alternative zum sterilen und unfruchtbaren subjektiven psychoanalytischen Ansatz vor, und bei allen Irrtümern und Unzulänglichkeiten, die seine Theorie enthält, markiert sie dennoch den Wendepunkt in der Geschichte der Neurose, an der die Wissenschaft das Steuer übernahm. Watsons Theorie war unrichtig, aber sie war in dem Sinn wissenschaftlich, daß sie nachprüfbar war; diesen Vorzug wies keine frühere Theorie der Neurose auf. Künftige Generationen konnten auf dem aufbauen, was er an Grundlagen geschaffen hatte, verwerfen, was nicht tauglich war, und beibehalten, was sich als geeignet erwies. Daher muß diese Darstellung, wie alle künftigen, mit einer Betrachtung seiner Arbeit einsetzen.

Watson und Rayner beginnen ihre Darlegung mit einem Rückverweis auf eine früher von Watson vorgetragene Theorie, wonach es in der Kindheit nur wenige ursprüngliche emotionale Reaktionsmuster gibt: sie beständen, soweit man beobachtet habe, in Furcht, Zorn und Liebe. Die Autoren argumentieren weiter, es müsse »eine einfache Methode geben, mittels derer sich das Spektrum der Reize, die diese Emotionen und ihre Kombinationen hervorrufen können, beträchtlich erweitert. Andernfalls ließe sich die Komplexität der Erwachsenenreaktionen nicht erklären.« Als nächstes wird die Ansicht vorgetragen, dieses Spektrum erweitere sich durch die Konditionierung der Reflextätigkeit, und dann wird zu verstehen gegeben, daß das frühe häusliche Leben eines Kindes eine Laborsituation zur Schaffung konditionierter emotionaler Reaktionen bilde. Der Aufsatz selber befaßt sich mit einer experimentellen Überprüfung dieser Hypothese, wozu nur ein einziges Kind verwendet wird, nämlich Albert B. Albert war ein normales gesundes Kind, das man im Alter von ungefähr neun Monaten testete. Beim ersten Schritt des Experiments »wurde das Kind – plötzlich und zum erstenmal – nacheinander mit einer weißen Ratte, einem Kaninchen, einem Hund, einem Affen, Masken mit und ohne Haare, Watte, brennenden Zeitungen und so fort konfrontiert. Eine ununterbrochene Aufzeichnung von Alberts Reaktionen auf diese Objekte und Situationen wurde in einer Filmstudie festgehalten. Manipulation war die am häufigsten hervorgerufene Reaktion. *Zu keiner Zeit zeigte dieses Kind in irgendeiner Situation Furcht.* Diese experimentellen Feststellungen wurden durch die zufälligen Beobachtungen der Mutter und des Klinikpersonals bestätigt. Niemand hatte das Kind jemals in einem Zustand von Furcht oder Wut gesehen. Es weinte praktisch nie.«

Weiße Ratten, die später als konditionelle Reize dienen sollten, erzeugten also keinerlei Furchtreaktionen. Auf der Suche nach einem unkonditionellen Reiz, der solche Reaktionen erzeugen sollte, entschied sich Watson für ein lautes Geräusch, hervorgebracht dadurch, daß man mit einem Hammer auf einen aufgehängten Stahlstab schlug. Dies geschah mehrmals, und bei der dritten Stimulierung bekam das Kind einen plötzlichen Weinanfall. »Dies ist das erstemal, daß eine emotionale Situation im Laboratorium bei Albert Furcht oder sogar Weinen erzeugt hat.«

Im Alter von elf Monaten begannen die Experimentatoren, eine Furchtreaktion auf die Ratte zu konditionieren, indem sie den Anblick des Tiers mit dem furchterzeugenden Klang des Hammerschlags auf den Stahlstab koppelten. Diesen Prozeß beschreiben die Autoren detailliert, und nach einer Anzahl von Wiederholungen kommt es zur folgenden Eintragung in ihren Aufzeichnungen: »*Die Ratte allein. In dem Augenblick, in dem die Ratte gezeigt wurde, begann das Baby zu weinen. Fast augenblicklich drehte es sich heftig nach links, fiel auf die Seite, erhob sich auf alle viere und begann so rasch davonzukrabbeln, daß man es gerade noch festhalten konnte, ehe es den Tischrand erreichte.*« Watson und Rayner fahren fort: »Dies war ein so überzeugender Fall einer völlig konditionierten Furchtreaktion, wie man ihn sich theoretisch nur ausmalen konnte.«

Dann führte man weitere Tests durch, um zu sehen, ob die konditionierte emotionale Reaktion von Dauer war und ob sie sich auch auf andere, ähnliche Objekte übertrug; ob sich beispielsweise eine Reizgeneralisierung nachweisen ließ. Beide Hypothesen bewahrheiteten sich; die Furchtreaktion hielt an, und sie trat auch bei Kaninchen, Pelzmänteln, Weihnachtsmannmasken und anderen behaarten Objekten auf. Watson und Rayner schreiben dazu: »Diese Experimente scheinen schlüssig zu zeigen, daß unmittelbar konditionierte emotionale Reaktionen ebenso wie die durch Übertragung konditionierten, wenngleich mit einem gewissen Nachlassen der Reaktionsintensität, für länger als einen Monat bestehen bleiben. Unserer Ansicht nach halten sie sich lebenslang und modifizieren dabei die Persönlichkeit.«

Watson und Rayner stellen schließlich ihre Theorie derjenigen Freuds gegenüber. »Die Freudianer werden in zwanzig Jahren – es sei denn, ihre Hypothesen ändern sich – bei der Analyse von Alberts Furcht vor dem Seehundpelzmantel – vorausgesetzt, er kommt in jenem Alter zur Analyse – ihm vermutlich die Wiedergabe eines Traums entlocken, der nach ihrer Analyse zeigen wird, daß Albert im Alter von 3 Jahren versuchte, mit den Schamhaaren seiner Mutter zu spielen, und dafür heftig ausgescholten wurde ... Falls der Analytiker Albert ausreichend präpariert hat, einen solchen Traum zu akzeptieren, wenn er sich als Erklärung seiner Vermeidungstendenz gefunden hat, und falls der Analytiker die Autorität und die Persönlichkeit besitzt, ihm das einzureden, mag Albert völlig überzeugt sein, daß der Traum ein wahrer Entlarver von Faktoren sei, die die Furcht zustande gebracht haben.« Die Autoren ziehen diese Schlußfolgerung: »Es ist wahrscheinlich, daß viele der Phobien in der Psychopathologie echte konditionierte emotionale Reaktionen entweder des unmittelbaren oder des übertragenen Typus sind. Man mag möglicherweise zur Überzeugung kommen, daß sich eine derartige Dauerhaftigkeit früher konditionierter Reaktionen nur bei Personen finden wird, die konstitutionell minderwertig sind. Unser Argument ist konstruktiv gedacht. Emotionale Verwirrungen bei Erwachsenen lassen sich nicht allein auf Sexualität zurückführen. Sie sind auf wenigstens drei parallelen Linien zurückzuverfolgen: auf konditionierte und übertragene Reaktionen, die in der Kindheit und der Jugend für alle drei fundamentalen menschlichen Emotionen etabliert wurden.« Soweit Watsons Theorie. Übrigens sei vermerkt, daß er die Wahrscheinlichkeit zugelassen hat, individuelle Unterschiede könnten eine bedeutsame Rolle bei der Entstehung neurotischen Verhaltens spielen, wiewohl die Formulierung »konstitutionell minderwertig« für moderne Ohren merkwürdig klingt und völlig ungerechtfertigt ist. Watson war ein höchst entschiedener Vertreter der Umweltlehre und schrieb das ganze menschliche Verhalten Umweltursachen zu; nur in diesem einzigen Fall scheint er die Bedeutung individueller Unterschiede erkannt zu haben. Damit hatte er zweifellos recht; wir werden später auf diesen Punkt zurückkommen.

Zusätzlich zur Aufstellung einer Neurosetheorie schlug Watson auch Methoden vor, Kleinkinder, Kinder, Jugendliche und Erwachsene von solchen neurotischen Ängsten zu heilen. Unglücklicherweise wurde, wie er sagt, Albert an dem Tag aus der Klinik genommen, an dem die letzten Tests stattfanden, »daher blieb uns die Gelegenheit verwehrt, eine experimentelle Technik zu entwickeln, mittels derer wir die konditionierte emotionale Reaktion aufheben konnten«. Watson und Rayner schlugen jedoch einige Möglichkeiten vor. Der erste Vorschlag bezieht sich auf die Methoden, die wir bereits als Reaktionsverhinderung oder Reizüberflutung erwähnt haben. In dem Artikel werden sie beschrieben als »ständige Konfrontation des Kinds mit denjenigen Reizen, die die Reaktionen ausgelöst haben, in der Hoffnung, daß es in Übereinstimmung mit der ›Ermüdung‹ des Reflexes zur Gewöhnung komme«. Ein zweiter Vorschlag betrifft die Methode, die später als Desensibilisierung bekannt wurde; Watson und Rayner erklären sie als »Versuch der ›Rekonditionierung‹ durch Süßigkeits- oder andere Nahrungsgaben, sowie das Tier gezeigt wird. Diese Methode macht die Ernährungskontrolle des Betroffenen erforderlich.« Mit anderen Worten: Man versucht, positive Reaktionen auf den konditionellen Reiz dadurch zu konditionieren, daß man ihn mit Nahrung verknüpft. Auch diese Methode wurde, wie diejenige der Reaktionsverhinderung, ausführlich im Fall menschlicher Neurotiker experimentell erprobt, und es erwies sich, daß sie äußerst gut funktioniert. Watson und Rayner machten noch weitere Vorschläge, doch diese sind weniger interessant und wurden in der Form, wie sie vorgebracht wurden, nicht weiterverfolgt.

Fassen wir kurz zusammen, was Watson zu tun versuchte. Er gibt zu verstehen, daß viele, wenn nicht alle neurotischen Phobien und Ängste durch einen Prozeß der Pawlowschen Konditionierung entstehen können; er gibt zu verstehen, daß sich durch einen Prozeß der Reizgeneralisierung diese Ängste vom ursprünglichen konditionellen Reiz auf andere, ähnliche Reize verallgemeinernd übertragen können; er gibt zu verstehen, daß diese Ängste vielleicht ein Leben lang anhalten, falls sie nicht durch irgendeine Form der Therapie beseitigt werden; und er schlägt schließlich zwei oder mehr Behandlungsmethoden vor, die diese Aufgabe erfüllen dürften und die man auf der Grundlage von Tierlaborversuchen empfehlen kann, nämlich diejenigen, die später unter den Bezeichnungen Reaktionsverhinderung oder Reizüberflutung und Desensibilisierung bekannt werden sollten. Die Arbeit Watsons wurde zu einem »Klassiker«, aber interessanterweise kann man feststellen, daß Watsons Theorie weder von Experimentalpsychologen noch von Psychiatern und klinischen Psychologen akzeptiert wurde. Wir werden die Gründe für diese Ablehnung später betrachten. Zum Teil mag sie auf den Umstand zurückgehen, daß die Theorie überraschend neu war und daß wenige Menschen, selbst Wissenschaftler, begierig darauf sind, ihre festgefahrenen Denkgewohnheiten zugunsten des Neuen und Unerforschten aufzugeben. Doch hauptsächlich war meines Erachtens der Grund für den Mangel an Begeisterung der Umstand, daß gewisse Schwierigkeiten bestehen, die Theorie so zu akzeptieren, wie sie dasteht, und daß diese Schwierigkeiten die Menschen davon abhielten, die Neurose als eine bedingte Reaktion zu begreifen. Es war schade, daß sich Watson nie wirklich mit den Einwänden auseinandersetzte und seine Theorie auch nicht in ausführlicher Form so niederschrieb, daß sie jene Schwierigkeiten mit in Rechnung stellte. Mit einer Ausnahme scheint er das Interesse verloren zu haben, und er hinterließ uns wenig mehr, um darauf aufzubauen, als diesen kurzen und ziemlich unzulänglichen Aufsatz.

Die eben erwähnte Ausnahme ist ein Experiment Mary Cover Jones', einer Schülerin Watsons, die später ihren Bericht über eine Behandlung à la Watson veröffentlichte. Dies ist der Fall Peters, eines Jungen von zwei Jahren und zehn Monaten, der sich sehr vor Ratten, Kaninchen und anderen Pelztieren und Pelzgegenständen ängstigte und eine pathologische Phobie gegenüber diesen Reizen gehabt zu haben schien. Mary Cover Jones wandte die beiden bereits von Watson vorgeschlagenen Methoden ebenso wie eine andere an, die später als Modelllernen bekannt wurde. Diese setzt im wesentlichen den Mechanismus der Nachahmung ein, ausgehend von dem Gedanken, daß jemand, der sich vor einem bestimmten Gegenstand ängstigt, dann, wenn er Menschen gleichen Geschlechts und Alters erlebt, die keine oder geringe Furcht vor diesem Gegenstand haben, lernen wird, sie nachzuahmen und damit seine Ängste zu überwinden. Das ist keine fachmännische Beschreibung des Modellernens – das heißt der Verwendung von anderen Kindern oder Erwachsenen als Vorbilder, die in der Situation, die der Patient als schädlich empfindet, keine Angstreaktionen erkennen lassen –, doch für den Augenblick mag sie ausreichen.

Mary Cover Jones ging so vor: »Man entschied sich, ein Kaninchen zur Entkonditionierung zu verwenden und folgendermaßen zu verfahren: jeden Tag wurden Peter und drei weitere Kinder zu einer Spielstunde ins Laboratorium gebracht. Die anderen Kinder waren sorgfältig wegen ihres völlig furchtlosen Verhaltens gegenüber dem Kaninchen und ihrer befriedigenden allgemeinen Anpassung ausgewählt worden. Das Kaninchen war immer während eines Teils der Spielstunde anwesend. Von Zeit zu Zeit wurde Peter allein geholt, so daß man seine Reaktionen beobachten und seine Fortschritte feststellen konnte.« Es hat den Anschein, als habe diese Methode zur Besserung in mehr oder weniger regelmäßigen Schritten vom fast völligen Entsetzen beim Anblick des Kaninchens bis zur total positiven Reaktion ohne Anzeichen von Verstörung geführt. Mithin scheint das Modelllernen im Fall Peters sehr gut funktioniert zu haben.

An diesem Punkt wurde die Behandlung Peters für zwei Monate unterbrochen, und bei seiner Rückkehr wurde er in Anwesenheit der Kinderschwester von einem großen Hund angegriffen; sowohl Peter wie die Schwester waren sehr verängstigt, und diese Erfahrung scheint seine Besserung bis hin zur extremen Furcht vor Kaninchen rückgängig gemacht zu haben. Diesmal wandte Mary Cover Jones die von Watson vorgeschlagene Methode der »Desensibilisierung« an. »Peter wurde auf einen hohen Stuhl gesetzt und bekam zu essen, was er gern mochte. Die Experimentatorin brachte ein Kaninchen in einem Drahtkäfig so nahe wie möglich heran, ohne eine Reaktion auszulösen, die das Essen unterbrochen hätte. Durch das Vorhandensein des angemessenen Reizes (der Nahrung) bei jedem Anblick des Kaninchens wurde die Furcht schrittweise zugunsten einer positiven Reaktion beseitigt.« Diese Methode wurde mit dem Modellernen kombiniert: »Gelegentlich wurden auch andere Kinder hereingebracht, um die ›Entkonditionierung‹ zu unterstützen.« Diese Methode wirkte noch besser; Peter entwickelte ein Gefallen an Kaninchen, wie sich bei einigen Nachuntersuchungen zeigte. »Beim letzten Interview gab er . . . eine echte Zuneigung zu dem Kaninchen zu erkennen. Was war mit der

Furcht vor den anderen Objekten geschehen? Die Furcht vor der Watte, dem Pelzmantel, vor Federn war bei unserem letzten Interview völlig verschwunden. Er betrachtete sie, faßte sie an und wandte sich augenblicklich einer Sache zu, die ihn mehr interessierte.« Was würde Peter tun, wenn man ihn mit einem fremdartigen Tier konfrontierte? Bei dem letzten Interview brachte die Experimentatorin eine Maus und ein Gewimmel von Regenwürmer zum Vorschein. »Beim ersten Anblick zeigte Peter leichte Reaktionen des Unbehagens und bewegte sich von den Tieren weg, doch ehe die Stunde zu Ende war, trug er die Würmer herum und betrachtete die Maus mit unverstörtem Interesse. Durch die ›Entkonditionierung‹ Peters gegenüber dem Kaninchen wurde ihm offensichtlich geholfen, alle überflüssigen Ängste zu überwinden, einige davon völlig, einige in geringerem Grad. Seine Widerstandsfähigkeit gegenüber fremden Tieren und unvertrauten Situationen hatte augenscheinlich zugenommen.«

Hier haben wir also ein Experiment, das offensichtlich Watsons Theorie sehr stark untermauert. Allerdings deutet Mary Cover Jones ein Element des Zweifels an. »Peters Furcht vor den Tieren, die ihm gezeigt wurden, war wahrscheinlich keine unmittelbar konditionierte Furcht. Es ist unwahrscheinlich, daß er beispielsweise jemals Erfahrungen mit weißen Ratten gehabt hatte. Wo die Furcht ihren Ursprung hatte und was der auslösende Reiz gewesen war, ist nicht bekannt.« Doch Mary Cover Jones schließt mit einer optimistischen Bemerkung: »Die jüngste Entwicklung psychologischer Studien über kleine Kinder und die wachsende Tendenz, das in psychologischen Laboratorien erworbene Wissen ins Elternhaus und in die Schule hineinzutragen, veranlassen uns, eine heilsamere Behandlung für eine künftige Peter-Generation vorherzusagen.« Obwohl Mary Cover Jones selber diese Arbeiten fortsetzte und einen glänzenden Aufsatz über »Die Beseitigung von Kinderängsten« verfaßte, in dem sie mehrere andere Behandlungsmethoden und deren Erfolg beschrieb, wurden sowohl die Konditionierungsneurosentheorie wie auch die verschiedenen Entkonditionierungs- und Löschungsmethoden während der nächsten runden fünfzig Jahre leider nicht häufig angewandt – wie zur Bestätigung des bekannten Sachverhalts, daß von der ersten Entdeckung eines wissenschaftlichen Prinzips bis zu seiner allgemeinen Anwendung eine Zeitspanne von fünfzig Jahren vergehen muß (so im Fall der Entdeckung der Elektrizitätsprinzipien durch Michael Faraday und der weitverbreiteten Verwendung von Elektrizität im Alltagsleben infolge der angewandten Entdeckungen Edisons und anderer). Dennoch hatte Mary Cover Jones trotz der in diesem allgemeinen Gesetz implizierten Verzögerung zweifellos recht, und sie lebte glücklicherweise lange genug, um den Erfolg ihrer Vorhersage zu erleben, was Watson leider versagt blieb.

Hier haben wir also im Umriß eine Elementartheorie der Neurose wie auch die Skizze einer allgemeinen Behandlungstheorie mit ganz genau festgelegten Vorschlägen zur Verfahrensweise dieser Behandlung. Die drei erwähnten Methoden: Desensibilisierung, Reaktionsverhinderung und Modellernen sind in der Tat die erfolgreichsten Waffen in unserem Kampf gegen die neurotische Störung. Im nächsten Abschnitt werden wir uns der Aufgabe unterziehen, Watsons Theorie auf den neuesten Stand zu bringen und diejenigen Aspekte aufzuzeigen, die die Prüfung durch die Zeit und weiteres Experimentieren nicht bestanden haben, was uns in die Lage versetzen wird, ein besseres Verständnis vom wahren Wesen der menschlichen Neurose zu gewinnen. (Watson hatte natürlich niemals unmittelbaren Kontakt mit psychiatrischen Patienten und scheint auch nicht viel über dieses Gebiet gelesen zu haben. Hätte er das getan, hätte er augenblicklich erkannt, daß es viele Richtungen gibt, in denen sein Modell von der Entwicklungslinie abweicht, die die typische neurotische Störung einschlägt.) Ehe wir uns jedoch dieser Aufgabe zuwenden, mag es nützlich sein, zwei Fallgeschichten zu betrachten, die ziemlich gut die Art und Weise veranschaulichen, wie die Konditionierung im Fall bestimmter menschlicher neurotischer Reaktionen wirksam werden kann. Diese beiden Fallgeschichten sind nicht typisch und sollen auch nichts beweisen; sie illustrieren lediglich Möglichkeiten, wie sich Watsons Theorie auf wirkliche Fälle anwenden läßt.

Das erste der beiden fraglichen Beispiele mag »Der Fall des impotenten Ehemanns« heißen. Der Patient war ein Mann mittleren Alters, der zur Behandlung kam, weil er bei seiner Frau impotent war, wiewohl sich bald herausstellte, daß seine Impotenz nur in ihrer Wohnung auftrat; wenn sie auf Urlaub waren, hatte er keine Schwierigkeiten, eine richtige Erektion zu bekommen. Verschiedene Behandlungsarten wurden ohne Erfolg ausprobiert, bis sich schließlich, fast durch Zufall, die Wahrheit enthüllte. Es ergab sich, daß der Ehemann mehrere Jahre zuvor heftig mit einer Frau geflirtet hatte und dabei von deren Ehemann überrascht wurde. Dieser war zufällig ein Schmied mit kräftiger Muskulatur, der den Patienten ziemlich schlimm verprügelte und dabei heftige Furcht- und Schmerzreaktionen auslöste. Man kann den Akt des Verprügelns als den unkonditionellen Reiz und die Furcht- und Schmerzreaktion als die unkonditionierten Reaktionen des Konditionierungsparadigmas ansehen. Was war der konditionelle Reiz? Zufällig erblickte der Patient die Tapete, als ihn der Schmied zu prügeln begann, und ebenso zufällig hatte die Schlafzimmertapete in der Wohnung des Patienten dasselbe Muster wie diejenige in dem Zimmer, wo er ertappt und verprügelt wurde. Damit haben wir den konditionellen Reiz, die Tapete, die in dem Patienten Angstgefühle auslöste; und eben diese Ängste machten es ihm unmöglich, eine Erektion zu bekommen.

Der physiologische Mechanismus, nach dem sich das abspielt, ist natürlich recht gut bekannt. Die sexuelle Erektion kommt über das sogenannte parasympathische System zustande, während Furcht, Angst und so fort über das sympathische System vermittelt werden; diese beiden Systeme wirken einander weitgehend entgegen, und die Betätigung des einen inaktiviert das andere. Der Anblick der Tapete aktiviert infolgedessen das sympathische System, inaktiviert das parasympathische und macht eine angemessene sexuelle Reaktion unmöglich. Wenn das Ehepaar auf Urlaub war, gab es keinen derartigen konditionellen Reiz, und infolgedessen auch keine Schwierigkeiten beim Geschlechtsverkehr. Die »Behandlung« bestand einfach darin, das Schlafzimmer mit einer anders gemusterten Tapete auszustatten; der Patient berichtete von keinen weiteren Schwierigkeiten. Dies ist offensichtlich ein äußerst ungewöhnlicher Fall, und die Behandlungsmethoden sind normalerweise nicht so einfach wie hier. Immerhin illustriert er, daß zumindest gelegentlich die Erklärung im Sinn Watsons durchaus dienlich und nützlich sein kann.

Unser zweites Beispiel mag »Der Fall der Katzenfrau« heißen, und es bezieht sich auf eine schwere Katzenphobie bei einer siebenunddreißigjährigen Frau, die wegen dieser Phobie in Verbindung mit Spannung, Angst und gelegentlicher Depression in unsere Klinik überwiesen wurde; berichtet haben darüber Dr. Freeman und Dr. Kendricks. Jene Katzenfurcht hatte bestanden, solange sich die Patientin zurückerinnern konnte. »Der erste Vorfall, an den sie sich entsinnen kann, ereignete sich im Alter von vier Jahren, als ihr Vater vor ihren Augen ein Kätzchen in einem Eimer ertränkte.« Als sie vierzehn war, legten ihr bei einer Gelegenheit die Eltern aus einem Grund, der nicht klar ist, ein Fell ins Bett. »Sie erklärt, daß sie ganz hysterisch wurde, als sie es fand. Mit achtzehn Jahren empfand die Patientin neuerdings Angst, als eine Katze in ihr Schlafzimmer kam, und während sie in der W.R.N.S. (einer Frauen-Kriegsorganisation) war, wurde sie oft von Katzen geängstigt und bestand stets darauf, im obersten Bett zu schlafen, obwohl sie niemandem etwas von ihrer Furcht sagte. Nach ihrem zweiundzwanzigsten Lebensjahr wurden diese Ängste schlimmer, und etwa zehn Jahre lang blieb die Phobie unverändert. Während der letzten Periode hatte das Nachbarhaus leergestanden; das Gras im Garten war sehr hoch und wurde zum Treffpunkt der Katzen aus der Umgebung. Die Patientin sagte, sie sei entsetzt bei dem Gedanken gewesen, die Katzen könnten auf sie zuspringen und sie angreifen. Sie wußte, daß dies in Wirklichkeit sehr unwahrscheinlich war, konnte sich aber nicht von der Furcht frei machen. Beim Anblicken der Katzen geriet sie in Panik und wurde zuweilen vom Entsetzen völlig überwältigt. Sie hielt sich stets am Straßenrand des Gehsteigs, um Katzen an den Mauern auszuweichen, und ging nachts nie allein aus.« Das Ausmaß der Phobie läßt sich daran ermessen, daß sie niemals, wenn sie es irgend vermeiden konnte, einen Raum betrat, in dem sich eine Katze befand. Bei Besuchen bei Freunden oder Verwandten, die eine Katze hatten, traten ihr Mann oder ihre Kinder gewöhnlich vor ihr ein, um dafür zu sorgen, daß das Tier entfernt wurde. Sie fürchtete sich, allein in den Garten zu gehen, und Waschtage waren eine Qual für sie. Sie ertrug es nicht, ein katzenähnliches Fell zu berühren oder Pelzhandschuhe anzuziehen, und fühlte sich unbehaglich, wenn sie in einem öffentlichen Verkehrsmittel neben jemandem mit Pelzmantel saß. Darstellungen von Katzen in Büchern, im Fernsehen oder im Kino beunruhigten sie. In den letzten Monaten war ihr Leben von Katzenfurcht erfüllt, und sie konnte an nichts anderes denken. Sie interpretierte jede unerwartete Bewegung, jeden Schatten oder jedes Geräusch so, als gingen sie von einer Katze aus. Sie regte sich über den Spielzeug-Kolabären ihrer Tochter auf, wenn sie ihn sah oder unvorhergesehen berührte. Beim Erwachen am Morgen war ihr erster Gedanke, wie vielen Katzen sie im Lauf des Tags begegnen würde. Die Folge davon war – wie sie empfand –, daß sie zu Hause eine regelrechte Arbeitswut entwickelte und nie stillsitzen konnte. Von Zeit zu Zeit hatte sie schreckliche Alpträume im Zusammenhang mit Katzen. Es handelte sich mithin um eine typische monosymptomatische Phobie, die sich auf ein Objekt, eben Katzen, bezog, wiewohl sie sich leicht auf andere bepelzte Gegenstände übertrug.

Es ist möglich, diese Neurose so zu verstehen, daß sie sich durch einen Konditionierungsprozeß entwickelte, der mit dem frühen traumatischen Ereignis einsetzte, als ihr Vater vor ihren Augen in einem Eimer das Kätzchen ertränkte. Dies ist zweifellos die Art und Weise, wie Watson den Vorfall betrachtet hätte, und möglicherweise spielte er eine determinierende Rolle in der Genese dieser speziellen Neurose. Es bestehen allerdings beträchtliche Schwierigkeiten, eine solche Theorie zu akzeptieren. Die Einwände dagegen sind mannigfaltig, und es mag nützlich sein, diesen Fall als Einstieg zu verwenden und daran unsere Erörterung der Einwände gegen Watsons Konditionierungstheorie im nächsten Abschnitt anzuschließen. Wir werden auch später noch darauf zurückkommen, um die Behandlungsmethode zu besprechen, die glücklicherweise erfolgreich war und die Patientin von ihrer langjährigen Angst befreite.

Ein neues Modell

Der erste unter den vielen Einwänden gegen das Modell Watsons betrifft den einfachen Umstand, daß es späteren Forschern unmöglich war, sein »Experiment« mit dem kleinen Albert zu wiederholen. Sie arbeiteten nur mit wenigen Fällen, und es läßt sich schwer entscheiden, worauf dieses Versäumnis zurückzuführen ist. Man wird sich daran erinnern, daß Watson sagte, man müsse möglicherweise annehmen, daß sich eine derartige Fortdauer früh konditionierter Reaktionen nur bei Personen finde, die »konstitutionell minderwertig« seien. Daher mag er Glück gehabt haben, einen derartigen »konstitutionell minderwertigen« Menschen in dem kleinen Albert getroffen zu haben, während die anderen, denen eine Wiederholung seiner Arbeit nicht gelang, kein solches Glück hatten. Es besteht überhaupt keine Frage, daß die Persönlichkeit eng mit der Disposition eines Menschen für neurotische Störungen verknüpft ist, und dies ist nicht einmal zu beweisen. Das Thema der Persönlichkeitsunterschiede und deren Verhältnis zur Neurose ist so bedeutsam, daß wir ihm einen ganzen Abschnitt dieses Kapitels widmen werden; infolgedessen werden wir hier keine Zeit mehr für spezielle Darlegung aufwenden.

Eine weitere mögliche Erklärung mag in der besonderen Natur der konditionellen Reize zu finden sein, wie sie diejenigen Psychologen verwendeten, die Watsons Arbeit zu wiederholen versuchten. Erforscher phobischer Ängste und Furchtzustände konnten bemerken, daß bestimmte Objekte und Tiere in diesem Zusammenhang häufig eine Rolle spielen, während andere fast vollständig fehlen. So fürchten sich zahlreiche Menschen vor Spinnen, aber kaum welche vor Schafen. Viele Menschen ängstigen sich vor Ratten, wenige hingegen vor gebräuchlichen Haushaltsgegenständen wie Vorhängen, Holzklötzen oder Spielzeugenten, die als Objekte bei den Versuchen anderer Psychologen dienten, Kindern konditionierende Ängste zu induzieren.

Man hat viele Studien durchgeführt, um die Hauptursachen

phobischer Ängste bei einzelnen Patienten herauszufinden. Diese scheinen sich in ganz deutlich abgegrenzte Gruppen zu unterteilen, und eine statistische Untersuchung hat zu den in Tabelle 2 angegebenen Ergebnissen geführt. Die Bezeichnungen der Furchtobjekte werden sich selber erklären; die zusammengefaßten Gruppen werden »Faktoren« genannt und sind durch eine statistische Analyse zustande gekommen, also nicht subjektiv durch den Experimentator festgelegt worden. Es wird sich zeigen, daß die Gruppierungen einen recht guten Sinn ergeben und sich möglicherweise im Sinn der Reaktionsgeneralisierung verstehen lassen, das heißt, die Items innerhalb jeder Gruppe sind einander ausreichend ähnlich, um ganz leicht einsichtig zu machen, warum jemand, der sich vor einem dieser Items fürchtet, auch dazu neigen dürfte, sich vor anderen aus derselben Gruppe zu fürchten, nicht aber vor solchen aus anderen Gruppen. So scheint die erste Faktorengruppe durch Ängste vor kleinen Tieren bestimmt zu sein, die zweite durch Furcht vor menschlichen Beziehungen, die Feindseligkeit, Mißbilligung und dergleichen in sich schließen; die dritte befaßt sich mit Tod und Verletzungen; die vierte mit primitiven, moralistischen und sexuellen Ängsten; die fünfte mit gesellschaftlicher Kritik; und so fort. Dabei gibt es ein, zwei Items, die sich nicht allzu gut in diese Klassifizierung einzufügen scheinen, doch insgesamt ergibt sie einen bemerkenswert guten Sinn. Man sollte festhalten, daß diese Faktorenzusammenstellungen nicht unabhängig voneinander sind; Menschen, die viele Ängste in einer Gruppe haben, tendieren auch dazu, in den anderen welche zu haben, so daß sich ein Bild von Menschen abzeichnet, die im Grad ihrer Gesamtfurchtsamkeit sehr voneinander abweichen, aber dazu tendieren, ihre Ängste mehr oder minder auf eine der fünf Gruppierungen zu beschränken.

Tabelle 2

1. *Tiere*

Würmer
Mäuse oder Ratten
Fledermäuse
Kriechende Insekten
Spinnen
Harmlose Schlangen
Fliegende Insekten

2. *Menschliche Feindseligkeiten*

Einander einschüchternde
(sich beschimpfende) Men-
schen
Zornempfinden
Laute Stimmen
Wütende Menschen
Verlust der Beherrschung
Einschüchterung (Beschimp-
fung) durch jemanden
Verwicklung in einen Kampf
Zusammensein mit Betrun-
kenen

3. *Tod und Verletzungen*

Menschliches Blut
Tierisches Blut
Offene Wunden
Beobachtung chirurgischer
Eingriffe

Tote Tiere
Verabreichung von Injektio-
nen
Tote Menschen
Klinikgeruch
Autounfälle
Ersticken

4. *Moralistische Ängste*

Der Gedanke, ein gebrechli-
ches Kind zu haben
Selbstmordgedanken
Sexuelle Unzulänglichkeit
(Impotenz oder Frigidität)
Der Gedanke, wirklich krank
zu sein
Masturbation
Strafe Gottes

5. *Gesellschaftliche Kritik*

Das Gefühl des Getadelt-
Werdens
Ignoriert-Werden
Kritisiert-Werden
Das Gefühl des Abgelehnt-
Seins
Törichtes Aussehen
Kein Erfolgsmensch sein
Sprechen vor einer Gruppe
Fremder

6. *Dunkelheit*	7. *Gefährliche Örtlichkeiten*
Dunkelheit	Hohe Stellen
Allein-Sein	Aufenthalt in einem ge-
Aufenthalt an einem frem-	schlossenen Raum
den Ort	Fahrt im Lift
Betreten eines Raums, in	Von Menschen wimmelnde
dem bereits andere sitzen	Orte
Allein ein dunkles Theater	Aufenthalt in einem Flug-
betreten	zeug
	Tiefes Wasser

Betrachten wir nun den zweiten Einwand gegen die Theorie Watsons; im Grunde ist er mit dem eben vorgebrachten verwandt und bildet dessen Erweiterung und möglicherweise seine Erklärung. Watson postulierte drei ursprüngliche Hauptmuster emotionaler Reaktionen, nämlich Furcht, Zorn und Liebe. Furcht, so meinte er, entstehe durch einfache, in eine von drei Kategorien fallende Reize: laute Geräusche, Verlust von Unterstützung und physischen Zwang. Alle anderen Erscheinungsweisen von Furcht, so dachte er, entständen durch Konditionierung, wobei eine der unkonditionellen Quellen zufällig oder absichtlich mit einem neutralen Reiz gekoppelt werde.

Es ist jedoch völlig unrealistisch und steht nicht im Einklang mit modernen Forschungen, anzunehmen, daß eine einfache Sinnesreizung dieser Art die einzige natürliche Quelle einer Angstreaktion sei oder daß sich alle Angstreaktionen eindeutig in angeboren-natürliche und erworbene unterteilen ließen. Gehen wir auf den ersten Punkt ein: Ethologen, das heißt Forscher, die das Verhalten von Tieren unter mehr oder weniger natürlichen Bedingungen studieren, haben gutes Belegmaterial für die Vorstellung von *angeborenen Ängsten* beigebracht, die ganz spezifisch sein können. Bei Küken beispielsweise, die ohne jeden Kontakt zu Tieren ihrer Art aufgezogen wurden, von denen sie auf diese oder jene Weise Furcht vor Raubvögeln hätten lernen können, läßt sich zeigen, daß sie mit panischer Flucht auf eine an einem Draht über ihre Köpfe gezogene ausgeschnittene Schablone reagieren, die an die Form eines Adlers oder eines Falken erinnert. Die Besonderheit dieser Furcht läßt sich dadurch demonstrieren, daß man die Schablonen rückwärts zieht, das heißt so, daß der vermeintliche Kopf den Hinterteil bildet. Auf diese Weise erinnert die Silhouette nicht an einen sich auf sein Opfer stürzenden Vogel, und die Küken zeigen keine Furcht. Natürlich-angeborene Ängste dieser Art existieren wahrscheinlich auch bei Menschen, und es wäre unrealistisch, die Möglichkeit aus apriorischen Gründen abzulehnen.

Die Evolutionstheorie legt nahe, daß angeborene Ängste dieser Art äußerst nützlich für die Existenzerhaltung einer Art sein könnten, und es ist interessant festzustellen, daß die sich bei Menschen als Phobien manifestierenden Ängste, wie sie oben zusammengestellt wurden, sämtlich offenbar eine sehr reale und sinnvolle evolutive Bedeutung haben. Die Furcht vor kleinen Tieren wie Spinnen, Schlangen und so fort mag nun nicht vernünftig sein, aber man sollte sich vor Augen halten, daß viele derartige Tiere alles andere als harmlos sind, so etwa Skorpione, Taranteln und andere, und daß es in jenen uralten Zeiten, als diese Ängste vermutlich in unser Nervensystem inkorporiert wurden, auf der Welt weit mehr bösartige und gefährliche kleine Tiere gab. Die Ängste vor Angriffen und Ablehnungen sind gleichfalls sehr real und nützlich für ein nomadisches Wesen, das zu einem Großteil von Gruppenzwängen und der Gruppenerhaltung abhängig ist. Das gleiche gilt für die Items in unserem vierten Faktor, bei dem es um moralische und sexuelle Unzulänglichkeiten geht, die in einer primitiven Gesellschaft fatal sein könnten. Die Furcht vor Dunkelheit und unvertrauten Örtlichkeiten, wie sie in den Faktoren 6 und 7 angeführt sind, ist offenkundig bedeutsam als Hinweis auf Stellen, an denen Gefahr lauern könnte.

Schließlich ließe sich auch die Furcht vor Tod, Wunden, Blut und so fort, wie sie der Faktor 3 anführt, gewinnbringend als Verteidigungsreaktion interpretieren. Es ergibt daher einen guten Sinn anzunehmen, daß wir biologisch von Geburt an mit der Furcht vor bestimmten Tieren, Gegenständen und Situationen ausgestattet sind, die in der Vergangenheit Indikatoren für unmittelbare Gefahr gewesen sind und die selbst heute noch eine ähnliche Funktion erfüllen könnten, wiewohl diese Ängste in zivilisierten Gesellschaften wahrscheinlich weithin veraltet und überholt sind.

Die Annahme, die sich aus diesen Erwägungen heraus nahelegt, besagt natürlich, daß viele der Ängste, die Watson für konditioniert hielt, in Wirklichkeit weithin angeboren sind, wenngleich die Erfahrung die furchtauslösenden Qualitäten dieser Reize verstärken mag. Falls wir diese angeborenen Ängste tatsächlich haben sollten, hätte der Konditionierungsprozeß ein weit umfangreicheres Gebiet neben Schmerz, lauten Geräuschen oder physischen Zwängen zu erfassen. Auf diese Weise läßt sich leichter die große Anzahl neurotischer Störungen verstehen, bei denen offenbar kein Schmerz in einer dieser Formen als unkonditioneller Reiz im Spiel ist. Es ist richtig, daß einer – oder mehrere – dieser mutmaßlich »natürlichen« Furchtproduzenten zuweilen am Beginn einer Neurose in Erscheinung tritt (dies trifft vornehmlich auf einfache phobische Reaktionen zu), aber dies gilt keineswegs universell für alle Neurosen und ist, genaugenommen, wahrscheinlich ziemlich ungewöhnlich (abgesehen von Kriegsneurosen). Eine traumatische einzelne Belastungskonditionierung, wie wir sie im Fall des fremdgehenden Ehemanns sahen, der von dem Hahnrei-Schmied verprügelt worden war, ist bei menschlichen Neurosen verhältnismäßig selten, wiewohl Watsons Theorie etwas Derartiges fordert.

Aufbauend auf jener Vorstellung, daß bestimmte Ängste völlig oder teilweise angeboren sein mögen, führte Dr. M. Seligman von der Universität Philadelphia den sehr bestechenden Begriff der »Bereitschaft« ein. Er ging von dem so ziemlich gleichen Gedanken aus, wie wir ihn bereits skizziert haben, und verwies darauf, daß bei einer Pawlowschen Konditionierung ein konditioneller Reiz so gut wie jeder andere ist. »Jedes beliebig gewählte natürliche Phänomen läßt sich in einen konditionellen Reiz umwandeln ... jeder visuelle Reiz, jedes gewünschte Geräusch, jeder Geruch und die Stimulierung jeder Hautpartie.« So Pawlow. Dies scheint jedoch nicht für Phobien zu gelten; »sie umfassen einen verhältnismäßig nicht-willkürlichen und begrenzten Komplex von Objekten: Agoraphobie (Platzangst), Furcht vor bestimmten Tieren, Insektenphobie, Höhenangst, Furcht vor Dunkelheit und so fort. All dies sind verhältnismäßig häufige Phobien. Und nur selten, wenn überhaupt, treffen wir auf Pyjamaphobien, Grasphobien, Steckdosenphobien, Hammerphobien, auch wenn sich diese Dinge leicht mit Traumata in unserer Welt assoziieren lassen.« Seligman nimmt dann an, daß Ängste nicht angeboren seien, daß vielmehr »Phobien in hohem Maß dazu angetan sind, von Menschen erlernt zu werden, und sie sind, wie andere in hohem Maß vorbereitete Beziehungen, selektiv, widerstandsfähig gegen Löschung, werden selbst bei abgeschwächter Reizzufuhr erlernt und sind wahrscheinlich nicht-kognitiv.«

Einige dieser Termini bedürfen der Erläuterung. Die Konditionierung im Laboratorium ist ein ziemlich zartes Pflänzchen. Beispielsweise müssen die Zeitverhältnisse einfach richtig sein; der konditionelle Reiz muß dem unkonditionellen Reiz um etwa eine halbe oder eine ganze Sekunde vorangehen; ist das Zeitintervall zu lang oder zu kurz, wird keine Konditionierung stattfinden. Mit der Mutmaßung, die Konditionierung »vorbereiteter« Reaktionen könnte selbst bei abgeschwächter Reizzufuhr geschehen, meint Seligman, daß diese Reaktionen auch dann erlernt würden, wenn die strengen Regeln der Konditionierung nicht genau eingehalten werden. So zeigte sich beispielsweise, daß sich unter bestimmten Umständen derartige vorbereitete Reaktionen selbst dann konditionieren lassen, wenn das Zeitintervall zwischen konditionellem und unkonditionellem Reiz eine ganze Stunde beträgt. Dieses Argument bringt uns über eine inhärente Schwierigkeit hinweg, der sich Watson nie konfrontiert sah, nämlich das Problem, daß die Laborkonditionierung eine sehr kniffelige Angelegenheit ist, für die sehr präzise Anordnungen zu treffen sind. Im gewöhnlichen Leben erwartet man natürlich niemals, etwas in derart präziser Weise arrangiert zu finden, und das Zeitintervall zwischen konditionellem und unkonditionellem Reiz beispielsweise kann um vieles länger sein als alles, was im Laboratorium tolerabel ist. Geht man davon aus, daß sich vorbereitete Reaktionen durch Konditionierung selbst dann bewirken lassen, wenn die Reizzufuhr »abgeschwächt« ist, befindet man sich in einer weit besseren Lage, vom Laboratorium generalisierend aufs Alltagsleben umzudenken. Mit der Äußerung, Phobien seien nicht kognitiv, meint Seligman einfach, daß die Ängste nicht rational seien und nicht durch den Cortex, also durch unseren normalen Apparat des bewußten Denkens, vermittelt würden.

Wie bereits oben angedeutet, hilft dieser Begriff der Bereitschaft mit, unter anderem den Umstand zu erklären, warum es bei einer Wiederholung von Watsons Experiment mit dem kleinen Albert nicht gelang, eine Konditionierung zu er-

110

reichen; die Psychologen verwendeten gebräuchliche Haushaltsartikel wie Vorhänge und Holzklötze oder eine hölzerne Ente, die sämtlich nicht den »Bereitschafts«-Wert von Pelztieren haben. Ein anderes Problem, das sich durch diesen Begriff erklären läßt, ist die Wahl eines konditionellen Reizes: warum greift in einer traumatischen Situation die betreffende Person gerade diesen einen Reiz statt eines anderen, gleich gewichtigen so auf, daß er zu *dem* konditionellen Reiz wird? Nach der Darstellung Seligmans wäre die Wahl sehr stark durch eine angeborene Bereitschaft zusätzlich zu den üblichen Zufallsfaktoren bestimmt.

Der Begriff der Bereitschaft fügt sich gut mit der Hypothese angeborener Ängste zusammen; vermutlich ist es hauptsächlich eine Frage des Grads von Angsterfahrung, was die beiden Konzepte voneinander scheidet. Ist die Furcht bei der ersten Begegnung mit dem Reizobjekt stark, gilt sie als angeboren; ist sie schwach, läßt sie sich aber leicht konditionieren, denkt man an Bereitschaft. Die zugrunde liegenden psychologischen Verbindungen und die hypothetische evolutive Entwicklung sind identisch. Der Begriff ist wertvoll und nützlich und scheint – zumal für ein volles Verständnis phobischer Neurosen – unentbehrlich zu sein. Vermutlich ist auch er im Licht individueller Unterschiede zu sehen; wahrscheinlich dürften Persönlichkeitseigenschaften von Bedeutung für die Bereitschaft und ihre Rolle bei der Konditionierung sein.

Eine weitere Kritik an dem einfachen Watsonschen Modell betrifft das Beharren darauf, daß einfache Schmerzreaktionen die unkonditionierte Reaktion herbeiführten. Ein Grund dafür liegt wahrscheinlich in Watsons übersimplifiziertem psychologischen System; und ein weiterer in seiner Beschäftigung mit Tieren statt mit Menschen; abgesehen von dem kleinen Albert befaßten sich seine ganzen experimentellen Arbeiten mit Ratten. In der Geschichte der menschlichen

Neurose jedoch sind wirkliche physische Schmerzreaktionen verhältnismäßig selten; dies trifft zumindest für Friedenszeitenneurosen zu. Kriegsneurosen haben ihren Ursprung häufig in traumatischen, schmerzerzeugenden Ereignissen, doch von derartigen Neurosen weiß man, daß sie sich erheblich von den in Kliniken zu erlebenden normalen Neurosearten unterscheiden. Die Arbeit mit Tieren hat gezeigt, daß das, was »frustrierende Nicht-Belohnung« genannt wurde, die gleichen Auswirkungen hat wie Schmerz und in menschlichen Angelegenheiten vermutlich weit häufiger vorkommt. Dieser Terminus technicus besagt einfach, daß wir konditioniert wurden, in einer bestimmten Situation oder im Anschluß an bestimmte konditionelle Reize eine bestimmte Belohnung zu erwarten, und daß unsere Reaktionen dann, wenn diese Belohnung nicht eintrifft, ähnlich denen auf physische Schmerzen sind. Frustrierende Nicht-Belohnung erzeugt tatsächlich psychischen Schmerz, was jeder bezeugen kann, der sie erfahren hat. Diese frustrierende Nicht-Belohnung ist wahrscheinlich viel wichtiger für die Bereitstellung des unkonditionellen Bestandteils in unserem Paradigma, als es körperlicher Schmerz ist.

Auch Konflikte rufen, wie so hervorragende Psychologen wie N. Miller und K. Lewin gezeigt haben, Wirkungen hervor, die »psychischen Schmerz« erzeugen oder aversiv und negativ verstärkend sind (um eine fachlichere Terminologie zu verwenden). Besondere Aufmerksamkeit wurde dem zuteil, was als Konflikt zwischen Tendenzen des Annäherns und des Meidens bekannt ist. Angenommen, man setzt eine Ratte in einen langen, geraden Gang mit Nahrung am einen Ende und einer Startbox am anderen. Die hungrige Ratte lernt bald, zu der Nahrung zu laufen und sie zu fressen. Nun baue man einen leichten elektrischen Schlag unmittelbar vor der Nahrung ein. Die Ratte verspürt einen starken Trieb, sich der

Nahrung zu nähern, aber einen noch stärkeren, den Schlag zu vermeiden; was wird sie tun? Experimente haben gezeigt, daß dies durch ein allgemeines Gesetz entschieden wird, wonach ein räumlicher Gradient (Anstieg oder Gefälle) dergestalt existiert, daß sowohl die Annäherungs- wie die Vermeidungstendenz in der Nähe der Nahrung stärker sind als in größerer Entfernung davon, daß jedoch dieser Gradient für die Vermeidungsreaktion steiler ist als für die Annäherungsreaktion. Die Abbildung 2 veranschaulicht diesen Sachverhalt.

Links befindet sich die Startbox, rechts die Zielbox. Man erkennt, daß sich sowohl die Annäherungs- wie die Vermeidungstendenzen verstärken, je näher das Ziel liegt, daß der Gradient für die Vermeidungsreaktion aber steiler ist. Mit anderen Worten: Die Ratte wird bei der Annäherung an die Zielbox in höherem Maß ängstlich als begierig nach der Nahrung. Das Stärkeverhältnis zwischen den beiden Tendenzen entscheidet darüber, was die Ratte tun wird. In der Nähe der Startbox ist die Annäherungstendenz stärker als die Vermeidungstendenz, also wird das Tier beginnen, in Richtung auf die Zielbox zu laufen; allmählich verringert sich die Differenz zwischen Annäherungs- und Vermeidungstendenz, und die Ratte wird immer langsamer laufen, bis die Vermeidungstendenz (nahe der Mitte des Diagramms) die stärkere wird und die Ratte anfängt zurückzuweichen. Schließlich wird sie etwa an dem Punkt zum Stillstand kommen oder sich unbehaglich hin und her bewegen, wo sich die beiden Gradienten treffen. Man kann all diese Variablen im Fall von Experimenten mit Tieren oder auch mit kleinen Kindern messen und aufzeigen, daß diese Theorie auf der richtigen Linie liegt. Man kann sogar den Vermeidungsgradienten verringern, beispielsweise dadurch, daß man der Ratte Alkohol oder einen anderen Tranquilizer verabreicht; das Ergebnis ist in der Abbildung durch die gestrichelte Linie wiedergegeben. Jetzt er-

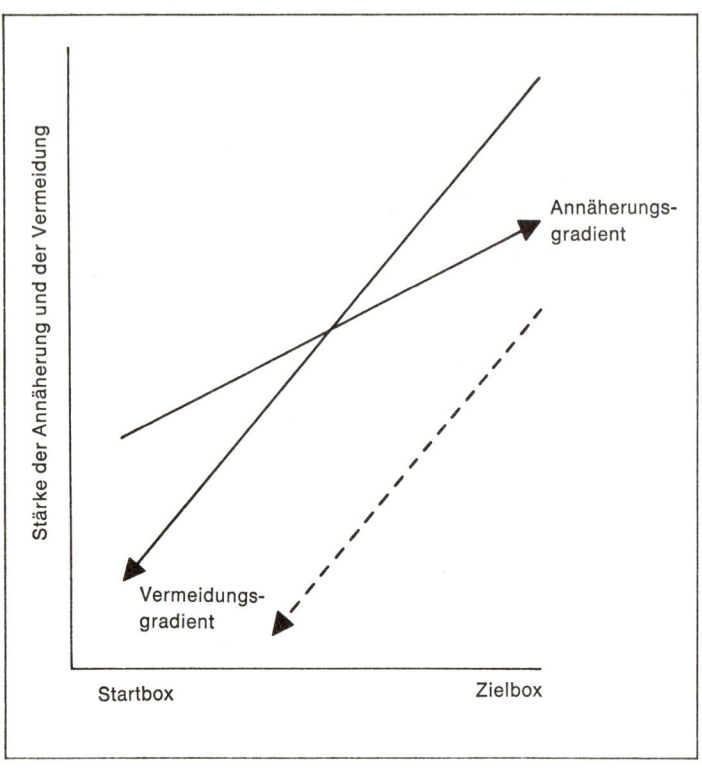

Stärke der Annäherung und der Vermeidung

Annäherungs-
gradient

Vermeidungs-
gradient

Startbox   Zielbox

2. Annäherungs- und Vermeidungsgradienten mit steilem Ab-
fall bei der Vermeidung. Die gestrichelte Linie zeigt die
Abschwächung des Vermeidungsgradienten durch die Verabreichung von Alkohol.

reicht der Vermeidungsgradient nie das Niveau des Annäherungsgradienten, und das Tier erreicht die Zielbox und frißt
die Nahrung. Das gleiche Ergebnis ließe sich natürlich erreichen, wenn man den Annäherungsgradienten erhöhte, beispielsweise dadurch, daß man die Ratte hungriger machte, indem man ihr vierundzwanzig Stunden nichts zu fressen gibt.
Ein derartiger Konflikt ist schmerzhaft (ebenso ein Konflikt

zwischen Annäherungstendenzen, bei dem wir die Wahl zwischen zwei begehrenswerten Objekten haben, von denen wir uns aber nur eines aneignen dürfen – etwa zwei schöne Mädchen, von denen wir nur eines heiraten können; oder aber ein Konflikt zwischen Vermeidungstendenzen, bei dem wir uns zwischen zwei unerwünschten Reaktionen zu entscheiden haben – etwa ins Gefängnis zu gehen oder eine Geldstrafe zu bezahlen). Es ist wichtig zu erkennen, daß man jetzt viel über das Wesen des Konflikts weiß und daß die entdeckten Prinzipien ebensosehr für menschliches Verhalten zutreffen wie für tierisches; dieser Wissensstand versetzt uns in die Lage, den Begriff im Hinblick auf die Neurosentheorie zu verwenden, und zwar auf eine Weise, wie es mit dem Freudschen Konfliktbegriff, dem eine ähnliche Tatsachengrundlage fehlt, nie möglich gewesen wäre. Jedenfalls spielen Konflikte, gewöhnlich vom Annäherungs-Vermeidungs-Typus, und frustrative Nicht-Belohnung in der menschlichen Neurose die gleiche Rolle, die der physische Schmerz bei der Tierkonditionierung und zuweilen bei menschlichen Kriegsneurosen spielt; dies ist eine bedeutsame Abweichung vom einfachen Modell à la Watson.

Wir kommen nun zu den gewichtigsten Einwänden, die Experimentalpsychologen und Kliniker gegen die Theorie Watsons vorbringen. Betrachten wir zunächst die Einwände der Experimentalpsychologen. Es ist gut bekannt, und wir haben diesen Sachverhalt schon mehrmals erwähnt, daß *unverstärkte konditionierte Reaktionen rasch erlöschen*. Wird dem Organismus in einer Anzahl von Fällen der konditionelle Reiz präsentiert, ohne daß ihm der unkonditionelle Reiz folgt, findet im Lauf der Zeit eine Löschung statt, und je öfter es zur Koppelung von konditionellem Reiz und fehlendem unkonditionellem Reiz kommt, um so nachhaltiger geschieht die Schwächung der konditionierten Reaktion, bis sie schließlich ganz verschwunden ist. Dieses allgemeine Gesetz sollte eigentlich genausogut für neurotische Reaktionen gelten, doch in Wirklichkeit sieht es offenbar ziemlich anders aus. Eine Löschung dieser Art scheint nur bei Neurotikern stattzufinden, wie sich am Phänomen der Spontanremission erkennen läßt. Darüber wird noch sehr detailliert zu sprechen sein, im wesentlichen aber ist damit einfach gemeint, daß neurotische Reaktionen dazu tendieren, im Lauf der Zeit zu erlöschen, auch wenn keinerlei psychiatrische Behandlung vorgenommen wird. Wahrscheinlich findet diese Löschung statt, weil der Organismus häufig in Kontakt mit dem konditionellen Reiz gebracht wird, und zwar ohne ungünstige Folgen, die man mit dem unkonditionellem Reiz und der unkonditionierten Reaktion identifizieren könnte. Unter diesen Bedingungen sollte eine Löschung stattfinden, und das mag eine Erklärung für Spontanremission in diesem Sinn sein.

Allerdings ist die Spontanremission alles andere als das Allgemeine, und viele Neurotiker behalten ihre Symptome über Jahre hinweg, möglicherweise ihr ganzes Leben lang. Kehren wir zum Beispiel der Katzenfrau zurück, deren Fall in einem früheren Abschnitt dargelegt wurde. Falls man annimmt, daß das ursprüngliche konditionierende Ereignis im Alter von vier Jahren stattfand, ist nach der Darstellung klar, daß die Patientin im Lauf der Jahre häufig Katzen begegnete; nichtsdestoweniger fand überhaupt keine Löschung in welchem Grad auch immer statt. Dies ist ganz typisch für die meisten neurotischen Reaktionen. Selbst Neurotikern, die eine »Realitätsprüfung« zu vermeiden suchen, kann dies nicht völlig gelingen, und sie werden in einer Anzahl von Fällen den gefürchteten Personen, Objekten oder Situationen begegnen. Nach den Prinzipien der Lerntheorie, die Watson gut kannte, wäre es völlig unmöglich zu behaupten – wie er es tat –, daß »konditionierte emotionale Reaktionen ebenso wie die durch

Übertragung konditionierten ... sich während des ganzen Lebens halten und die Persönlichkeit verändern«. Genau das Gegenteil ist richtig; diese konditionierten Reaktionen sollten rasch erlöschen, so daß die Betroffenen in den früheren Zustand der Furchtlosigkeit zurückkehren! Daß es der Theorie Watsons nicht gelingt, die Löschung in Rechnung zu stellen, ist wahrscheinlich der Haupteinwand, den Experimentalpsychologen gegen sie erheben.

Die Experimentalpsychologie hat zahlreiche Versuche unternommen, diese Schwierigkeit zu überwinden und Mechanismen zu postulieren, die die Notwendigkeit ausschalten, unter diesen Bedingungen eine Löschung zu fordern. Wir wollen uns hier nicht mit diesen Versuchen befassen, weil es ihnen, selbst wenn sie erfolgreich wären, nicht gelänge, auf ein anderes Problem einzugehen, das für die Theorie Watsons noch gewichtiger ist. Dieses Problem ist aber Klinikern vertraut, die in ständigem Kontakt mit Neurotikern stehen und etwas über die Art und Weise wissen, wie sich die neurotische Symptomatologie entwickelt hat. Um es kurz zu sagen: Was man im Sinn Watsons erwarten sollte, wäre ein traumatischer Konditionierungsprozeß zu Beginn, an den sich eine allmähliche Löschung der gefürchteten Reaktion anschließt. In Wirklichkeit hingegen findet sich in den meisten Fällen ein Fehlen einer ursprünglichen traumatischen Konditionierungssituation, statt dessen aber eine allmähliche Steigerung der Ängste, die schließlich zu einem neurotischen Zusammenbruch führt. Abermals sei der Fall der Katzenfrau in Erinnerung gebracht. Man wird sich entsinnen, daß das traumatische Ereignis (falls man es so bezeichnen darf), im Alter von vier Jahren stattfand und daß die Patientin während einer langen Zeitspanne Furcht vor Katzen zeigte. Diese steigerte sich allmählich, und erst dreißig Jahre nach dem vermeintlichen traumatischen Ereignis erlitt die Patientin schließlich einen neurotischen Zusammenbruch. Mit anderen Worten: Ganz typisch für viele neurotische Störungen ist ein *Aufbau von Angst im Lauf der Zeit* samt einem neurotischen Zusammenbruch am Ende, nicht am Anfang der Ereigniskette. Für diesen Ablauf macht es keinen Unterschied, ob am Beginn der Zeitspanne ein traumatisches Ereignis steht oder nicht; das Bedeutsame ist der Aufbau eines neurotischen und emotionalen Potentials, das im Lauf der Zeit höher wird. Dies steht völlig im Gegensatz zur Theorie Watsons oder zu der am häufigsten gelehrten Lerntheorie, und dadurch wird es eindeutig unmöglich, Watsons Theorie so zu akzeptieren, wie sie dasteht. Die Psychiater haben nur zu gute Gründe, Watsons ursprüngliche Darstellung abzulehnen.

Wir können einen weiteren Schritt tun und eine zusätzliche Schwierigkeit herausstellen, die mit der ersten zusammenhängt. Betrachten wir den Fall der Speichelabsonderung nach einem Glockenzeichen. Ursprünglich wird die Speichelabsonderung durch Nahrung ausgelöst; die Speichelbildung aufgrund des Glockenzeichens ist eine konditionierte Reaktion, und es ist unmittelbar offenkundig – wie auch experimentell erwiesen –, daß die Speichelabsonderung aufgrund des Glockenzeichens niemals stärker ist als diejenige aufgrund von Nahrung. Ähnlich dürfte im Fall des kleinen Albert die Furcht vor der Ratte niemals stärker sein als die durch den unkonditionellen Reiz ausgelöste, nämlich durch den lauten Schlag des Hammers auf den Eisenstab. Die konditionierte Reaktion bezieht ihre ganze Stärke aus der ursprünglichen unkonditionierten Reaktion und kann daher niemals stärker sein. Dies wird in der experimentalpsychologischen Literatur ganz allgemein anerkannt. Überraschend ist daher, daß recht häufig neurotische Reaktionen sehr viel stärker sind als unkonditionierte Reaktionen auf die angstauslösenden Reize, die nach der Theorie Watsons für die Entwicklung der Neurose verantwortlich sind. Um nochmals auf den Fall der Katzenfrau zurückzukommen: die Reaktion auf das ursprüngliche Ereignis, also auf das Ertränken des Kätzchens, war weit schwächer als die zuletzt voll ausbrechende Neurose oder auch als eines der Zwischenstadien in den Angstreaktionen auf Katzen. Etwas Derartiges wäre offenbar völlig unmöglich, nach den einfachen Konditionierungs- und Lernprinzipien, wie sie Watson anwandte, und dennoch ist es bei der Entwicklung neurotischer Störungen gang und gäbe.

Offensichtlich beobachten wir in Wirklichkeit, was die Entwicklung neurotischer Reaktionen anlangt, folgendes: In vielen Fällen findet sich ein ziemlich schwacher Beginn von Angstreaktionen auf bestimmte Situationen, Menschen oder Tiere. Allmählich werden diese Angstreaktionen heftiger, und schließlich kann es zu einem plötzlichen Anfall eines regelrechten neurotischen Zusammenbruchs kommen. Dies steht in eklatantem Kontrast zum Watsonschen Begriff eines traumatischen Ereignisses, das angeborene Schmerzreaktionen ausnutzt und zur Konditionierung von Reaktionen führt, die nach der Theorie rasch erlöschen sollten. Der Kontrast ist sehr ausgeprägt, und es ist wenig verwunderlich, daß Experimentalpsychologen und Kliniker gleichermaßen fanden, daß das Modell Watsons zu einfach und zu unrealistisch ist, um ihnen bei ihrer praktischen Arbeit oder bei ihren Laboruntersuchungen zu helfen. Wie läßt sich die Theorie aus dieser offensichtlichen Sackgasse befreien? Ich habe vorgeschlagen, daß sich die Antwort durch eine Neufassung des Gesetzes der Löschung finden lasse – was in der Tat durch umfangreiche, experimentelle Untersuchungen nötig wurde, die bislang ziemlich unbeachtet geblieben waren. Ich werde hier zunächst auf einige der diesbezüglichen Fakten und auf die Beschaffenheit der Hypothese eingehen, die sie nahelegen; dann werde ich mich mit den Gründen dafür befassen, warum die

Fakten so und nicht anders sind und warum sich jene Hypothese aus höheren Prinzipien ableiten läßt. Ich gebe dabei zu bedenken, daß die Präsentation eines konditionellen Reizes ohne Verstärkung zwar zur *Löschung* führen, daß sie unter bestimmten Umständen aber auch das Gegenteil bewirken kann, nämlich eine *Verstärkung* der konditionierten Reaktion. Damit will ich sagen, daß die einfache Präsentation des unverstärkten konditionellen Reizes zu einer Verstärkung der konditionierten Reaktion führen kann, statt zu ihrer Löschung. Ein Beispiel mag deutlich machen, was ich damit meine.

Das entsprechende Experiment führte ein ungarischer Psychologe namens S. V. Napalkov durch, der mit Hunden arbeitete und eine Steigerung des Blutdrucks hervorrief, der ihm als objektiver Maßstab für die Wirkungen bestimmter konditioneller und unkonditioneller Reize diente. Der unkonditionelle Reiz war ein hinter dem Ohr des Hundes aus einer Pistole abgefeuerter Schuß (natürlich mit einer Platzpatrone). Dieser Reiz bewirkte eine Erhöhung des Blutdrucks, doch bei der Wiederholung des Reizes setzte eine Gewöhnung ein, und nach fünfundzwanzig Wiederholungen reagierte der Hund überhaupt nicht mehr auf den Schuß; er hatte sich völlig daran gewöhnt. Diese Reaktion ist in der Abbildung 3 unter dem Stichwort »Gewöhnung von UCR« dargestellt.

Napalkov setzte dann mit einer anderen Gruppe von Hunden seine Arbeit fort, um die Entwicklung konditionierter Reaktionen zu studieren. Bei seinen Experimenten koppelte er nur einmal den konditionellen Reiz, der in einer Berührung des Hundekopfs mit einer Feder bestand, mit dem unkonditionellen Reiz, also mit dem hinter dem Ohr abgefeuerten Schuß; nach dieser einzigen Versuchskonditionierung wurden im Verlauf des ganzen Experiments keine weiteren Schüsse mehr

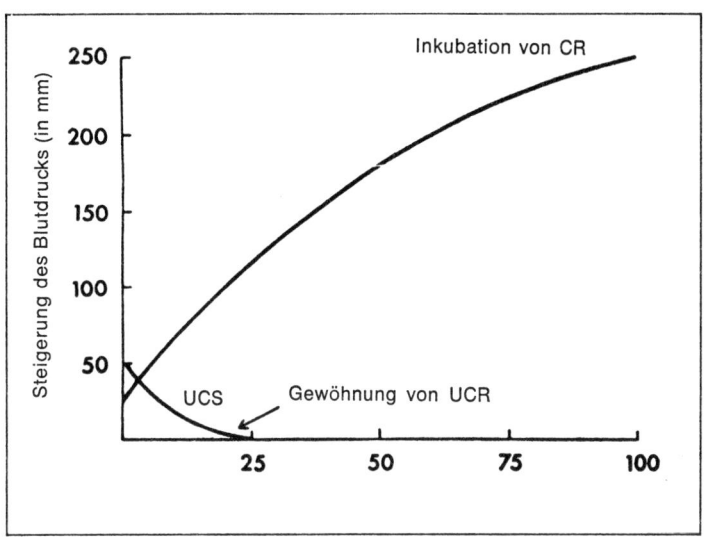

3. Abnahme der unkonditionierten Reaktion (UCR) durch Gewöhnung und Verstärkung der konditionierten Reaktion (CR) durch Inkubation bei Hunden. (UCS = unkonditioneller Reiz.)

abgcfcuert. Anschließend geschah nur noch dies, daß man den konditionellen Reiz, nämlich die Berührung mit der Feder, sehr häufig präsentierte. Nach der orthodoxen Lerntheorie hätte sehr rasch eine Löschung stattfinden müssen – rascher noch als die Gewöhnung der unkonditionierten Reaktion. Dies war jedoch nicht der Fall. Wie die Abbildung zeigt, kommt es vielmehr zur Inkubation oder Verstärkung der konditionierten Reaktion; und man kann sehen, daß diese Reaktion immer stärker ausfällt, bis nach hundert Wiederholungen des unverstärkten konditionellen Reizes die konditionierte Reaktion mehr als fünfmal so stark ist wie beim ursprünglichen Konditionierungsereignis. Ich habe den Ausdruck »Inkubation« verwendet, um diese Verstärkung der konditionierten Reaktion unter der Bedingung zu bezeichnen, daß der konditionelle Reiz nicht verstärkt wird; damit soll eine innere Entwicklung der Reaktion unabhängig von weiteren Präsentationen des unkonditionellen Reizes angesprochen sein.

Dieses Experiment erwähne ich nur als Illustration für die Art, wie sich solche Versuche abspielen. Es gibt viele weitere experimentelle Studien, von denen man einige ausdrücklich plante und durchführte, um die Hypothese der Inkubation zu überprüfen, und die zu prinzipiell gleichen Ergebnissen führten, indem sie nämlich zeigten, daß unter bestimmten Umständen die Präsentation des unverstärkten konditionellen Reizes eine Verstärkung statt einer Löschung bewirkt. Die Fakten lassen sich kaum mehr in Zweifel ziehen; wir müssen uns nun der Frage zuwenden, welches genau jene Umstände sind, die darüber entscheiden, ob Löschung oder Inkubation stattfindet. Hier befinden wir uns auf weniger sicherem Boden, und ich will einfach meine eigene Theorie dessen darlegen, was sich abspielt. Diese Theorie ist zu neu, um von Experimentalpsychologen zulänglich studiert und kritisiert worden zu sein, und sollte daher mit erheblicher Vorsicht behandelt werden. Ich bin davon überzeugt, daß sie richtig liegt, aber zweifellos wird sie im Detail modifiziert werden müssen. Die von mir vorgeschlagene Theorie gibt im wesentlichen zu bedenken, daß wir einen sehr deutlichen Unterschied machen müssen zwischen konditionierten Reaktionen, die als Triebe wirken, und konditionierten Reaktionen, die dies nicht tun. Erinnern wir uns an den Hund, der lernte, auf ein Glockenzeichen hin Speichel abzusondern. Die Glocke bewirkt Speichelbildung, aber sie erzeugt keinen Hunger, das heißt, sie erzeugt keinen Trieb. Das ganze Experiment funktioniert nur, wenn der Hund bereits hungrig ist, es funktioniert also nur beim Vorhandensein eines bestimmten Triebs. Ganz anders ist die Situation beim Pendelkasten-Experiment, bei dem der konditionelle Reiz, nämlich das aufblinkende Licht, eine Angstreaktion auslöst, die ihrerseits als Trieb wirkt, das heißt Verhalten verursachen kann (in diesem Fall das Verhalten des Sprungs über die Hürde). Es gibt reichlich psychologische Literatur, die aufzeigt, daß konditionierte Angst auf diese Weise als Trieb wirken kann, und in der Tat sind Angst und Furcht die konditionierten Reaktionen, mit denen sich die meisten Arbeiten über konditionierte Triebe befassen. Angst ist allerdings nicht die einzige Art einer konditionierten Reaktion, die als Trieb fungieren kann; Sexualität ist wahrscheinlich eine weitere.

Betrachten wir ein ziemlich interessantes Experiment, das Dr. S. Rachman vor ein paar Jahren in unseren Laboratorien durchführte. Er beschäftigte sich mit der Frage des Fetischismus, das heißt mit der Tendenz bestimmter Patienten, mit starken sexuellen Empfindungen auf gewisse Objekte (etwa auf Schuhe) zu reagieren, die für einen Normalen überhaupt keine sexuelle Bedeutung haben. Dr. Rachman ging es darum, die Hypothese zu überprüfen, daß fetischistische Reaktionen konditioniert seien, und er arrangierte ein Experiment, bei dem er die sexuellen Reaktionen unter Verwendung eines Penis-Plethysmographen maß. Dies ist ein Gerät, das die Penisvergrößerung infolge einer sexuellen Reizung mißt und die Ergebnisse auf einem Papierstreifen aufzeichnet, so daß sie sich später ablesen oder messen lassen. Diapositive von Schuhen wurden als die konditionellen Reize verwendet; vor dem Experiment wurde festgestellt, daß sie keinerlei Auswirkungen auf den Penis hatten. Diapositive von nackten Frauen wurden als unkonditionelle Reize benutzt; bei diesen zeigte sich, daß sie sehr starke Wirkungen auf den Penis ausübten und eine ausgeprägte Erektion bewirkten. Indem er diese beiden Diapositive koppelte, das heißt, indem er den nackten Frauen jedesmal die Schuhe vorangehen ließ, gelang es Rachman, eine sexuelle Reaktion auf die Schuhdiapositive zu konditionieren, und es glückte ihm sogar zu zeigen, daß diese Reaktion eine Generalisierung aufwies, indem er demonstrierte, daß auch auf Stiefel und andere Fußbekleidungen hin sexuelle Reaktionen erfolgten.

Dieses Experiment scheint zu beweisen, daß konditionierte Sexualreaktionen Triebeigenschaften haben können. Man weiß sehr gut, daß die sexuelle Reaktion in zwei Phasen stattfindet: Zuerst kommt die *Tumeszenz,* das heißt beim Mann die Peniserektion, und ihr folgt die *Detumeszenz* oder der Orgasmus. Tumeszenz ist an sich schon angenehm und etwas Erwünschtes, wie das für Männer charakteristische Verlangen nach ausgedehnten sexuellen Vorspielen und ihr Gefallen an Petting und anderen Arten nicht-orgasmischen Verhaltens zeigen. Bei dem Experiment wurde konditionierte Tumeszenz erzeugt, und daher läßt sich argumentieren (wiewohl es noch keinen unmittelbaren Beweis dafür gibt), daß das Experiment einen konditionierten Trieb geschaffen habe. Dieser Punkt ist für unseren Gedankengang nicht ausschlaggebend, und wir werden ihn hier nicht weiterverfolgen, es sei denn, um auf den beachtenswerten Umstand zu verweisen, daß heutzutage praktisch alle Neurosetheorien Angst und Sexualität als verursachende Faktoren implizieren. So wirken wahrscheinlich genau jene beiden Reaktionen als Triebe, die in der modernen psychiatrischen Theoriebildung mit neurotischem Verhalten zusammenhängen; und dies ist sicherlich bedeutsam. Inwiefern sind diese Überlegungen von Belang für unsere Hauptprobleme, nämlich für das Auftreten von Inkubation im Gefolge von Angst und anderen trieberzeugenden Reaktionen? Ich werde hier über einige der sich ergebenden Schwierigkeiten hinweggehen und die Antwort in ziemlich vereinfachter Form geben. Wir können abermals auf den Gegensatz zwischen Speichelkonditionierung und Angstkonditionierung zurückgreifen. Bei dem Experiment der Speichel-konditionierung ereignet sich, was den Hund anlangt, im wesentlichen nichts, wenn der unkonditionelle Reiz (die Nahrung) nicht präsentiert wird. Das Triebniveau ändert sich nicht, und man kann durchaus sagen, der konditionelle Reiz werde in der Tat durch nichts verstärkt.

Völlig anders jedoch liegt der Fall, wenn wir uns dem Pendelkasten-Experiment zuwenden. Hier erzeugt der unverstärkte konditionelle Reiz eine sehr entschiedene und starke Angstreaktion, die der unkonditionierten, durch den Schlag bewirkten Angstreaktion ähnlich oder vielleicht gar mit ihr identisch ist. Mit anderen Worten: Es wäre ganz falsch zu sagen, der konditionelle Reiz sei einfach deshalb unverstärkt, weil der unkonditionelle Reiz fehle. Der konditionelle Reiz wird vielmehr verstärkt, und zwar durch die konditionierte Reaktion; dies legt nahe, daß auf die Verstärkung eine Steigerung folgt, nicht eine Löschung. Diese Theorie habe ich an anderer Stelle einigermaßen detailliert entwickelt, einschließlich einiger quantitativer Argumente, die zeigen sollen, wie diese Hypothese die in Abbildung 3 gezeigten Sachverhalte erklären könnte; hier jedoch ist nicht der rechte Ort, sich auf Einzelheiten bezüglich dieser Entwicklungen einzulassen, und ich werde es deshalb auch nicht tun. Der Leser möge sich einfach daran erinnern, daß konditionierte Angstreaktionen (und möglicherweise konditionierte Sexualreaktionen) einer völlig anderen Kategorie angehören als sonstige Arten konditionierter Reaktionen, und zwar einfach deshalb, weil sie Triebzustände erzeugen und infolgedessen die gewöhnlichen Gesetze der Löschung für diese besonderen Reaktionstypen nicht gelten. Statt zu löschen, können sie verstärken. In diesem Sinn lassen sich sowohl die gewichtigen experimentalpsychologischen wie die klinischen Hindernisse erklären, die sich der Annahme einer Konditionierungstheorie der Neurose entgegenstellen. Wir erkennen jetzt, warum eine Löschung nicht stattfinden muß, und wir erkennen ferner, wie sich aus einem kleinen Anfang neurotische Phobien und Angstreaktionen aufbauen, überwältigend stark werden und zu einem neurotischen Zusammenbruch führen können. Die Hunde bei dem in der Abbildung 3 zusammengefaßten Napalkov-Experiment hatten zuletzt eine Art Zusammenbruch und litten während einer langen Zeitspanne an extrem hohem Blutdruck, ohne daß irgendeine Reizung nötig gewesen wäre, um diesen Zustand zu erhalten. Dieses Experiment demonstriert übrigens auch die Bedeutung unserer Theorie für die sogenannten psychosomatischen Zustände, auf die wir später einzugehen haben. Hier wollen wir einfach die Schlußfolgerung ziehen, daß uns das verbesserte Watsonsche Modell offenbar die Möglichkeit verschafft, die Entwicklung neurotischer Reaktionsmuster zu verstehen und sie im Sinn von Konditionierungsbegriffen zu erklären, die im Tier- und Menschenlaboratorium fest untermauert wurden.* Viele Psych-

* Wir könnten die Neurose als das Resultat aus einer Art positivem Feedback betrachten, bewirkt durch die Verstärkung konditionierter Reaktionen, die Triebe erzeugen. Normalerweise hat der Konditionierungsprozeß dank dem Löschungsprinzip ein negatives Feedback zur Folge; eine Neurose tritt auf, wenn die Verstärkung sich unter den angegebenen Bedingungen über die Löschung hinwegsetzt – normalerweise nur bei Menschen, deren hoher Neurotizismus sie für dieses Geschick disponiert. Der diesbezügliche Prozeß mag für jedermann mit Schulkenntnissen in Physik durch den Hinweis auf Wheatstones selbsterregten Generator verständlicher werden. Das Magnetfeld in der Maschine wird durch einen Elektromagneten erzeugt, der durch die Leistung des Generators selber mit Energie gespeist wird. (Genauer: ein zwischen den Polen eines Elektromagneten rotierender Anker mit einem gewissen Restmagnetismus erzeugt Elektrizität, und wird der Anker mittels Kommutators mit der Wickelung des Elektromagneten verbunden, verstärkt sich der Magnet, so daß mehr Strom erzeugt wird, so daß sich der Magnet verstärkt – und so fort.)

iater kritisieren diese ganze Konzeption, weil sie bedeutsame kognitive Variablen außer Betracht lasse und übermäßig simplifiziert sei. Wir werden uns später damit befassen, ob diese Einwände richtig sind und in welchem Maß, falls überhaupt, das Modell zu erweitern ist, um auch andere Variablentypen zu erfassen. Im Augenblick wollen wir uns einem anderen, in diesem Kapitel bereits angedeuteten Problem zuwenden, nämlich dem Wesen und der Bedeutung verschiedener Persönlichkeitsvariablen für die Entwicklung der Neurose. Es ist unmöglich, die Entwicklung der Neurose angemessen zu verstehen, ohne eine gewisse Vorstellung vom Wesen und der Bedeutung individueller Unterschiede für dieses allgemeine Problem zu haben.

Persönlichkeit und Neurose

Watson erwog, wie man sich erinnern wird, die Möglichkeit, daß die phobischen Ängste des kleinen Albert zum Teil vielleicht mit »konstitutioneller Minderwertigkeit« zusammenhingen, und die Vorstellung, daß Neurotiker in gewissem Sinn disponiert sind, einen Zusammenbruch zu erleiden, ist weit verbreitet. Diese Hypothese liegt in der Tat der weithin anerkannten *Diathese-Streß*-Theorie mentaler Störungen zugrunde; nach dieser Theorie unterscheiden sich die Menschen in der Disposition (Diathese) für eine mentale Störung, und einige brechen infolge eines sozialen Streß zusammen. Je stärker die Veranlagung, um so geringer der erforderliche Streß zur Herbeiführung des Zusammenbruchs. Je geringer die Veranlagung, um so größer der erforderliche Streß. Die Abbildung 4 zeigt in grafischer Form ein Modell dieser Theorie. Die Grundlinie bezeichnet den Grad genetischer Disposition; die Ordinate zeigte die Häufigkeit der entsprechenden Dis-

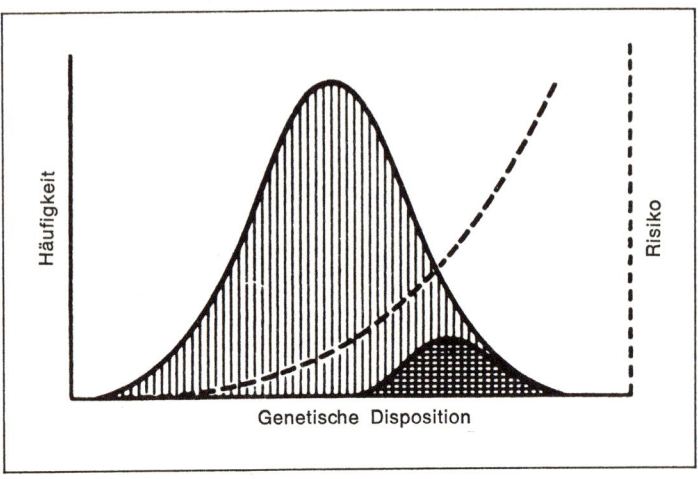

4. Diathese-Streß-Modell der Neurose, das die Bedeutung der genetischen Disposition (Diathese) und des Umwelt-Streß aufzeigt.

positionsgrade an. Die große Kurve läßt infolgedessen die Aufteilung dieser Dispositionen in der Bevölkerung erkennen, während die kleine Kurve den Anteil der Menschen angibt, die tatsächlich einen mentalen Zusammenbruch erleiden. Die gestrichelte aufsteigende Linie zeigt die Wahrscheinlichkeit eines Zusammenbruchs für jeden Punkt der Grundlinie an, wobei die Gefahr eines Zusammenbruchs offensichtlich nach rechts hin, nämlich in Richtung auf eine »hohe Disposition«, immer mehr zunimmt. Der Faktor der genetischen Disposition ist das, was wir, wie sich zeigen wird, unter dem Stichwort »Neurotizismus« zu messen suchen; hoher Neurotizismus verweist auf einen hohen Grad von Disposition, wiewohl Streß erforderlich ist, damit aus Neurotizismus eine Neurose wird.

Um diese knappen Bemerkungen mit mehr Fleisch zu versehen, müssen wir einen etwas genaueren Blick auf die Persönlichkeit werfen, und vor allem auf den Einfluß, den genetische und Umweltfaktoren auf ihre Manifestationen ausüben. Doch ehe wir uns dieser Aufgabe zuwenden, müssen wir die Leser davor warnen, Watsons Begriff der »konstitutionellen Minderwertigkeit« allzu ernst zu nehmen; Neurotizismus gründet sich auf eine konstitutionelle, genetische Basis, aber es wäre ganz falsch, ihn im Sinn von Minderwertigkeit zu verstehen. Emotional »anfällig« zu sein, was die Grundlage für »Neurotizismus« ist, besagt nicht, minderwertig zu sein, ja unter gewissen Aspekten (etwa der ästhetischen Empfänglichkeit und Kreativität) kann es sogar eine Überlegenheit bedeuten. Biologische Minderwertigkeit wäre angezeigt durch das, was in der Genetik »Richtungsdominanz« heißt; so weist hohe Intelligenz Richtungsdominanz gegenüber niedriger Intelligenz auf, und das ergibt einen Sinn: hohe Intelligenz ist (oder war vielleicht) biologisch nützlich während der letzten paar Jahrmillionen evolutiver Selektion. Doch niedriger Neurotizismus ist nicht richtungsdominant gegenüber hohem Neurotizismus; dies besagt, daß, biologisch gesprochen, kein Ende des Kontinuums im Vergleich zum anderen minderwertig oder unterlegen ist. In gewissen Stadien der Entwicklung können starke Angstgefühle nützlicher sein als das Fehlen von Angst; die eine Reaktionsart mag zur Flucht und damit zur Rettung des eigenen Lebens führen, die andere zur Mißachtung der Gefahr und zum Tod. Psychologie ist eine objektive Wissenschaft und sollte nicht unnötig über Menschen wegen ihrer angeborenen Verhaltensmuster und Reaktionen abträgliche Urteile abgeben.

Der Ausdruck »Persönlichkeit« wird vom Mann auf der Straße gern und häufig benutzt; verwendet er ihn auf die gleiche Weise wie der Psychologe? Die Antwort ist teilweise ein Ja, teilweise ein Nein. Der Mann auf der Straße spricht oft von »starken Persönlichkeiten« oder »schwachen Persönlichkeiten«, worunter er Menschen versteht, die ihn sehr beeindrucken, die ihn vielleicht einschüchtern oder die sehr dominierend sind – im Gegensatz zu Menschen, die keinen Eindruck machen, die eher Anhänger als Führer oder die unterwürfig sind. Dies ist nicht der Sinn, in dem Psychologen den Ausdruck verwenden. Andererseits beschreibt der Mann auf der Straße Menschen im Sinn von Eigenschaften wie Soziabilität, Gesprächigkeit, Impulsivität, Emotionalität oder Mut; und dies ist weithin die Art von Sprache, wie sie auch der Psychologe verwendet. Ganz grob gefaßt, ist »Persönlichkeit« für den Psychologen eng verknüpft mit dem weiten Feld individueller Unterschiede; jede Form von Verhalten, in der sich Menschen beobachtbar unterscheiden, fällt in diesen Bereich. Doch Psychologen tendieren auch dazu, das allgemeine Gebiet individueller Unterschiede irgendwie dadurch abzugrenzen, daß sie die Unterschiede der *geistigen Fähigkeiten* ausklammern und sie unter dem Begriff der *Intelligenz* behandeln. Idealiter sind geistige Fähigkeiten natürlich Bestandteile der Persönlichkeit, doch es ist Brauch, diesen Ausdruck nur für nicht-intellektuelle Unterschiede zu verwenden.

Nachdem er die geistigen Fähigkeiten ausgegrenzt hat, beschränkt sich der Psychologe gewöhnlich auf individuelle Unterschiede, die gesellschaftlich wichtig sind oder von denen sich zeigen läßt, daß sie mit gesellschaftlich wichtigen Eigenschaften in Beziehung stehen. Menschen unterscheiden sich darin, wie sie gehen, wie sie sich die Schnürsenkel binden oder sich die Nase putzen, doch nur wenige Psychologen dürften diese Unterschiede für wert erachten, unter dem Stichwort »Persönlichkeit« untersucht zu werden. Falls sich zeigen ließe, daß introvertierte Menschen dazu tendieren, an ihren Schnürsenkeln Doppelknoten anzubringen, extravertierte hingegen nicht, dann könnte man einiges Interesse selbst für derart unbedeutende Gewohnheiten aufbringen –

nicht um ihrer selber willen, sondern weil sie in Zusammenhang mit wichtigen Dimensionen der Persönlichkeit ständen. So verwendet der Psychologe den Ausdruck Persönlichkeit im wesentlichen, um von gesellschaftlich wichtigen Weisen zu sprechen, wie sich Menschen in ihrem Verhalten, in ihrem Denken und der Art voneinander unterscheiden, ihre Emotionen zu kontrollieren. Dies unterscheidet sich sicherlich nicht sehr von zumindest einer Form der Definition, die der Mann auf der Straße gäbe, wenn man ihn fragte, was »Persönlichkeit« für ihn bedeute.

Persönlichkeitsbegriffe sind nützlich für die Beschreibung von Verhalten; dies ist ihre primäre Funktion. Sagt man, ein Mensch sei »soziabel« oder er erreiche bei einem Test der Soziabilitätseigenschaft einen hohen Punktwert, verwendet man ein einziges Wort oder ein einziges Punktergebnis, um eine Vielzahl von Verhaltensweisen zu beschreiben. Wir wollen damit sagen, der Betreffende spreche gern mit anderen Menschen, er gehe gern auf Parties, er fühle sich allein in seinem Zimmer elend, und ganz allgemein sei der Kontakt mit anderen Menschen einträglich für ihn. Es gibt Tausende von Situationen, in denen er seine »Soziabilität« manifestieren könnte, und wenn wir den Grad seiner Soziabilität kennen, können wir mit einiger Genauigkeit vorhersagen, wie er reagieren wird. Aber wir vermögen darüber hinaus nicht zu sagen, daß dieser Begriff irgendeine kausale Funktion habe; er *erklärt* nicht, warum sich eine bestimmte Person auf gesellige (soziable) Weise verhält, während eine andere es nicht tut. Gewisse Menschen sind versucht zu sagen, jemand unterhalte sich gern mit anderen, weil er gesellig sei, doch das ist offensichtlich eine Argumentation im Kreis – wir nennen eine Person gesellig, weil sie, unter anderem, gern mit Menschen spricht, und wir können das nicht umkehren und sagen, sie spreche gern mit Menschen, weil sie gesellig sei. Dies schränkt die Nützlichkeit von Persönlichkeitsbegriffen wie Eigenschaften und Typen beträchtlich ein; wollen wir Fragen nach Ursachen in diesen Bereich einführen, benötigen wir verfeinertere Analysen der Verhaltensursachen.

Den ersten Versuch, die deskriptiven und kausalen Probleme der Persönlichkeit zu lösen, unternahmen die alten Griechen mit ihrer Theorie der Typen und »Temperamente«. Hippokrates gilt als der Urheber der Theorie der vier Temperamente, die später der im 2. Jahrhundert n. Chr. lebende griechische Arzt Galen erweiterte und popularisierte; aus dieser Typentheorie gingen Bezeichnungen hervor, die nach mehr als zwei Jahrtausenden noch immer weithin verwendet werden. Die vier Temperamente sind natürlich der Sanguiniker, der Melancholiker, der Choleriker und der Phlegmatiker; die deskriptiven Bedeutungen, die die alten Griechen diesen Bedeutungen beilegten, sind in der modernen Verwendung dieser Ausdrücke noch immer lebendig. Man tendierte damals zu der Ansicht, die Menschen gehörten dem einen oder dem anderen dieser Typen an, ohne daß eine Möglichkeit der Mischung zwischen ihnen bestehe; man konnte danach nicht ein wenig Choleriker und ein wenig Melancholiker sein oder gewisse Eigenschaften des Sanguinikers mit solchen eines Phlegmatikers in sich vereinigen. Der Typus eines Menschen wurde bei der Geburt dank bestimmter kausaler Einflüsse, nämlich der »Säfte« festgelegt; diese hypothetischen Gegebenheiten weisen eine gewisse Verwandtschaft mit dem auf, was wir heute endokrine Sekretionen nennen (wiewohl die Griechen natürlich nur die verschwommenste Vorstellung davon hatten, woraus diese Sekretionen bestehen). Jedenfalls bezeugt die Langlebigkeit dieser Theorie, daß ihr eine bestimmte Wahrheit innewohnt; mit gewissen Modifikationen kann sie in der moderenen Psychologie noch immer von beträchtlichem Nutzen sein.

Die Hauptschwierigkeit mit der griechischen Konzeption liegt natürlich in dem Umstand, daß sich jedermann in die von der Theorie bereitgestellten vier Schubfächer einzufügen hatte. Dies ist erfahrungsgemäß eindeutig nicht richtig. Die meisten von uns kennen Menschen, die sich gut in die Theorie einpassen: es laufen viele Choleriker, Melancholiker, Sanguiniker oder Phlegmatiker herum, und für sie liefert die Theorie eine ausgezeichnete deskriptive Erklärung. Doch zugleich gibt es sogar noch mehr Menschen, die nicht in dieses Schema passen; sie vereinigen in sich Merkmale von zwei oder sogar drei Typen und lassen sich, ohne daß man ihnen Unrecht zufügte, nicht dem einen oder anderen zuordnen. Die Antwort auf dieses Problem gab der deutsche Psychologe W. Wundt, der dafür berühmt wurde, daß er vor etwa hundert Jahren das erste psychologische Laboratorium in Leipzig gründete. Er wies darauf hin, daß »die antike Unterscheidung nach vier Temperamenten . . . aus scharfsinnigen Beobachtungen über individuelle Unterschiede zwischen Menschen hervorgegangen sei. Die vierfache Unterteilung lasse sich rechtfertigen, wenn man sich bereitfinde, zwei Prinzipien in der individuellen Reaktivität auf Affekte anzunehmen: das eine davon betreffe die *Stärke,* das andere den *Veränderungsgrad* der Gefühle eines Menschen. Choleriker und Melancholiker neigten zu starken Affekten, Sanguiniker und Phlegmatiker hingegen zeichneten sich durch schwache aus. Ein hoher Veränderungsgrad finde sich bei Sanguinikern und Cholerikern, ein niedriger bei Melancholikern und Phlegmatikern.« Die Abbildung 5 zeigt das Bild, wie es Wundt beschreibt; während sich die Griechen auf die vier Quadranten konzentrierten, interessiert sich Wundt für die beiden Dimensionen oder Achsen, die von oben (emotional oder instabil) nach unten (unemotional oder stabil) und von rechts (veränderlich oder extravertiert) nach links (unveränderlich oder introver-

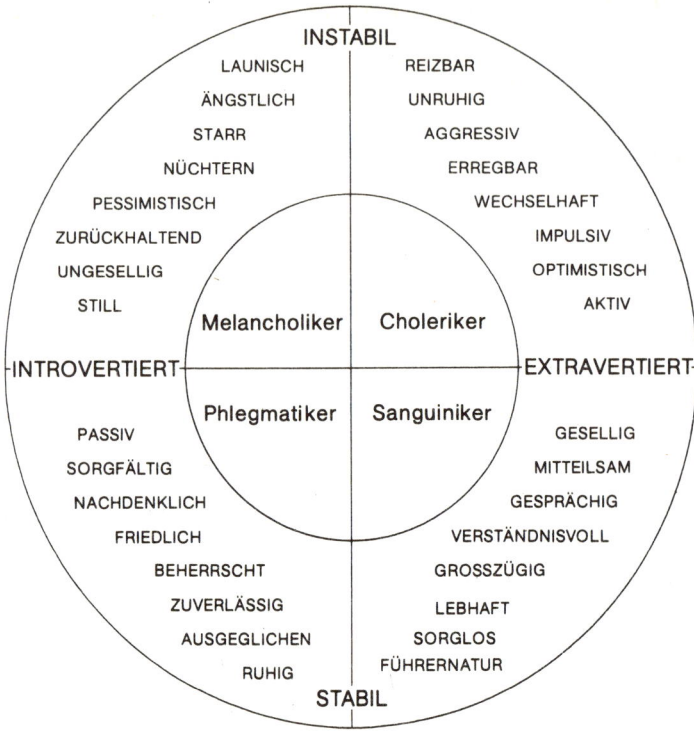

INSTABIL

LAUNISCH   REIZBAR
ÄNGSTLICH   UNRUHIG
STARR   AGGRESSIV
NÜCHTERN   ERREGBAR
PESSIMISTISCH   WECHSELHAFT
ZURÜCKHALTEND   IMPULSIV
UNGESELLIG   OPTIMISTISCH
STILL   AKTIV

Melancholiker   Choleriker

INTROVERTIERT   EXTRAVERTIERT

Phlegmatiker   Sanguiniker

PASSIV   GESELLIG
SORGFÄLTIG   MITTEILSAM
NACHDENKLICH   GESPRÄCHIG
FRIEDLICH   VERSTÄNDNISVOLL
BEHERRSCHT   GROSSZÜGIG
ZUVERLÄSSIG   LEBHAFT
AUSGEGLICHEN   SORGLOS
RUHIG   FÜHRERNATUR

STABIL

5. Schema zur Veranschaulichung des modernen Persönlichkeitsmodells, verbunden mit dem antiken Modell der „vier Temperamente".

tiert) verlaufen. Ein Mensch kann seinen Platz irgendwo auf diesen beiden Achsen haben, wodurch das ganze Schema weit flexibler wird und die Schubfachmängel des griechischen Schemas vermieden werden. Die meisten Menschen dürften ihren Platz irgendwo in der Mitte des Kreises haben und nicht besonders unemotional und beständig sein – eben einfach durchschnittlich. Die Eigenschaftsbezeichnungen rings um den Kreis geben einen gewissen Hinweis auf das Wesen der vier Temperamente wie auch auf die den beiden Hauptdimensionen beigelegte psychologische Bedeutung. Dieses Schema erwies sich als äußerst nützlich für die moderne Psychologie, und es zeigte sich, daß es bei geringfügigen Modifikationen in zahlreichen empirischen Studien über Kinder wie Erwachsene eine genaue Darstellung der Persönlichkeit bietet.

Die Dimension der »Emotionalität« wird oft »Angst« oder »Neurotizismus« genannt, und der Buchstabe N sei verwendet, um auf sie zu verweisen. Die andere Dimension wird jetzt gewöhnlich unter dem Stichwort »Extraversion-Introversion« erfaßt, wobei die von C. G. Jung populär gemachten Bezeichnungen Verwendung finden. Man benutzt oftmals den Buchstaben E, um auf diese Dimension zu verweisen. Dies sind »Typen«-Begriffe, doch nicht in dem antiken Sinn, daß jedermann dem einen oder dem anderen Typus angehören müsse; der Ausdruck »Typus« zeigt hier einfach an, daß E und N den Eigenschaftsbegriffen übergeordnet sind. Diese Vorstellung läßt sich veranschaulichen, indem man darauf verweist, wie Extraversion sich auf die beobachteten Wechselbeziehungen zwischen verschiedenen Eigenschaften wie Soziabilität, Impulsivität, Aktivität, Lebhaftigkeit, Erregbarkeit etc. gründet. Man betrachte die Abbildung 6, die den hierarchischen Persönlichkeitsbegriff illustriert, der jetzt bei den Psychologen weithin akzeptiert wird. Auf der niedrigsten Ebene haben wir spezifische Reaktionen, das heißt Handlungen, die ein Mensch bei einer bestimmten Gelegenheit ausführt. Eine solche Reaktion kann darin bestehen, daß jemand bei einer Party auf einen Fremden zutritt und ihn anspricht. Auf einer höheren Ebene haben wir die habituellen Reaktionen; falls wir also bemerken, daß jener Mensch regelmäßig oder gewohnheitsmäßig an Fremde herantritt und ein Gespräch eröffnet, könnten wir sagen, dieses Verhalten sei typisch für ihn. Auf einer noch höheren Ebene haben wir die

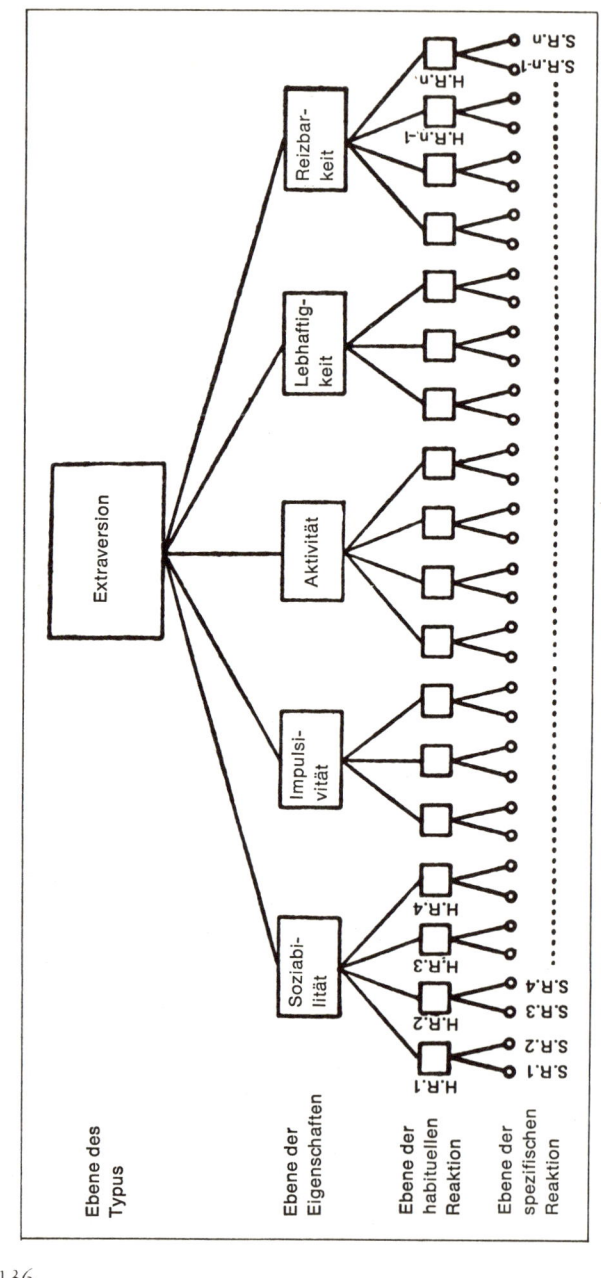

Ebene des Typus

Ebene der Eigenschaften

Ebene der habituellen Reaktion

Ebene der spezifischen Reaktion

6. Hierarchisches Persönlichkeitsmodell; Extraversion als Kombination aus mehreren verschiedenen Eigenschaften.

Eigenschaft der Soziabilität; diese gründet sich auf die beobachtete Tendenz jenes Menschen, sich auch auf andere gesellige Aktivitäten einzulassen, so etwa viele Freunde zu haben, gern auf Parties zu gehen, und so fort.

Auf ähnliche Weise können wir andere Eigenschaftsbegriffe identifizieren und messen, wie sie in der Abbildung angedeutet sind. Es ist jetzt eine Frage der empirischen Beobachtung, ob diese Eigenschaften in Wechselbeziehung untereinander stehen oder nicht; mit anderen Worten: stimmt es, daß jemand, der gesellig ist, auch dazu tendiert, impulsiv, physisch aktiv, lebhaft, erregbar etc. zu sein? Wir entdecken in der Tat, daß solche Beziehungen bestehen, und um sie zu erklären, verwenden wir den Begriff des extravertierten Typus. Es wird sich zeigen, daß sich diese Theorie völlig auf empirische Beobachtung gründet, gefolgt von einer statistischen Analyse der beobachteten Beziehungen; sie hat nichts an den Haaren Herbeigezogenes an sich. Wir befassen uns mit harten Fakten, das heißt mit Beobachtungen über die Verhaltensmuster vieler Tausender von Menschen aus zahlreichen unterschiedlichen Kulturen. Ja, ähnliche Verhaltensmuster wurden selbst bei Affen beobachtet, so daß man annehmen kann, daß unseren beobachteten Mustern eine kräftige biologische Verursachung zugrunde liegt.

Es gibt viele Möglichkeiten, Persönlichkeitseigenschaften und Typen von der Art der erwähnten zu messen. Die Beobachtung und Bewertung tatsächlichen Verhaltens ist eine solche Methode; sie ist recht komplex und schwierig, dazu sehr zeitraubend, besitzt aber natürlich offenkundige Vorteile. Unter gewissen Umständen kann man Persönlichkeitsfragebogen verwenden; natürlich ist es möglich, daß jemand falsche Antworten gibt, und wenn man Fragebogen für die Auswahl von Stellenbewerbern verwendet, kommt es in der Tat oft zu Fälschungen. Benutzt man hingegen Fragebogen für Experimentalzwecke, tendiert die große Mehrheit der Bevölkerung dazu, wahre Antworten zu geben, und unter solchen Bedingungen kann die Messung per Fragebogen äußerst nutzbringend sein. Es ist möglich, die Ergebnisse dieser beiden Untersuchungsarten zu vergleichen; beispielsweise kann man eine Gruppe von Menschen auffordern, extrem Extravertierte und extrem Introvertierte unter ihren Freunden zu benennen, und dann den so ausgewählten Personen Fragebogen vorlegen. Dabei findet man allgemein, daß die als extravertiert Bezeichneten auf dem Fragebogen hohe Extraversionspunktwerte erzielen, während die als introvertiert bezeichneten hohe Introversionspunkte erreichen. Es gibt viele andere Möglichkeiten, die Genauigkeit der Fragebogenresultate nachzuweisen, und dabei hat sich insgesamt gezeigt, daß Fragebogen, wenn sie korrekt erarbeitet und vorgelegt werden, ein sehr genaues Bild von jemandes Persönlichkeit geben können. Im folgenden ist ein sehr kurzer Fragebogen zur Messung von E und N abgedruckt; die ersten sechs Fragen beziehen sich auf N, die nächsten sechs auf E. Jede »Ja«-Antwort zählt einen Punkt für den betreffenden Typus. Ein Ergebnis von 2, 3 und 4 läßt vermuten, daß die Person, die es erreicht, ambivertiert ist, das heißt, auf E oder N eine Mittelstellung einnimmt. Punktwerte von 0 und 1 verweisen auf einen stabilen Menschen (auf N) oder auf einen introvertierten (auf E). Werte von 5 und 6 zeigen einen emotionalen Menschen (auf N) oder einen extravertierten (auf E) an. Der Fragebogen soll lediglich die Art der gestellten Fragen veranschaulichen; er ist viel zu kurz, um eine Eigendiagnose zu ermöglichen.

Fragebogen

1. Fühlen Sie sich ohne erkennbaren Grund zuweilen glücklich, zuweilen deprimiert? Ja Nein

2. Haben Sie, mit oder ohne erkennbaren Grund, häufig Stimmungshochs und -tiefs? Ja Nein

3. Neigen Sie dazu, launisch zu sein? Ja Nein

4. Schweifen Ihre Gedanken oft ab, während Sie sich zu konzentrieren suchen? Ja Nein

5. Sind sie häufig »gedankenverloren«, auch wenn man meint, Sie beteiligten sich an einem Gespräch? Ja Nein

6. Schäumen Sie zuweilen über vor Energie und sind Sie zuweilen sehr träge? 'Ja Nein

7. Ziehen Sie Handeln dem Planen von Handlungen vor? Ja Nein

8. Sind Sie am glücklichsten, wenn Sie an einem Projekt beteiligt sind, das rasches Handeln verlangt? Ja Nein

9. Ergreifen gewöhnlich Sie die Initiative beim Schließen neuer Freundschaften? Ja Nein

10. Neigen Sie dazu, in Ihren Handlungen rasch und sicher zu sein? Ja Nein

11. Würden Sie sich als lebhaften Menschen einschätzen? Ja Nein

12. Wären Sie sehr unglücklich, wenn Sie gehindert würden, zahlreiche gesellschaftliche Kontakte herzustellen? Ja Nein

Besitzen diese Typologien irgendeine gesellschaftliche Relevanz? Ein paar Beispiele müssen ausreichen, um diese Frage positiv zu beantworten. Betrachten wir zwei sehr große gesellschaftliche Gruppen, die erhebliche Schwierigkeiten und Kosten verursachen: Neurotiker und Kriminelle. Es hat sich gezeigt, daß ein großer Anteil der Neurotiker aus dem »Melancholiker«-Quadranten kommt, das heißt, daß er dazu tendiert, aus emotionalen und introvertierten Menschen zu bestehen. Andererseits kommt ein hoher Anteil der Kriminellen aus dem »Choleriker«-Quadranten, das heißt, er tendiert dazu, aus emotionalen und extravertierten Menschen zu bestehen. Anschließende Studien haben ergeben, daß sich die Haltbarkeit dieser Beziehungen auch dann erweist, wenn die Persönlichkeitsdiagnose in sehr jungen Jahren, etwa bei Zehnjährigen erfolgt; jene Kinder, die als emotional und introvertiert eingestuft werden, tendieren dazu, als Erwachsene Neurotiker zu werden, während die als emotional und extravertiert Eingestuften als Erwachsene dazu tendieren, Kriminelle zu werden. So besteht ein enger Zusammenhang zwischen der Persönlichkeit und gesellschaftlich bedeutsamen Kategorien wie Neurose und Verbrechen.

Auch im Bereich der Arbeit und der Berufswahl gibt es wichtige Zusammenhänge mit der Persönlichkeit. Ein Forscher entschied sich, Jungs Andeutung weiterzuverfolgen, daß Künstler dazu tendieren, emotional und introvertiert zu sein. Hunderte von Studenten in einem großen Universitätsdepartement, das sich auf die visuellen Künste (vor allem auf Malerei) konzentrierte, wurden von ihren Lehrern nach der Originalität und der Qualität ihrer Arbeiten beurteilt; die fünfzehn Studenten mit den höchsten Bewertungen gehörten sämtlich in den »Melancholiker«-Quadranten, das heißt, sie waren sowohl emotional wie introvertiert. Eine andere Studie untersuchte Fallschirmjäger und Angehörige von Komman-

dotruppen; sie tendierten fast ohne Ausnahme dazu, in den
»Phlegmatiker«-Quadranten zu fallen, das heißt, stabile Extravertierte zu sein. Bei hochgestellten Wirtschaftsmanagern
zeigte sich, daß sie vornehmlich stabile Introvertierte waren.

In welchem Maß ist unsere Persönlichkeit durch genetische
Ursachen bestimmt und in welchem Maß durch umweltliche? Insoweit, als Persönlichkeitsunterschiede durch angeborene Faktoren verursacht sind, scheint die Persönlichkeit in
der Tat unveränderlich zu sein. Wenn Umweltfaktoren den
Vorrang einnehmen, ändert sich das Bild; eindeutig lassen
sich Verhaltensmuster, die durch Umweltfaktoren erzeugt
worden sind, durch Umweltfaktoren anderer Art ausmerzen.
Ist man aufgrund der gesellschaftlichen Umwelt, in der man
aufwächst, ungesellig, kann einen eine Umweltveränderung
in einen geselligeren Menschen verwandeln. Ist man furcht-
sam und zurückgezogen, weil man in der Schule eingeschüch-
tert wurde, kann man diese Verhaltensmuster verändern,
wenn man die Schule verläßt und sich unter entgegenkom-
mendere Menschen begibt. Es kann natürlich möglich sein,
daß früh erworbene Verhaltensmuster später schwieriger zu
verändern sind, sowie man diese Gewohnheiten des Handelns
einmal ausgeformt hat, doch im Prinzip scheint es keinen
stichhaltigen Grund dafür zu geben, warum umfassende Änderungen nicht möglich sein sollten.

Und welches sind nun die Beweise bezüglich der Vererbung
und ihres Einflusses auf die Persönlichkeit? Das beste Material stammt aus Studien über Zwillinge. Die Natur hat uns
ein faszinierendes Experiment vorgeführt, indem sie zwei Arten von Zwillingen hervorbrachte: eineiige und zweieiige.
Eineiige Zwillinge gehören stets demselben Geschlecht an
und sind, was die Erbanlagen angeht, so gut wie identisch.
Sie gehen aus einer einzigen Eizelle hervor, die von einem
einzigen Spermium befruchtet wurde; die befruchtete Eizelle

teilt sich dann in zwei (oder gelegentlich mehr) getrennte Individuen. Zweieiige Zwillinge können demselben Geschlecht angehören, ebenso aber verschieden-geschlechtlich sein; im Durchschnitt haben sie nur bis zu fünfzig Prozent der Erbanlagen miteinander gemeinsam, das heißt nicht mehr als gewöhnliche Geschwister, die nicht zur selben Zeit geboren werden. Zweieiige Zwillinge gehen aus zwei getrennten Eizellen hervor, die von zwei getrennten Spermien befruchtet wurden. Diese Laune der Natur gestattet uns, den Einfluß der Vererbung auf zwei ziemlich verschiedenen Wegen zu untersuchen. Man kann eineiige Zwillinge studieren, die bei der Geburt oder kurz danach voneinander getrennt wurden und in ganz verschiedenen Umgebungen aufwuchsen: bei Pflegeeltern, in Waisenhäusern oder sonstwie. Unter diesen Bedingungen können irgendwelche Ähnlichkeiten zwischen ihnen nur die Folge von Vererbung, nicht das Resultat von Umwelteinflüssen sein, wenn man weiß, daß sie keine Umwelt miteinander gemeinsam hatten (ausgenommen natürlich im Mutterleib).

Die andere Untersuchungsmethode verwendet Vergleiche zwischen einerseits eineiigen und andererseits zweieiigen Zwillingen. Nehmen wir an, eine bestimmte Eigenschaft, etwa Soziabilität, gehe völlig auf Umweltursachen zurück. Nun besteht der einzige Unterschied zwischen eineiigen und zweieiigen Zwillingen natürlich darin, daß die ersteren mehr Erbanlagen gemeinsam haben; dies ist unerheblich für unsere hypothetische Eigenschaft, und infolgedessen wären sich eineiige Zwillinge im Hinblick auf Soziabilität nicht ähnlicher als zweieiige. Doch nehmen wir nun an, die Vererbung spiele eine bedeutsame Rolle beim Zustandekommen von Unterschieden in der Soziabilität zwischen einzelnen Menschen; in diesem Fall dürften wir erwarten, daß eineiige Zwillinge sich weit ähnlicher seien als zweieiige, da sie einfach mehr gemeinsame Erbanlagen haben. Die allgemeine Regel ließe sich folgendermaßen formulieren: je größer die Ähnlichkeit zwischen eineiigen Zwillingen, verglichen mit zweieiigen, um so größer der Einfluß der Vererbung. Dieses Verhältnis läßt sich zahlenmäßig ausdrücken, und man kann es verwenden, um den anteiligen Beitrag von Natur und Erziehung, von Vererbung und Umwelt annähernd zu berechnen. Derartige Formeln gehen von bestimmten Annahmen aus, doch diese lassen sich natürlich überprüfen. Beispielsweise setzen sie voraus, daß es keine gezielte Gattenwahl gibt, das heißt, daß Männer und Frauen, was Persönlichkeitseigenschaften anlangt, sich nach dem Prinzip des Zufalls heiraten: Es gibt keinen bestimmten Grund, warum introvertierte Männer introvertierte Frauen heiraten sollten oder etwa extravertierte. Ist diese Annahme richtig? Legt man großen Stichproben Verheirateter Persönlichkeitsfragebogen vor und vergleicht man die Persönlichkeitswerte, zeigt sich, daß in der Tat überhaupt keine Wechselbeziehung zwischen Extraversion und Introversion besteht; die Wahl der Gatten geschieht, was diese Dimension der Persönlichkeit anlangt, ganz zufällig. Etwas anders sieht die Lage beim Neurotizismus (Emotionalität-Stabilität) aus; hier finden sich gewisse Belege auf eine gezielte Gattenwahl, wobei die Emotionaleren dazu tendieren, Emotionalere zu heiraten, die Stabileren hingegen dazu, Stabilere zu heiraten. Doch diese Tendenz ist sehr schwach ausgeprägt und läßt sich leicht in der Formel unterbringen. Insgesamt ist in unserer Gesellschaft gezielte Gattenwahl merkwürdigerweise schwach ausgeprägt oder überhaupt nicht vorhanden; die meisten Menschen hätten vermutlich entweder eine Tendenz zur Heirat zwischen Gleichartigen oder auch zwischen Gegensätzen erwartet. Gleichartige heiraten sich unter dem Aspekt der Intelligenz, wobei sich sehr hohe Entsprechungen zwischen den Ehegatten finden, aber nicht unter dem Aspekt der Persönlichkeit.

Was ist das Ergebnis der vielen diesbezüglichen Studien in
England und in den Vereinigten Staaten, wo die meiste Arbeit auf diesem Gebiet geleistet wurde? (Ein paar Untersuchungen fanden auch in Kontinentaleuropa statt.) Nehmen
wir zuerst die Experimente mit getrennt aufgewachsenen eineiigen Zwillingen. Hier ist das Ergebnis ziemlich merkwürdig; es zeigte sich, daß getrennt aufgewachsene Zwillinge
sich, wenn überhaupt, um eine Kleinigkeit ähnlicher sind als
zusammen aufgewachsene. Beide Gruppen sind sich in der
Tat sehr ähnlich, was Extraversion und Neurotizismus anlangt; kennt man den einen Zwilling, läßt sich eine sehr gute
Mutmaßung über die Persönlichkeit des anderen anstellen.
Wie ist es möglich, daß es der Umwelt nicht gelingt, zusammen aufgewachsene Zwillinge einander ähnlicher zu machen,
daß sie vielmehr bewirkt, daß sie sich etwas mehr unterscheiden als getrennt aufgewachsene? Die Antwort mag genau in
der großen Ähnlichkeit liegen, die zwischen Zwillingen besteht; eineiige Zwillinge ärgern sich oftmals über den Umstand, daß sie nicht als getrennte Personen betrachtet werden,
und tendieren dazu, sämtliche kleinen und nebensächlichen
Verhaltensunterschiede hervorzuheben, die einfach deshalb
auftreten, damit sie unterscheidbar erscheinen. So kann der
eine Zwilling die Verhandlungen mit der Außenwelt übernehmen, während der andere die interne Regelung der Angelegenheiten zwischen den beiden Zwillingen selber übernimmt. Diese Rollenaufteilung wird oft durch den Umstand
erleichtert, daß sich eineiige Zwillinge im Mutterleib mehr
im Wege sind als zweieiige, nämlich dank der Tatsache, daß
sie sich in den meisten Fällen in eine Plazenta teilen; so
kann der eine Zwilling die Blutversorgung des anderen etwas
beeinträchtigen, was zu Unterschieden im Geburtsgewicht
führt, die ihrerseits oft in Wechselbeziehung zu Intelligenz,
Dominanz und so fort stehen. So können, im Gegensatz zum

Erwarteten, eineiige Zwillinge im Mutterleib eine gemeinsame Umwelt teilen, die *größere* Unterschiede bewirkt als die gemeinsame Umwelt zweieiiger Zwillinge. Die auf diese Weise verursachten leichten Differenzen können die Zwillinge dann dazu bringen, sie zu betonen und zu übertreiben. Wie immer die Wahrheit in dieser komplexen Angelegenheit aussehen mag, es besteht kein Zweifel, daß das Belegmaterial über getrennt aufgewachsene eineiige Zwillinge sehr eindeutig beweist, daß die Vererbung eine sehr wichtige Rolle beim Zustandekommen von Persönlichkeitsunterschieden zwischen einzelnen Menschen spielt.

Experimente, bei denen ein- und zweieiige Zwillinge verglichen wurden, bestätigen diese Schlußfolgerung. Unter ungefähr zwanzig Studien findet sich keine einzige, die nicht zeigte, daß die Übereinstimmungen zwischen eineiigen Zwillingen größer, und gewöhnlich viel größer sind als diejenigen bei zweieiigen. Dies trifft nicht nur für die Hauptvariablen der Persönlichkeit zu wie etwa für Extraversion-Introversion und Neurotizismus-Stabilität; es gilt gleicherweise für eine große Anzahl verschiedener Eigenschaften, die auf vielfältige Weise gemessen wurden. Die einzigen Persönlichkeitsmessungen, denen es im ganzen nicht sehr gelang, einen Unterschied zwischen ein- und zweieiigen Zwillingen aufzuzeigen, waren Phantasietests wie der Rorschach-Test und der T. A. T. (Thematic-Apperception-Test) sowie Ausdruckstests, etwa graphologische. Doch dafür dürfte der Grund nicht so sehr darin liegen, daß es keine Unterschiede zwischen den verschiedenen Zwillingsarten gäbe, sondern vielmehr darin, daß diese Tests von geringer Zuverlässigkeit und Stichhaltigkeit sind; mit anderen Worten: Es gelingt ihnen nicht, Persönlichkeit präzis zu messen, und daher lassen sie sich nicht verwenden, um irgend etwas im Hinblick auf die Bedeutung von Vererbung und Umwelt zu beweisen.

145

Werden angemessene Persönlichkeitstests benutzt – seien es Fragebogen oder objektive, experimentelle Testverfahren –, untermauern die Ergebnisse stets die Behauptung, die Vererbung spiele eine höchst wichtige Rolle beim Zustandekommen von Persönlichkeitsunterschieden zwischen einzelnen Menschen. Es ist nicht leicht, die proportionale Bedeutung von Natur und Erziehung in Zahlenwerten anzugeben; die Ergebnisse sind zum Teil von den zur Durchführung der Messung verwendeten konkreten Instrumentarien abhängig, und die Anzahl der Zwillingspaare ist oft zu gering, als daß sich sehr genaue Resultate erzielen ließen. Der niedrigste Wert für den Anteil der Vererbung liegt bei ungefähr fünfzig Prozent. Vermutlich dürften fünfundsechzig Prozent die beste Schätzung sein, die sich im Augenblick machen läßt; dies gälte für Extraversion-Introversion und Neurotizismus-Stabilität. Bei einfacheren Eigenschaften wie Soziabilität oder Impulsivität ergeben sich niedrigere Werte, die aber immer noch bis an die Fünfzig-Prozent-Marke heranreichen. So kann kein Zweifel daran bestehen, daß die Persönlichkeit einen harten Kern angeboren-determinierter Verhaltensmuster besitzt; dieser harte Kern (der Genotyp, wie ihn Genetiker bezeichnen) interagiert mit der Umwelt beim Zustandekommen des tatsächlich beobachteten Verhaltens (des Phänotyps).

Diese Ergebnisse werfen einige interessante Probleme auf. Es ist natürlich völlig unmöglich, Verhalten zu ererben; wir können nur physische Strukturen »mitbekommen«, die sich von Physiologen oder Anatomen feststellen lassen. Dennoch ist das, was wir messen, wenn wir von Persönlichkeit sprechen, Handlungsweise oder Verhalten; dies legt den Gedanken nahe, daß es in unserem Nervensystem bestimmte physische Strukturen geben muß, die ein Verhalten der Art vermitteln, das uns veranlaßt, jemanden als extravertiert oder in-

146

trovertiert, als neurotisch oder stabil zu diagnostizieren. Wir haben jetzt eine gewisse Vorstellung davon, welches die betreffenden Strukturen sind. Man betrachte die Abbildung 7, eine (sehr schematisierte) Darstellung des Cortex und des Rückenmarks. An der Basis des Gehirns erkennt man das sogenannte viszerale Gehirn oder limbische System. Dieses koordiniert die Tätigkeiten des autonomen Systems, das mittels seiner beiden Teile, des sympathischen und des parasympathischen Systems, den Ausdruck der Emotionen bestimmt. Emotionen wie Angst und Wut treten stets im Verein mit solchen physischen Manifestationen wie erhöhtem Puls, schnellerem Atem, Schwitzen, Verdauungsunterbrechung, Pupillenerweiterung und so fort auf; diese kommen durch das symphatische System zustande und werden durch das viszerale Gehirn koordiniert. Das parasympathische wirkt beruhigend, normalisiert den Puls und die Atmung, setzt die Verdauung wieder in Gang und entspannt ganz allgemein den Organismus, sowie der Anlaß für den emotionalen Ausbruch vorüber ist. Das viszerale Gehirn und die Strukturen des autonomen Systems bilden die physische Grundlage für individuelle Unterschiede in Neurotizismus und Stabilität; in Interaktion mit der Umwelt bringen sie das phänotypische Verhalten hervor, das wir mit unseren Fragebogen messen.

Extraversion und Introversion hingegen stehen in engem Zusammenhang mit dem habituellen Erregungsniveau des Cortex. Wir alle kennen verschiedene Erregungsniveaus: Vor einer wichtigen Prüfung sind wir gespannt und ganz überdreht, also hoch erregt; spätabends vor dem Fernsehschirm sind wir entspannt und träge. Das Erregungsniveau wird durch die Tätigkeit des sogenannten ansteigenden retikulären Aktivierungssystems gesteuert, das nahe beim Viszeralhirn liegt. Von verschiedenen Körperteilen, den Augen, den Ohren etc. eintreffende Meldungen gehen unmittelbar ins Gehirn, entsen-

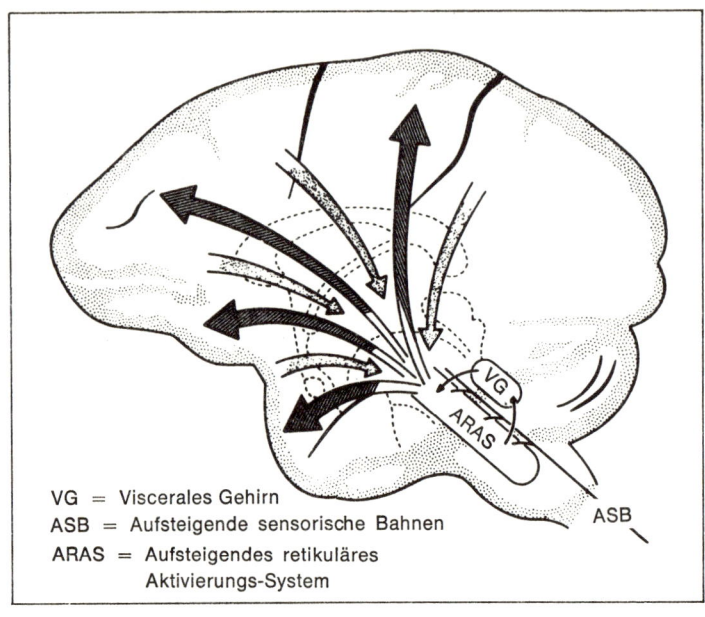

VG = Viscerales Gehirn
ASB = Aufsteigende sensorische Bahnen
ARAS = Aufsteigendes retikuläres
             Aktivierungs-System

7. Die physiologische Grundlage von Extraversion und Neurotizismus.

den aber auch Parallelmeldungen ans retikuläre System; dieses wiederum übermittelt Meldungen an den Cortex (in Abbildung 7 durch schraffierte Pfeile symbolisiert), die das Gehirn in einem rezeptiven Erregungszustand halten, so daß es ihm möglich ist, die eintreffenden Meldungen zu empfangen und darauf zu reagieren. Je höher das Erregungsniveau, um so funktionsfähiger das Gehirn.

Introvertierte weisen höhere habituelle Erregungsniveaus auf; daher tendieren sie zu besserem Lernen, zu besserer Konditionierung und besserem Gedächtnis. Der Cortex hat auch die Funktion, die niedrigeren Ebenen in Schach zu halten; daher ist das Verhalten Introvertierter gehemmter als das Extravertierter. Eine Veranschaulichung mag deutlicher machen, was sich abspielt. Alkohol macht Menschen extravertierter, während die Amphetamine, die Anregungsdrogen sind, die gegenteilige Wirkung haben; sie steigern das Niveau der Cortexerregung und machen Menschen introvertierter. Das gleiche bewirken Nikotin und Coffein; daher tendieren Studenten, die für eine Prüfung zu büffeln suchen, zum Rauchen und Kaffeetrinken, um wach zu bleiben und besser zu lernen. Hier haben wir eine Antwort auf unsere Frage, ob sich die Persönlichkeit verändern kann; gibt man Leuten beruhigende oder anregende Pharmaka, kann man die physische Basis ihrer Persönlichkeit verändern, und damit auch ihr Verhalten. Eine andere, etwas schaurige Methode ist die der Gehirnoperation. Lobotomie- oder Leukotomie-Operationen werden zuweilen an Patienten vorgenommen, die unter schwer gehemmtem Verhalten leiden; bei dieser Operation werden die Frontalhirnbereiche vom übrigen Gehirn getrennt, so daß sich der Grad der Cortexerregung senkt und die Betreffenden extravertierter werden.

Aber natürlich müssen wir nicht so extrem weit gehen, um Verhaltens- und Persönlichkeitsveränderungen zu erzielen; selbst wenn die Vererbung eine enorm wichtige Rolle beim Zustandekommen von Persönlichkeitsunterschieden spielt, ist doch auch die Umwelt von Bedeutung. So dürfte man erwarten, daß mit dem Alter wichtige Veränderungen eintreten; je älter jemand ist, um so länger hatte die Umwelt Gelegenheit, ihn zu Veränderungen in Richtung auf gesellschaftlich gebilligte und persönlich gewinnbringende Verhaltensformen zu bewegen. Dies ist im großen ganzen richtig; je älter Menschen werden, um so weniger emotional, neurotisch und extravertiert werden sie. Die Jugend, die Zeit von »Sturm und Drang«, weist den höchsten Grand an Neurotizismus und Extraversion auf; allmählich werden die Menschen gesetzter und präsentieren ein weniger explosives Gemisch. Kein Wunder, daß gerade in den Jugendjahren die meisten Verbrechen begangen werden. In der Tat findet man die meisten antisozialen Verhaltensweisen bei jungen Menschen; werden sie älter, lernen sie (oder werden sie konditioniert), ihren Frieden mit der Gesellschaft zu schließen.

Wie hängt dieses Bild der Persönlichkeit mit unserer Neurosetheorie zusammen? Die Verbindung ist sehr klar. Wir erklären neurotische Reaktionen als konditionierte emotionale Reaktionen; eindeutig stehen die beiden Hauptpersönlichkeitsmuster, Neurotizismus und Introversion, in engem Zusammenhang mit diesen beiden Reaktionstypen. Personen mit hohem Neurotizismus zeichnen sich vor allen anderen durch heftige, lange anhaltende Emotionen aus; diese sind typische Reaktionen in schmerzlichen, angsterzeugenden, konfliktreichen Situationen, die in unserem Diathese-Streß-Modell den »Streß« ausmachen. Derartige Menschen entwickeln offensichtlich unter solchen Bedingungen mit höherer Wahrscheinlichkeit heftige und lange anhaltende konditionierte emotionale Reaktionen; sie sind *auf eine Weise disponiert,* neurotisch zu werden, wie es jemand mit niedrigem Neurotizismus-Punktwert mit seinen inadäquaten emotionalen Reaktionen auf ähnliche Situationen nicht ist. Gleicherweise entwickeln Introvertierte dank ihrem hohen Niveau an Cortexerregung rascher und nachdrücklicher konditionierte Reaktionen und löschen sie weniger bereitwillig als Extravertierte; dies führt unausweichlich dazu, daß sie mit höherer Wahrscheinlichkeit jene konditionierten emotionalen Reaktionen ausbilden, die nach unserer Theorie die neurotische Störung ausmachen. Es liegt jetzt viel Material zur Verifizierung der Annahme vor, daß Introversion und Konditionierung eng zusammenhängen, und es besteht kein Zweifel, daß die große Mehrheit der Neurotiker sich bei einem Test in der Tat als introvertiert erweist und auf der Neurotizismus-Skala weit oben rangiert. Wie bereits bemerkt, hat sich herausgestellt, daß unter Menschen, die als zehnjährige Schüler auf diese beiden Persönlichkeitseigenschaften hin getestet und deren Lebensläufe weiterverfolgt wurden, diejenigen, die in den nächsten rund dreißig Jahren zu Neurotikern wurden, dazu tendieren, hauptsächlich aus der Gruppe mit hohem N- und niedrigem E-Wert zu kommen; und das heißt, daß eben diese Gruppe genetisch disponiert ist, die Mehrzahl unserer künftigen Neurotiker zu stellen. Einige bleiben davor bewahrt, weil sie keinem starken Streß ausgesetzt sind; einige derjenigen, die nicht in den Quadranten mit hohem N- und niedrigen E-Wert fallen, werden dadurch zu Neurotikern, daß sie besonders heftigem Streß ausgesetzt sind. Insgesamt jedoch ist die Vorhersagegenauigkeit überraschend groß.

Im Augenblick beschäftigen wir uns hauptsächlich mit dem »Melancholiker«-Quadranten, das heißt mit den Introvertierten mit hohem N-Wert, die mit einer gewissen Wahrscheinlichkeit zusammenbrechen und die typischen Hauptmuster der Neurose erkennen lassen: Angstzustand, zwanghafte Störung, reaktive Depression, Phobie und so fort; dieses Spektrum an Störungen sei als »Dysthymie« bezeichnet: es handelt sich um Stimmungs- oder Emotionsstörungen. Einige bedeutsame neurotische Störungen jedoch tendieren dazu, in die Gruppe der Extravertierten mit hohem N-Wert zu fallen, so etwa Hysterie, Psychopathie, Persönlichkeitsstörung und vor allem Kriminalität. Von dieser Gruppe soll in einem gesonderten Kapitel die Rede sein, und es wird sich zeigen, daß Menschen dieser Art ganz andere Behandlungsarten nötig haben als Dysthymiker. Unser nächstes Kapitel wird einige der häufiger angewandten Methoden der Verhaltenstherapie skizzieren, von denen sich gezeigt hat, daß sie bei der Behandlung dysthymischer Störungen von Nutzen sind.

4. Methoden der Verhaltenstherapie

Desensibilisierung

Wir haben bislang die allgemeine Theorie erörtert, die uns sagt, wie neurotische Symptome zustande kommen; nun müssen wir im Detail auf die verfügbaren Methoden zur Löschung dieser sogenannten Symptome eingehen. Der Ausdruck »Symptom« ist in der Tat eine Fehlbenennung, falls unsere Theorie korrekt ist; diese »Symptome« sind nicht für irgend etwas anderes symptomatisch, sondern bilden tatsächlich die Störung selber. Als Freud seine Theorie entwickelte, hielt er sich an die medizinische Praktik, zwischen Symptomen und zugrunde liegenden Ursachen zu unterscheiden; nach seiner Theorie sind die Angst und die anderen beobachtbaren Verhaltensweisen, die eine Neurose ausmachen, nur symptomatisch für einen zugrunde liegenden Krankheitsprozeß, wie auch das Fieber nur ein Symptom dieser oder jener Erkrankung ist. Und wie der Arzt nicht das Fieber, sondern die ihm zugrunde liegende Krankheit behandelt, so sollte man, wie Freud meinte, das behandeln, was immer den neurotischen Symptomen zugrunde liegt. Symptomatische Behandlung, so war er überzeugt, führe zu nichts; das Symptom könne zwar unterdrückt werden, aber entweder werde es nach einiger Zeit wiederkehren (Rückfall) oder ein anderes Symptom werde an seine Stelle treten (Symptomverschiebung). Nach dieser Theorie besteht die zugrundeliegende Krankheit aus unbewußten »Komplexen«, wie etwa dem berühmten Ödipuskomplex, also dem Wunsch des männlichen Kindes, seine Mutter sexuell zu besitzen und seinen Vater zu töten.

Weil der Vater offenkundig physisch stärker sei, werde dieser Wunsch ins Unbewußte verdrängt, bleibe aber lebendig und könne später wiedererwachen und die beobachtbaren Symptome hervortreten lassen. Wäre diese Theorie zutreffend, wäre die Folgerung, daß man nur durch das Eingehen auf diesen zugrunde liegenden Komplex (oder auf die anderen Komplexe, die Freud ausfindig machte, wie etwa den Elektrakomplex bei Frauen) eine dauerhafte Heilung erzielen könne.

Während der Zeit, da die Psychoanalyse in der psychiatrischen Welt das Feld beherrschte, wurde in der Tat zuversichtlich behauptet, die Heilung solcher neurotischer (und sogar psychotischer!) Störungen lasse sich durch das psychoanalytische Verfahren erreichen, solche Komplexe bewußtzumachen und sie emotional in das bewußte Leben des Patienten zu reintegrieren. Diese Hoffnung erfüllte sich leider nicht; empirischen Studien über die tatsächliche Wirksamkeit psychoanalytischer und anderer psychotherapeutischer Methoden gelang es nicht, bei psychoanalytisch behandelten Patienten irgendeine Besserung nachzuweisen, die nicht auch bei überhaupt nicht psychiatrisch behandelten Patienten eingetreten wäre (Spontanremission). Einige Details dieser Art von Forschung werden wir später betrachten; hier sei nur festgestellt, daß die Psychoanalytiker in den letzten Jahren immer bescheidener in ihren Ansprüchen wurden und jetzt lediglich behaupten, ihre Methoden machten aus dem Patienten einen »besseren Menschen« (wobei offen bleibt, was unter einem besseren Menschen zu verstehen ist), könnten aber sehr wenig gegen die aktuellen Symptome ausrichten, über die er klage. Dabei geht man noch immer von der Annahme aus, daß die Symptome in der Tat »Symptome« seien, das heißt, daß es einen zugrunde liegenden Krankheitsprozeß gebe, der den Freudschen Komplexen entspreche.

Eben dieser Hypothese widerspricht die Theorie, auf der die

Methoden der Verhaltenstherapie aufbauen. Die Ängste, die reaktive Depression, das zwanghafte Verhalten und sämtliche anderen neurotischen Emotionen und Verhaltensweisen des Patienten sind gemäß dieser Theorie nichts als konditionierte emotionale Reaktionen oder sekundäre Reaktionen auf eben solche konditionierte emotionale Reaktionen, wobei natürlich immer die zusätzlichen Komplikationen durch Bereitschaft, Angstinkubation und so fort zu bedenken sind. Wenn dem so ist, dann sind die Symptome in der Tat die Krankheit selber, nicht aber »symptomatisch« für irgend etwas. Nach dieser Theorie ist eine Heilung erreicht, wenn die Symptome getilgt sind. Wir werden weiterhin den Ausdruck »Symptom« wegen seiner Brauchbarkeit und auch deshalb verwenden, weil er weltweit übernommen wurde. Nichtsdestoweniger sollte der Leser im Gedächtnis behalten, daß diese sogenannten Symptome für nichts symptomatisch sind als für sich selber.

Es gibt zehn hauptsächliche Punkte, in denen sich die Verhaltenstherapie von der Psychotherapie unterscheidet. Der erste dieser Unterschiede bezieht sich auf die Theorie. Die Psychotherapie gründet sich auf eine uneinheitliche Theorie, die nie angemessen in Postulatform formuliert und nie einer korrekten empirischen Überprüfung unterzogen wurde. Die Verhaltenstherapie gründet sich auf eine einheitliche, angemessen formulierte Theorie, die zu überprüfbaren Ableitungen führt. Anders gesagt: Die Verhaltenstherapie hält sich an die üblichen Forderungen der wissenschaftlichen Methode, die Psychotherapie tut dies nicht.

Die Psychotherapie ist aus klinischen Beobachtungen abgeleitet, die ohne die nötigen Kontrollbeobachtungen oder Experimente gemacht wurden. Freud generalisierte seine Beobachtungen über eine kleine Anzahl neurotischer Wiener und

Wienerinnen der oberen Mittelklasse für die menschliche Natur überhaupt; er hatte nie Bedenken, von dieser kleinen Materialgrundlage aus auf die Menschheit insgesamt zu extrapolieren. Die Prinzipien der Verhaltenstherapie sind aus experimentellen Untersuchungen abgeleitet, die spezifisch darauf zugeschnitten wurden, Grundtheorien und die Ableitungen daraus zu überprüfen. Hier befolgt die Verhaltenstherapie abermals die Erfordernisse der wissenschaftlichen Methode, während es die Psychotherapie nicht tut.

Den dritten Hauptunterschied haben wir bereits erörtert. Die Psychotherapie hält Symptome für sichtbare Resultate unbewußter Ursachen (Komplexe). Die Verhaltenstheorie betrachtet »Symptome« als unangepaßte konditionierte Reaktionen. Im Zusammenhang damit steht der vierte Hauptunterschied. Die Psychotherapie erachtet Symptome als Beweise für *Verdrängung*, während die Verhaltenstherapie in Symptomen Beweise für falsches Lernen oder falsche Konditionierung sieht.

Der fünfte Unterschied bezieht sich auf die Symptomatologie. Freud und die meisten Psychotherapeuten sind davon überzeugt, daß die Symptomatologie durch Verteidigungsmechanismen determiniert sei, das heißt durch die verschiedenen Weisen, wie sich der Geist gegen das verdrängte, unbewußte Material abschirmt, das ins Bewußtsein einzudringen sucht. Die Verhaltenstherapeuten sind davon überzeugt, daß die Symptomatologie durch individuelle Unterschiede in der Konditionierbarkeit und der autonomen Labilität wie auch durch zufällige Umweltbedingungen determiniert sei. Daran schließt sich als sechster Hauptunterschied an, daß für den Psychotherapeuten jede Behandlung neurotischer Störungen *historisch* orientiert sein muß, während für den Verhaltenstherapeuten jede Behandlung neurotischer Störungen sich mit Gewohnheiten befaßt, die *gegenwärtig* existieren; die historische Entwicklung ist für die Behandlung weithin unerheblich, wiewohl sie theoretisch von Interesse sein mag.

Für den Psychotherapeuten hat es den Anschein, als würden Heilungen dadurch erreicht, daß man die zugrunde liegende (unbewußte) Dynamik angeht, nicht durch die Behandlung der Symptome selber. Für den Verhaltenstherapeuten kommen Heilungen dadurch zustande, daß man das Symptom selber unmittelbar behandelt, mithin durch die Löschung unangepaßter konditionierter Reaktionen, und daß man erwünschte konditionierte Reaktionen herstellt. Daran schließt sich achtens an, daß für den Psychotherapeuten die Deutung von Symptomen, Träumen, Handlungen und so fort ein wichtiges Behandlungselement ist, während für den Verhaltenstherapeuten die Interpretation auch dort unerheblich bleibt, wo sie nicht völlig subjektiv und falsch ist.

Zwei weitere Überzeugungen sind für den Psychotherapeuten charakteristisch. Die erste besagt, daß die symptomatische Behandlung zur Entwicklung neuer Symptome führe, das heißt zu Rückfällen und Symptomverschiebungen. Und er glaubt, daß für die Heilung neurotischer Störungen Übertragungen wesentlich seien, das heißt, er meint, die persönlichen Beziehungen, die sich zwischen dem Therapeuten und dem Patienten herstellen, seien entscheidend für die Wiederbelebung der unbewußten Erinnerungen mittels Übertragung der Begleitemotionen auf den Therapeuten. Die Verhaltenstherapeuten sind davon überzeugt, daß eine symptomatische Behandlung zur dauerhaften Wiederherstellung führt, vorausgesetzt, die autonomen wie die muskulären (motorischen) fehlangepaßten konditionierten Reaktionen werden gelöscht, und sie sind der Ansicht, persönliche Beziehungen seien nicht wesentlich für die Heilung neurotischer Störungen, obgleich sie unter gewissen Umständen nützlich sein mögen.

Dies also sind die zehn Hauptunterschiede zwischen Psycho-

und Verhaltenstherapie; dem könnten wir einen weiteren Punkt hinzufügen, den wir später ausführlicher darstellen werden. Er besteht einfach darin, daß die Psychotherapie nicht sehr gut funktioniert, während es die Verhaltenstherapie tut. Zusätzlich zur Entfaltung dieser Frage werden wir später auch einige der möglichen Einwände erörtern, die Psychotherapeuten gegen eine symptomatische Behandlung vorbringen mögen, und dazu auch einige sich ergebende ethische Fragen. In diesem Kapitel jedoch werden wir uns mehr mit der Darstellung der eigentlichen verhaltenstherapeutischen Methoden beschäftigen (zumindest mit einigen dieser Methoden: die Lerntheorie hat in reicher Fülle Behandlungsverfahren nahegelegt, und nicht alle, die sich als fruchtbar erwiesen haben, können im Rahmen eines kleinen und populär gehaltenen Buchs wie diesem besprochen werden).

Die am häufigsten angewandte unter all diesen Methoden der Verhaltenstherapie ist zweifellos die der Desensibilisierung. Wir sind bereits im Zusammenhang mit den von Watson und Rayner gemachten Vorschlägen zur möglichen Behandlung der Rattenphobie des kleinen Albert darauf gestoßen und haben gesehen, daß die Methode bei Mary Cover Jones' Behandlung Peters und seiner Kaninchenphobie funktionierte. Diese Methode wurde von Professor Joseph Wolpe, einem südafrikanischen Psychiater, der später nach England kam und jetzt an der Temple University von Philadelphia in den Vereinigten Staaten lehrt, neu entdeckt und auf die klinische Arbeit abgestimmt. Wolpe wurde als Psychoanalytiker ausgebildet, fand aber, wie viele andere, die betreffende Behandlungsweise unwirksam, zeitraubend und kostspielig. Bei der Suche nach Alternativen führte er einige experimentelle Arbeiten mit Katzen durch und ging dabei von den bereits erwähnten Studien Massermans aus. Dies und die Beschäftigung mit den Prinzipien der Lerntheorie führten ihn zur

Ausarbeitung seiner eigenen Methoden, die 1958 unter dem Titel »Psychotherapy by reciprocal inhibition« (Psychotherapie durch reziproke Hemmung) in Buchform veröffentlicht wurden. Gleichzeitig und unabhängig davon führten ähnliche Arbeiten meine Kollegen in der psychologischen Abteilung des Maudsley Hospital und am Institut für Psychiatrie der London University durch, die beide räumlich und dem Geist nach in enger Beziehung stehen. Unsere Arbeit war nicht nur von Watson und Mary Cover Jones, sondern auch von Alexander Herzberg beeinflußt, einem aus Deutschland geflüchteten Psychiater, der sich in England niederließ und eine Methode der »aktiven« Psychotherapie anwandte, wie er sie nannte.

Dabei wurden Patienten mit bestimmten Ängsten abgestufte Aufgaben gestellt, beginnend mit verhältnismäßig einfachen, die wenig Angst auslösten, und aufsteigend bis zu immer schwierigeren. So wurde ein Patient, der sich vor freien Flächen ängstigte, angewiesen, vor seine Tür zu treten, zwei oder drei Schritte in irgendeine Richtung zu tun und dann zurückzukehren. Fand er das zu belastend, konnte ihn seine Frau oder ein Freund begleiten. Allmählich wurde die Strecke auf fünf oder sechs Schritte erweitert, dann auf zehn, dann auf zwanzig, dann bis zum Ende der Straße, dann rings um den Platz, und so fort. Nach und nach arbeitete sich der Patient unter diesen Umständen bis zur Angstfreiheit vor. Der Therapeut stand natürlich stets zur Beruhigung und mit Rat bereit, doch diese abgestuften Aufgaben waren der bedeutsamste Teil des Behandlungsprozesses. Wie wir sehen werden, kam Wolpe auf ein ähnliches Konzept des schrittweisen Aufarbeitens von geringem bis zu starkem Angstverhalten im Verein mit Entspannungsübungen, wiewohl er darauf abstellte, diese Verhaltensweisen in der Phantasie zu praktizieren, während Herzberg und unsere ersten Arbeiten Übungen in vivo bevorzugten, das heißt die praktische Ausübung der zu erlernenden Verhaltensweisen.

Wolpes Tierexperimente bestanden im wesentlichen im Nachweis dessen, daß Massermans Konflikthypothese für die Erklärung seiner Ergebnisse nicht vonnöten ist. Er fütterte Katzen in einem bestimmten Raum seines Laboratoriums, dann versetzte er ihnen Elektroschocks, denen ein konditioneller Reiz voranging. Wolpe entdeckte, daß der Schock stark konditionierte Vermeidungsreaktionen nicht nur auf den konditionellen Reiz, einen bestimmten Ton, sondern auch auf die ganze Situation, den Raum und den Experimentator hervorrief. Er fand es völlig unnötig, die Art von Konflikt zu erzeugen, die Masserman geschaffen hatte, das heißt einen zwischen dem Fressen und dem gleichzeitigen Verspüren eines unangenehmen Reizes; dergestalt behandelte Tiere verhielten sich überhaupt nicht anders als solche, in denen sich kein Konflikt abspielte. Anscheinend versuchte Wolpe, die sehr heftigen Vermeidungs- und Angstreaktionen, die der Konditionierungsprozeß hervorgerufen hatte, dadurch zu heilen, daß er die Tiere beim Vorhandensein verhältnismäßig schwacher Angstreaktionen fütterte, das heißt in einiger Entfernung von dem Raum, in dem die Konditionierung stattgefunden hatte, und sie dann immer näher heranbrachte, wobei er sorgsam darauf achtete, sie jedesmal zu füttern, zu streicheln und sie auf andere Weise zu »beruhigen«. Auf diese Weise gelang es ihm allmählich, sie ins Laboratorium zurückzuschmeicheln, und er tilgte dabei ihre konditionierten Angstreaktionen völlig. Diese Arbeiten (die hier nur sehr kursorisch beschrieben sind) führten ihn dazu, das folgende allgemeine Prinzip aufzustellen: »Falls sich erreichen läßt, daß die zur Angst antagonistische Reaktion in der Anwesenheit von angstauslösenden Reizen auftritt, so daß sie von einer völligen oder teilweisen Unterdrückung der Angstreaktionen begleitet wird, schwächt sich die Verknüpfung zwischen diesen Reizen und den Angstreaktionen ab.« Dies ist das Prinzip der Desensibilisierung oder der »reziproken Hemmung«, wie Wolpe es nennt. Mit anderen Worten: Wir haben eine Vermeidungsreaktion und eine unangenehme emotionale Reaktion auf einen zuvor neutralen Reiz konditioniert, nämlich den konditionellen Reiz; diese Angst- und Vermeidungsreaktion ist jetzt unsere »Neurose«. Wir tilgen sie durch einen Prozeß der Gegenkonditionierung, das heißt durch den Versuch, auf denselben Reiz angenehme und positive Reaktionen zu konditionieren. Diese positiven und angenehmen Reaktionen verringern die Stärke der zuvor konditionierten negativen und unangenehmen Reaktionen, und je länger wir damit fortfahren, um so stärker wird die Löschung dieser negativen und unangenehmen Reaktionen sein. Im Fall der Katzen erzeugt die Fütterung in einiger Entfernung vom Laboratorium einen leichten Grad an Angst (aufgrund der Nähe des konditionellen Reizes), doch die angenehmen Reaktionen, ausgelöst durch das Füttern, überschatten die leichte Angst und erzeugen daher ein positives konditioniertes Empfinden gegenüber dem Laboratorium. Auf diese Weise können wir jetzt die Katzen näher und näher an den Raum heranbringen, in dem die ursprüngliche Konditionierung stattgefunden hat, bis schließlich die ganze unangenehme konditionierte Reaktion unterdrückt oder gelöscht ist. Die Ähnlichkeit mit der Methode Herzbergs dürfte evident sein.

Für Menschen macht Wolpe zwei Vorschläge: In erster Linie stelle der Therapeut eine Hierarchie von angsterzeugenden Situationen oder Reizen auf, die vom niedrigsten bis zum höchsten Grad reiche. Dann arbeite er diese systematisch durch, unten beginnend und nach oben voranschreitend, wobei er nie so rasch vorgehe, daß der Patient eine unerträgliche Angst erlebe; geschähe dies, geriete der ganze Behandlungsablauf in Gefahr. Der zweite Vorschlag Wolpes besagt, daß der Patient in Entspannung eingeübt werden solle, das heißt in die Verringerung der Muskelspannungen, die gewöhnlich im Verein mit unangenehmen Emotionen, Angst und so fort auftreten. Entspannung steht mithin der Angst entgegen, und wir versuchen, muskuläre Entspannung angesichts der Reize zu konditionieren, die zu Beginn im Patienten Angst hervorrufen. Diese Kombination von Hierarchien und Entspannung macht im wesentlichen die Methode aus, die Wolpe in die Psychiatrie einführte.

Ein Beispiel wird deutlicher machen, was sich in einem wirklichen Fall abspielt. Kehren wir zur Katzenfrau zurück, die wir in einem früheren Kapitel als Zweiunddreißigjährige verlassen haben: von tödlicher Angst vor Katzen erfüllt und seit fast dreißig Jahren mit Unterbrechungen an dieser Phobie leidend. Der Plan für ihre Behandlung wurde auf der folgenden Grundlage erarbeitet: Man ging davon aus, daß der schwächste Punkt des Reizgradienten (das heißt der Angsthierarchie) ein Material sein dürfte, das etwas von Pelzstruktur an sich hatte, ohne jedoch danach auszusehen: beispielsweise Samt. Man bereitete eine Serie von Materialstücken vor, die in ihrer Struktur und ihrem Aussehen von größter Unähnlichkeit mit Katzenfell bis zu sehr hoher Ähnlichkeit reichten. Dann sollte die Patientin angewiesen werden, diese Materialien in der Abfolge ihrer steigenden Ähnlichkeit mit Katzenfell anzufassen, und ehe sie zum nächsten Stück in der Folge überging, hatte sie ganz sicher zu sein, daß sie beim Anfassen keinerlei Unbehagen mehr verspürte. Nachdem sie die Angstreaktionen auf das Anfassen von katzenartigem Fell überwunden hatte, wollte man ihr ein Spielzeugkätzchen und Katzenabbildungen vorführen, bis sie keine Angst mehr auslösten. Wenn dieser Zustand erreicht war, hatte man vor, ihr ein lebendes Kätzchen zu zeigen und sie allmählich zu lehren, sich ihm zu nähern und es zu berühren. Nachdem dies gelungen war, sollte die Patientin aufgefordert werden, das Tier mit nach Hause zu nehmen und es zu behalten. Wenn es heranwuchs, mußte eigentlich die generalisierende Übertragung auf andere Katzen stattfinden und die Frau zuletzt von ihrer Katzenphobie befreit sein.

Dieser Plan wurde mit Ergebnissen durchgeführt, die im folgenden Dr. Freeman und Dr. Kendik erörtern, die auch die Behandlung durchführten. »Bei seinem Gespräch mit der Patientin umriß der Psychologe das von ihm formulierte Programm und nannte als schließliches Ziel, daß sie imstande sein sollte, ohne Unbehagen eine ausgewachsene Katze zu berühren. Die Patientin hatte das Empfinden, daß ihr die Methode sinnvoll erscheine, war aber sehr skeptisch bezüglich des Ergebnisses; sie konnte sich nicht vorstellen, daß sie jemals in der Lage sein werde, auch nur ein Kätzchen zu berühren.

Dann begann der Psychiater, ihr im Day Hospital Reize zu präsentieren, und forderte die Patientin auf, nacheinander jedes Material zu berühren, bis es kein Unbehagen mehr in ihr auslöste. Als ihr schließlich ein Handschuh aus Kaninchenfell vorgelegt wurde, erregte sich die Patientin so sehr darüber, daß sie ihn in Zeitungspapier wickelte. Ein anderer Patient jedoch ermutigte sie, indem er den Handschuh selber anzog und sie überredete, ihn zu streicheln. Binnen weniger Tage hatte der Handschuh aufgehört, unangenehme Empfindungen in ihr auszulösen.

Die intelligente Mitarbeit der Patientin an dem Verfahren zeigte sich in ihrer Erfahrung mit Katzenabbildungen. Als dieser Punkt erreicht war, wurde sie angewiesen, einige große Bilder zu erwerben und sie mit nach Hause zu nehmen. Sie war ein wenig überenthusiastisch und brachte neun Stück an verschiedenen Stellen des Hauses an, vornehmlich in Ecken, wo die Bilder sie überraschten. Dies erwies sich als ziemlich belastend für sie, und sie mußte einige der beängstigenderen abnehmen, doch im Lauf der folgenden Woche gewöhnte sie sich an alle.

Nach drei Wochen waren Fell, Spielzeug und Bilder sämtlich voll assimiliert, und es war bereits zu einer bedeutsamen Verringerung der Angst gekommen. Die Patientin beschäftigte sich weit weniger mit Katzen im allgemeinen, und ihrer Familie war aufgefallen, daß sie überhaupt fröhlicher war. Sie konnte sich in zehn Meter Entfernung von einer Katze aufhalten, ohne zurückzuschrecken, und wenn sie am Morgen die Vorhänge aufzog, war ihre Reaktion nicht mehr, sich im Garten nach Katzen umzusehen.

Die Geschwindigkeit des Ansprechens bis hierher erschien beachtlich, und die Patientin fühlte sich nun imstande, sich mit einem lebendigen Kätzchen einzulassen. Man beschaffte eines von geeigneter ruhiger Wesensart und führte die Patientin in ein Zimmer, wo sie das Tier im Schoß einer ihrer Betreuerinnen liegen sah. Sie setzte sich neben die Frau, streichelte selber das Kätzchen und setzte es sich dann auf den Schoß. Während dieses Vorgangs wurde sie sehr erregt, lachte und weinte, doch das ging in wenigen Minuten vorüber, und sie erklärte nachher, es sei nicht die Folge von Verzweiflung gewesen, sondern aus der Erleichterung darüber hervorgegangen, daß sie etwas getan habe, von dem sie gemeint habe, sie sei nicht dazu in der Lage. Später bezeichnete sie das als ›einen der großartigsten Tage in meinem Leben‹.

An den beiden folgenden Tagen betreute sie das Kätzchen im Day Hospital, und dann nahm sie es mit nach Hause, wo es von da an blieb. Dies geschah einen Monat nach der ersten Behandlung, und während der beiden nächsten Monate kam die Patientin weiterhin zweimal wöchentlich in die Klinik, doch hauptsächlich wegen der Kunstkurse, für die sie sich sehr interessierte. Während dieser Zeit wurde sie wöchentlich vom Psychiater begutachtet, und es zeigte sich, daß ihre Besserung anhielt. Sie sagte, sie fühle sich, als habe sich eine Wolke von ihr gehoben, und sie hatte zum erstenmal in ihrem Leben aufgehört, Nägel zu kauen.

Einen Monat, nachdem sie das Kätzchen mit nach Hause genommen hatte, fand ihr zweites Gespräch mit dem Psychologen statt. Sie erklärte, nicht mehr am Randstein zu gehen, Pelzhandschuhe tragen und neben Menschen in Pelzmänteln sitzen zu können, ohne sich unbehaglich zu fühlen. Bilder und Filme mit Katzen regten sie nicht mehr auf, und einige davon erschienen ihr als wunderschöne Kreaturen. Sie konnte nahe an einer ausgewachsenen Katze vorübergehen, ohne in Panik zu geraten, und hatte das Empfinden, nachts allein ausgehen zu können, doch ihre Familie hatte sie sich noch nicht so weit vorwagen lassen. Sie hatte aufgehört, Katzenalpträume zu haben; vielmehr träumte sie, ohne sich bedrängt zu fühlen, von Kätzchen und später von ausgewachsenen Katzen.

In zwei aufeinanderfolgenden Nächten der folgenden Woche hatte sie aggressive Träume im Zusammenhang mit ihrem Vater und fühlte sich bei Tagesanbruch sehr elend. In einem Traum ermordete sie ihren Vater mit einem Feuerhaken. Als sie davon berichtete, teilte sie mit, sie habe oft ähnliche Gefühle empfunden, als ihr Vater noch lebte, sich aber nicht gestattet, irgendeine Feindseligkeit gegen ihn zu artikulieren.

Zehn Wochen nach Beginn der Behandlung berührte sie zum erstenmal eine ausgewachsene Katze. Das wühlte sie so sehr auf, daß sie am liebsten durch die Straßen gerannt wäre und es jedermann erzählt hätte, und dann widerstrebte es ihr, sich nachher die Hände zu waschen. Anschließend berührte sie die schwarze Katze ihrer Mutter, obwohl sie Katzen von dieser Farbe vorher am meisten gefürchtet hatte. Während ihr zuvor sämtliche Katzen einen fast gleichförmig bedrohlichen Anblick geboten hatten, konnte sie jetzt individuelle Unterschiede erkennen.

Nach drei Monaten brach sie die regelmäßigen Behandlungsstunden im Day Hospital ab, kam aber in Abständen von drei Wochen, später in monatlichen, um dem Psychiater über ihre Fortschritte zu berichten. Sie erklärt, daß sich ihr Leben völlig gewandelt habe und daß sie nicht mehr im Zustand der Angst herumlaufe. Auch empfinde sie kein Bedürfnis mehr, sich ständig im Haus zu betätigen, um ihre Angst zu beschwichtigen. Das Kätzchen ist beträchtlich gewachsen, und sie hatte keine Schwierigkeiten, sich mit ihm zu beschäftigen. Am Ende des fünften Monats nach Behandlungsbeginn ging sie nachts allein aus, sogar in schwach erleuchteten Straßen. Das einzige, das ihr zu schaffen machte, war, allein nachts in den Garten hinter dem Haus zu gehen. Am Ende des achten Monats (und zwei Monate nach dem vorangegangenen Gespräch) ging es ihr noch immer gut, abgesehen von einem kurzen Rückfall, der eintrat, nachdem ihre Katze eine Rauferei mit einer anderen gehabt hatte. Dabei wurde ihr bewußt, daß sie nur vor einer bestimmten einzelnen Katze Angst hatte und daß diese Episode nichts von Generalisierung an sich hatte.

Während der Behandlung hatte man unmittelbare Suggestion und Beruhigung vermieden. Die Gespräche sowohl mit dem Psychologen wie mit dem Psychiater beschränkten sich darauf, das Verfahren zu erklären, die Reize zu präsentieren und den erreichten Zustand festzustellen.«

Diese Studie ist insofern atypisch, als keine Entspannungsübungen stattfanden und die Präsentation des angsterzeugenden Materials völlig in vivo geschah; damit war es typisch für die Methode Maudsleys. Ein Anhänger Wolpes hätte die Frau vermutlich zuerst Entspannung üben lassen und sie aufgefordert, sich verschiedene Begegnungen mit Katzen vorzustellen, statt unmittelbar Felle, Katzenbilder, Spielzeugkatzen und lebendige vorzuführen und so fort. Nichtsdestoweniger läßt sich erkennen, daß die Methode sehr gut funktionierte, und abgesehen davon, daß es zuweilen angebrachter ist, mit imaginierten statt realen Reizen zu arbeiten, sieht es ganz so aus, als habe die Desensibilisierung in vivo gewisse Vorteile. Werden Reize in der Phantasie desensibilisiert, steht noch immer der Schritt an, von der Phantasie zur Wirklichkeit überzuwechseln; dies wird im Fall der Desensibilisierung in vivo vermieden.

Betrachten wir als nächstes einen Fall, der ein unmittelbares Beispiel für die Methode Wolpes darstellt. Es handelt sich um einen von Dr. B. Ashen vom Krankenhaus in Ontario (Kanada) behandelten Fall. Der Betroffene war ein siebenundzwanzigjähriger Verkaufsleiter, der an einer phobischen Angst vor einem Atomangriff litt. Diese Phobie hatte sich auf alle Nachrichten über die internationale Lage generalisiert, und infolgedessen ging der Patient dem Rundfunk, dem Fernsehen, Filmen, Zeitungen und Gesprächen aus dem Weg. Er zog von England, wo er gelebt hatte, nach Kanada, um seiner Phobie zu entkommen, kam aber zuletzt nicht darum herum, psychiatrische Hilfe zu suchen. Ein Psychiater behandelte ihn zwei Jahre lang, doch die Symptome wurden immer schlimmer, und der Patient begann heftig zu trinken, um seine Angst zu beschwichtigen. Dies führte zum Verlust seines Arbeitsplatzes, und bei zunehmender Angst vermied er alle Kontakte mit Menschen und verbrachte einen Großteil des Tags mit zugedecktem Kopf. Selbstmordgedanken und eine Überdosis an Schlaftabletten hatten schließlich die Einweisung in eine psychiatrische Klinik zur Folge. Dort behandelte man ihn mit Elektroschocks, doch das brachte ihn lediglich wieder dazu, beim Alkohol Rettung zu suchen. Seine

Phobie zog seine Ehe so sehr in Mitleidenschaft, daß seine Frau an eine Trennung dachte. Dies war das der Behandlung gestellte Problem.

Zunächst übte man den Patienten in intensive Muskelentspannung ein, und zugleich wurden Angsthierarchien aufgestellt; diese stützten sich auf Kenntnisse über die Fallgeschichte des Patienten und auf Fragebogen und Gespräche. Die Hierarchie bezüglich der Rundfunk- und Fernsehsendungen beispielsweise begann unten mit dem »Anblick von Rundfunk- und Fernsehgeräten in einem Geschäft«. Dann kam das »Anhören von Rundfunk- und Fernsehsendungen in einem Geschäft«. Dann folgte das »Anhören einer Musiksendung« und anschließend das »Ansehen eines Fernsehstücks«. Der nächste Schritt sollte das Anhören einer Ankündigung der regelmäßigen Nachrichtensendung sein, und in einem weiteren Schritt sollte der Patient im Radio die Ansage hören: »Wir unterbrechen diese Sendung, um Ihnen eine Sondermeldung zu bringen.« Fast oben in der Hierarchie stand: »Besuch eines Kinos mit der Ehefrau, im Bewußtsein, daß eine Wochenschau zu sehen sei«, und ganz oben kam: »Einschalten des Rundfunkgeräts, um Nachrichten zu hören.« Eine ähnliche Abfolge wurde für den Zeitungskauf und für andere Aspekte der generalisierten Angst erstellt.

Beim eigentlichen Desensibilisierungsprogramm wurde dem Patienten gesagt: »Sie werden sich jetzt eine Anzahl von Szenen sehr klar und ruhig vorstellen. Diese Szenen stören vielleicht Ihren Entspannungszustand überhaupt nicht, doch falls Sie sich zufällig verstört fühlen, können Sie mir dies dadurch anzeigen, daß Sie einen Finger ein paar Zentimeter heben.« (Dann wurde ein neutraler Reiz präsentiert, wie etwa das Stehen an einer Straßenecke in Toronto.) Die Szene wurde ungefähr fünf Sekunden lang präsentiert und der Patient dann wieder angewiesen, sich zu entspannen. Dann wurde der am

wenigsten verstörende Aspekt der Zeitungs- und der Rund-
funk-Fernseh-Hierarchie präsentiert. Der Patient ließ dabei
kein Anzeichen von Verstörung erkennen, und die Sitzung
endete mit Anweisungen, die Entspannungsübungen fortzu-
setzen. In den nächsten Behandlungsstunden wurden höher
in der Hierarchie rangierende Aspekte präsentiert, wobei man
stets darauf achtete, daß sich der Patient in tiefem Entspannungszustand befand und vorangegangene Aspekte etwa zehn
Sekunden ertragen hatte, ohne anzuzeigen, daß sie ihn irgendwie verstört hätten. Nach dreizehn Desensibilisierungs-
sitzungen berichtete der Patient, er höre sich ohne Angst
Rundfunk- und Fernsehsendungen an. Er bekam die Erlaub-
nis, ein Wochenende zu Hause zu verbringen, und berichtete
dann, er sei mit seiner Frau ins Kino gegangen. Nach ein
paar weiteren Sitzungen war der Patient imstande, nach eige-
ner Willensentscheidung Nachrichten anzustellen und sie
ohne Anzeichen von Angst anzuhören. Seine Frau berichtete,
er sei ein »veränderter« Mensch und in der Lage, mit ihr ins
Kino zu gehen und Freunde zu besuchen. In den drei Monaten nach der Behandlung berichtete der Patient von keinem
Rückfall. Seine Frau informierte den behandelnden Psychologen, daß er bei ausgezeichneter Gesundheit sei und sich
wohler befinde, als sie es je erlebt habe; und obwohl er nicht
imstande gewesen sei, eine neue Stellung zu finden, leide er
doch nicht an Angst und Depressionen und sei weiterhin in
ausgezeichneter Stimmung.
Man beachte bei dieser Fallgeschichte drei Dinge. Erstens einmal kam es zu einer vollständigen Heilung. Zweitens kam
diese Heilung in verhältnismäßig wenigen Sitzungen zustande. Und drittens folgte auf die Heilung kein Rückfall oder
eine Symptomverschiebung, sondern vielmehr eine allgemeine Besserung im Befinden des Patienten. Dem sollte man die
zweijährige psychotherapeutische Behandlung gegenüberstel-

len, die nur zur Verschlimmerung der Symptome führte. Dieser Fall ist ziemlich typisch für eine Desensibilisierungsbehandlung nach der Methode Wolpes, und zwar sowohl im Hinblick auf die Art, wie sie erfolgte, wie hinsichtlich des Ergebnisses.

Ein weiterer Fall mag von Interesse sein, und sei es nur, um daran die außergewöhnliche Vielfalt verschiedener Arten von neurotischen Störungen aufzuzeigen, die sich mittels Desensibilisierung behandeln lassen. Es handelt sich um den Fall einer intelligenten fünfundzwanzigjährigen Frau mit zwanghafter Persönlichkeit: Sie entwickelte eine Phobie vor Glassplittern, wobei sie eine große Anzahl von zwanghaften und anderen Symptomen ausbildete. Den Fall behandelte und beschrieb Dr. T. M. Haslam vom Royal-Victoria-Krankenhaus in Newcastle (England). Erstmals war die Patientin mit neunzehn Jahren an die Klinik überwiesen worden, wobei ihre Hauptschwierigkeit damals darin bestand, daß sie anderen Menschen nicht ins Gesicht sehen konnte. Es lag eine lange Geschichte mäßig zwanghaften Verhaltens vor, das zuerst in zwanghafter Bibellektüre zum Vorschein gekommen war. Die Frau hatte irrationale Angst vor Glassplittern, die ihren Ursprung in einer Episode hatte, als die Patientin achtzehn war: Ihr Vater hatte Marmelade mit Glassplittern darin gegessen und sich den Mund übel zerschnitten. (Dies darf als die ursprüngliche konditionierende Situation gelten, die mit einer sehr introvertierten Pesönlichkeit von hoher Emotionalität und starkem Neurotizismus zusammenwirkte.) Die Patientin ließ eine erhebliche Depression als Reaktion auf ihre Zwangssymptome erkennen, was ihre Fähigkeit, ein normales Leben zu führen, stark beeinträchtigte. Sie vollführte ausführliche Zwangsrituale im Zusammenhang mit der Suche nach Glassplittern und zeigte dazu auch Waschzwangsymptome.

Die psychiatrische Behandlung dieses armen Mädchens war ziemlich schauerlich. Man behandelte sie mit Elektroschocks, aber es trat keine Besserung ein; man wandte eine Insulinschocktherapie an, die jedoch keine dauerhaften Erfolge zeitigte. In den folgenden vier Jahren wurde die Patientin zehnmal ins Krankenhaus eingewiesen, die Aufenthalte dauerten zwischen ein paar Tagen und fünf Monaten, und man wandte abermals Elektroschocks und verschiedene Medikamente an. Trotz all dieser Behandlungen hatte die Patientin weiterhin irrationale Angst vor Glassplittern, und diese Angst weitete sich allmählich so sehr aus, daß die Betroffene alles, was sie benutzte, berührte oder aß, nach Glassplittern durchsuchte. Sie kontrollierte jedes Kleidungsstück, um sicherzugehen, daß kein Splitter darin verborgen war, und sie mußte dieses Ritual häufig wiederholen, wobei sie sich jedesmal nur kurzfristig beruhigte. Sie erkannte die Irrationalität dieses Verhaltens, konnte es aber nicht steuern. Versuchte sie, es zu unterdrücken, führte dies zu einer Steigerung der Spannung, bis sie schließlich nachgab und das Ritual wiederholte.

Eheschließung und die Geburt eines Kinds verschlimmerten ihre zwanghaften und phobischen Symptome, und die junge Frau schaffte es nicht, ihr Baby zu versorgen, weil ihre zwanghafte Suche nach Glas sie zeitlich so in Anspruch nahm, daß sie außerstande war, sich zulänglich um das Kind zu kümmern. Dies führte zu beträchtlichen Reibereien zwischen ihr und ihrem Mann, der sogar versuchte, ihre Symptome gewaltsam zu unterbinden, was, wie zu erwarten, einen bereits traurigen Zustand noch verschlimmerte. Die Frau wurde depressiv, zwanghaft und heftig phobisch. Schließlich unterzog man sie einer Leukotomie, das heißt einer Gehirnoperation, bei der die Nervenfasern durchtrennt wurden, die das Frontalhirn mit der übrigen Hirnrinde verbanden. Dies führte zu einer kurzfristigen Besserung der Symptome, die aber nach drei

Monaten in vollem Ausmaß wiederkehrten. Man sprach jetzt davon, das Kind adoptieren zu lassen, und der Ehemann dachte daran, die Frau zu verlassen. Eine weitere Elektroschockbehandlung erwies sich als nutzlos. In diesem Stadium wurde der Versuch der Desensibilisierung unternommen.

Der Therapeut formulierte die Hypothese, die Depression und das ritualistische Verhalten der Patientin leiteten sich sämtlich von der Grundangst her, von Glassplittern geschnitten zu werden, die sich in allem befinden konnten, womit die Patientin in Berührung kam. Diese Angst hatte sich bis auf Dinge wie Flittergold und Kristallzucker ausgeweitet, da sie wie winzige Glassplitter aussahen und auch unbemerkt welche enthalten konnten. Der Therapeut entschied sich, Zucker als Ausgangsmaterial für ein reziprokes Hemmungsverfahren zu verwenden, da er nur schwache Angst auslöste. Dies war eine geeignete Substanz, da sie sich in eine Hungertrieb-Reduktionstechnik zum Abbau der Angst einbauen ließ. Die Patientin erhielt kein Frühstück und mußte bis zur Mittagszeit hungern. Eine Stunde vor dem Mittagessen erhielt sie eine geringe Dosis eines Beruhigungsmittels, und um halb eins bekam sie eine halbe Grapefruit (eine Frucht, die ihr schmeckte, die aber mehr oder weniger nach Zucker verlangte, wenn sie gegessen werden sollte). Man bot der Patientin Zucker dazu an. Der Therapeut leistete ihr bei der Mahlzeit Gesellschaft, und nachdem schon vorher eine gute Beziehung zustande gekommen war, trug auch dies zur Verringerung der vorhandenen Angst bei. Die Patientin und der Therapeut aßen dann das übrige Mittagessen. Die erste Sitzung ging mit minimalen Anzeichen von Angst vorüber.

Diese Grundprozedur wurde jeden Tag wiederholt, doch am dritten Tag verstreute der Therapeut absichtlich auf den Tisch etwas Zucker, den er während der Mahlzeit mit der feuchten Fingerspitze sorgfältig auftupfte und aß. Dies rief anfänglich eine geringe Spannung hervor, die sich aber wieder legte. Am folgenden Tag wurde die Patientin aufgefordert, das gleiche zu versuchen, und nach leichtem Zögern tat sie es auch. Am nächsten Tag brachte man Glassplitter in einer Flasche ins Zimmer und stellte sie auf den Tisch neben die Patientin, während diese eine gezuckerte Grapefruit aß. Bei den folgenden zwei, drei Sitzungen wurden die Glassplitter näher zur Patientin hingestellt, und bis zur achten Sitzung war sie imstande, Glassplitter in die Hand zu nehmen, während sie ihre Mahlzeit aß. Man konnte feststellen, daß in dem Maß, wie ihr Vertrauen in dieser Richtung zunahm, ihre Ängste vor imaginären Glassplittern in Kleidungsstücken und so fort nachließen und sich ihre zwanghaften Rituale merklich abschwächten.

Bei der zwölften Sitzung schlug der Therapeut nach dem Essen vor, man solle vom Tennisplatz des Krankenhauses Glasscherben entfernen, die er vorher dort bemerkt habe. Die Patientin sträubte sich zunächst dagegen, willigte aber nach Ermutigungen ein und half beim Einsammeln mit. Diese Leistung befriedigte sie sehr, und sie kehrte sehr zuversichtlich ins Krankenhaus zurück, wobei sie ihre Glasscherbe mitnahm und sie der bislang skeptischen Stationsschwester zeigte. Kurz danach verbrachte sie ein Wochenende daheim und bat anschließend, entlassen zu werden. Dem stimmte man widerstrebend zu, da man den Eindruck hatte, es sei noch viel zu früh für sie, nach Hause zu gehen. Sie hatte erst vierzehn Sitzungen hinter sich. Dennoch wurde sie entlassen.

Von nun an fanden in regelmäßigen Abständen Kontrolluntersuchungen statt, und fast ein Jahr später erwies sich die Patientin als symptomfrei. Ohne Rückfall bewältigte sie die Hausarbeit und hatte eben ein weiteres Kind bekommen. Gelegentlich ließ sie, wenn sie unter Streß stand, zwanghafte Züge erkennen, doch die phobischen Symptome waren nicht mehr aufgetreten, und sie sah zuversichtlich in die Zukunft. Zu sagen wäre noch, daß die längste Zeit, die die Patientin in den vorangegangenen fünf Jahren außerhalb des Krankenhauses verbracht hatte, vier Monate gewesen waren und daß sie niemals symptomfrei gewesen war.

Bemerkenswert sind an diesem Fall zwei Dinge. Erstens, daß eine Anzahl recht extremer psychiatrischer Verfahren – wie Elektroschocks und Leukotomie – völlig ohne Wirkungen auf die Patientin geblieben waren. Zweitens, daß eine sehr kurze Zeitspanne der Desensibilisierung eine offensichtlich äußerst stark verwurzelte und bösartige Störung völlig heilte. Man mag beachten, daß in diesem Fall eine Desensibilisierung in vivo angewandt wurde, statt daß man auf eine imaginative Beschwörung gefürchteter Szenen und Gegenstände zurückgriff. Und man beachte auch, wie der Therapeut Modellern- oder Nachahmungsverfahren anwandte, als er etwa der Patientin vorführte, wie man den Zucker mit einem feuchten Finger auftupft und ihn ißt.

In der Literatur wimmelt es von Fallgeschichten dieser Art, und der Leser mag fragen, ob sie ein zutreffendes Bild von der Erfolgsrate vermitteln, die sich von der Desensibilisierung erwarten läßt. An dieser Stelle sei nur gesagt, daß sich die Desensibilisierung als weit wirksamer denn die klassischen Methoden der Psychotherapie erwiesen hat; auf die Wirksamkeit dieser und anderer Methoden der Verhaltenstherapie werden wir später detaillierter eingehen. Im Augenblick – und ehe wir auf eine andere Behandlungsweise, nämlich auf die »Reizüberflutung«, zu sprechen kommen, der wir bereits in unserer Erörterung tierischer Analogien zur Neurose und ihrer Behandlung begegnet sind – seien ein paar Worte über die Desensibilisierungsbehandlung bei Sexualproblemen wie Impotenz, Orgasmusunfähigkeit, Frigidität und dergleichen gesagt. Eine detaillierte, für Laien verständliche Erörterung legten P.

und R. Gillan in ihrem Buch über »Sex Therapy Today« vor; sie erklären im einzelnen, wie Angst diese psychophysischen Symptome verursachen kann und wie sich derartige konditionierte Angstreaktionen durch Desensibilisierung eliminieren lassen. Eine Hauptangst, die nicht selten bei Männern wie bei Frauen vorkommt, ist die, mit ihrer sexuellen »Leistung« die Erwartungen nicht zu erfüllen; diese Angst ist insofern eine Art der »self-fulfilling prophecy«, als die Angst selber das Versagen verursacht, das befürchtet wird. Die Heilung kommt im wesentlichen dadurch zustande, daß man den Patienten dazu bringt, sich auf eine Folge abgestufter »lustvoller« Beziehungen mit Ehepartner, Freund(in) oder Surrogatpartner einzulassen, wobei der Beischlaf eigentlich verboten ist und das Gewicht auf dem Empfangen und Verschaffen von Lust durch sexuelles Spiel liegt. Indem man so die Angst vor dem »Leistungs«-Versagen ausschaltet, kommt eine bessere Anpassung zustande, und das geht, bei geschickter Steuerung, in weiterreichende Sexualbeziehungen und Beischlaf über. Der Erfolg der Psychotherapie bei derartigen Störungen war nie groß; die ursprünglichen Arbeiten Masters' und Johnsons zeitigten weit bessere Ergebnisse, und in den letzten Jahren haben größere Erfahrungen auf diesem Gebiet die Erfolgsrate recht stattlich ansteigen lassen. Im Augenblick sei nichts weiter dazu gesagt, und es seien auch keine detaillierten Zahlen angegeben, da die benötigten Kontrollzahlen nicht zur Verfügung stehen; dringend erforderlich ist ein klinisches Experiment unter Einschluß nicht behandelter Kontrollpatienten und solcher, die nur psychotherapeutisch behandelt wurden, damit das Vertrauen in diese Techniken wächst, die zwar nach allgemeiner Übereinstimmung viel besser funktionieren als die älteren Methoden, jedoch noch immer der angemessenen wissenschaftlichen Untermauerung durch eigens entwickelte Experimente bedürfen.

Reizüberflutung

Auf den ersten Blick scheint die Technik der »Reizüberflutung« – das heißt, den Patienten von Anfang an dem konditionellen Reiz in seiner ganzen Stärke auszusetzen – den für die Desensibilisierung aufgestellten Regeln zu widersprechen, daß nämlich der erste Schritt eine relativ harmlose Erfahrung sein und in der Begegnung mit einem Reiz bestehen solle, der nur geringe Angst erzeugt. Einer weiteren Regel der Desensibilisierung, daß nämlich kein Schritt in der Desensibilisierungshierarchie getan werden dürfe, der starke Anzeichen von Emotion hervorrufe, scheint der Therapietypus der Reizüberflutung gleichfalls zu widersprechen. Dieser Widerspruch mag den Umstand erklären, daß sich bei frühen Arbeiten mit Reizüberflutung herausstellte, daß es dem Verfahren nicht nur nicht gelang, das Befinden des Patienten zu bessern, sondern daß es dessen Zustand in Wirklichkeit noch verschlimmerte.

Diese Beobachtung steht gut im Einklang mit der Inkubationstheorie, das heißt mit der Hypothese, daß der konditionelle Reiz, wenn er ohne Verstärkung präsentiert wird, unter bestimmten Umständen zu einer Verstärkung der bereits beobachteten Furcht- und Angstreaktion führt. Doch im Fall der Hunde im Pendelkasten, die daran gehindert wurden, über die Hürde zu springen, haben wir gesehen, daß die Reaktionsverhinderung im Verein mit der Erzeugung des konditionellen Reizes zu einer Heilung führen kann, und wie wir in Kürze sehen werden, trifft das auch auf die menschliche Neurose zu. Was ist für dieses Paradox verantwortlich? Eigens entwickelte Tierexperimente haben gezeigt, daß die Antwort in der *Dauer* der Reizeinwirkung liegt. Währt die Einwirkung nur kurze Zeit, wird die Angstreaktion verstärkt (»Inkubation«). Ist die Zeit der Reizeinwirkung jedoch verhältnismäßig lange, wie im Fall der Hunde im Pendelkasten und jetzt im Fall klinischer Experimente unter Anwendung der Reizüberflutung, folgt auf eine ursprüngliche Verstärkung der Angstreaktion ein allmählicher Rückgang. Mithin ist die Dauer der Einwirkung eine entscheidende Variable bei diesen Experimenten wie auch in der klinischen Arbeit.

Dieser Umstand mag zugleich eine Erklärung für die Beobachtung liefern, daß gelegentliche Begegnungen mit den gefürchteten Objekten, weit davon entfernt, die Ängste des Neurotikers zu löschen, in Wirklichkeit zu einer Verschlimmerung seiner Symptome führen. Derartige gelegentliche Begegnungen werden vom Neurotiker gewöhnlich so rasch wie möglich beendet und dauern daher im allgemeinen nur kurze Zeit, wodurch sie eine Verstärkung der neurotischen Reaktion hervorrufen, nicht aber eine Heilung. Mithin stimmt auch dies gut mit Beobachtungen überein.

Den ersten zu erörternden Fall behandelten Dr. R. Hodgson und Dr. S. Rachman. Der Patient hatte in der Jugend einige zwanghafte Verhaltensmuster entwickelt, suchte aber erst im Alter von zwanzig Jahren psychologische Hilfe, als er an einer ausgeprägten zwanghaften Störung litt und an die psychiatrische Klinik überwiesen wurde. Er war aufgrund exzessiver Waschrituale, die seine Arbeitsfähigkeit beeinträchtigten, aus seiner Stellung entlassen worden. Diese Rituale nahmen einen Großteil seines Tageslaufs in Anspruch. Andere Beschwerden waren unentwegte und unabweisbare Ängste, von Schmutz vergiftet zu werden, und der Patient entwickelte umfangreiche Muster des Vermeidungsverhaltens. Er wurde medikamentös und mit einer Stütztherapie behandelt, ohne daß sich Erfolge einstellten, und nach mehreren Krankenhausaufenthalten wurde eine modifizierte Leukotomie vorgenommen, worauf es zu einem Rückgang der Spannung kam, jedoch nicht zur Besserung des Zwangsverhaltens. Schließlich erwog man eine zweite Leukotomie, entschied sich aber dann, statt dessen eine Desensibilisierungsbehandlung vorzunehmen. Während dieser Behandlung wurde der Patient aufgefordert, sich widerwärtige, vergiftende Reize vorzustellen, während er sich entspannte, doch die Besserung reichte nicht aus, um als Heilung gelten zu können, und während einer Zeitspanne von viereinhalb Monaten wurde eine Reaktionsverhinderungs- oder Reizüberflutungsbehandlung unter Einschluß von Elementen des Modellernens durchgeführt.

Der Patient verbrachte fast fünf Stunden täglich mit seinen Zwangshandlungen und hatte dabei besondere Schwierigkeiten mit den Ausscheidungsvorgängen. Vor dem Urinieren oder Defäzieren mußte er sich entkleiden: Nach dem Ausscheidungsvorgang mußte er sich gründlich waschen, und er duschte oder badete häufig (bis zu fünfmal täglich). Auch zeigte er ein umfangreiches und ausgeklügeltes Vermeidungsverhalten (so berührte er beispielsweise nie den Fußboden oder Gras oder Türklinken und so fort). Der Leser mag sich eine Vorstellung über das Wesen des Waschrituals anhand einer Passage machen, die der Patient in einer Selbstdarstellung niederschrieb:

»In der Toilette wasche ich mir die Hände einmal unter dem Wasserhahn mit Seife, dann wasche ich das Becken aus und fülle es mit heißem Wasser. Dann wasche ich mir die Hände und Arme, spüle sie ab, dann wasche ich mir das Gesicht. Dann wasche ich mir die Hände wieder, trockne mir Gesicht und Hände ab, öffne die Toilettentür mit einem Papierhandtuch, dann mache ich den Hosenreißverschluß auf und wasche mir wieder Hände und Arme, was etwa die gleiche Zeit dauert. Um keinen Preis darf ich einen Gegenstand der Toilette oder des Beckens oder des Griffs oder ein Stück meiner Kleidung berühren, nachdem ich mir die Hände gewaschen habe, aus Angst, mich zu vergiften. Kommt die Kleidung mit einem der genannten Gegenstände in Berührung, wird auch alles vergiftet, womit dieser Gegenstand in Berührung kommt, und so geht das fort. In der Regel benutze ich meine eigene Seife. Wieder im Schlafzimmer, wasche ich mir abermals die Hände, die Zeiten, ehe ich auf die Toilette gehe, und danach bereiten mir große Qual und bringen mich oft für den Rest des Tags durcheinander.«

Das Ziel der Behandlung war natürlich die Löschung der schlecht angepaßten autonomen Reaktionen auf Schmutz und Exkremente und die Löschung der motorischen Vermeidungsreaktionen (beispielsweise des exzessiven Waschens). Man entwickelte einen Spezialtest, um das Maß der Besserung zu bestimmen; er bestand aus einer Anzahl von Materialproben, die der Patient vor der Behandlung nicht hätte berühren können. Dieser Vermeidungstest wurde so durchgeführt, daß man einen kleinen Teller Marmelade, ein Glas mit Zigarettenasche, eine Dose mit Schlamm, eine kleine Flasche mit Urin und einen Fleck Hundeexkrement auf einen Tisch stellte oder strich und feststellte, wie weit sich der Patient jedem dieser Dinge nähern konnte, und ob er imstande war, einen von diesen Schmutzgegenständen anzufassen. Die kombinierte Punktzahl in Zentimetern zeigte, daß sich in regelmäßigen Abständen während der Phase vor der Behandlung eine Entfernung von 211 beobachten ließ.

Der Hauptteil der Behandlung bestand aus Modellernen und Reaktionsverhinderung. Der Patient wurde aufgefordert zuzusehen, während der Therapeut die Gegenstände des Vermeidungstests berührte; danach versuchte er, sie selber anzufassen. Dies war ein allmählicher Prozeß; der Schlamm und das Exkrement beispielsweise wurden anfänglich mittels eines Stücks Papier berührt. Nachdem er den Therapeuten beim Berühren der Gegenstände beobachtet hatte, wurde der Patient ermuntert, aber nie genötigt, dieses Näherungsverhalten nachzuahmen. Unvermeidlich schlossen diese Sitzungen eine gewisse Spanne der Reaktionsverhinderungen ein, das heißt, der Patient war außerstande, sich unmittelbar nach jedem Versuch die Hände zu waschen.

Nach der fünfzehnten Sitzung berührte er die Marmelade, die Asche und den Schlamm; während der einundzwanzigsten berührte er den Urin und während der´ dreiundzwanzigsten den Exkrementfleck. Nach der neunzehnten Sitzung begann der Patient erstmals zu berichten, er bemerke eine Besserung auch außerhalb der Experimentalsituation. Diese Besserung hielt an, und gegen Ende der Behandlung verbrachte der Patient eine halbe Stunde damit, den Exkrementfleck zu berühren, ohne sich nachher die Hände zu waschen. Diese Spanne der Reaktionsverhinderung steigerte sich allmählich, bis sie drei Stunden umfaßte.

Während der nächsten beiden Monate wurde das Behandlungsverfahren »Modellernen und Reaktionsverhinderung« in der Station und auch außerhalb durchgeführt, um die Besserung vom Experimentalraum auf die Außenwelt zu generalisieren. Täglich beobachtete der Patient zwischen 10 Uhr vormittags und 12 Uhr, wie der Therapeut schmutzige Dinge berührte und mit ihnen hantierte, beteiligte sich selber daran und wurde aufgefordert, das Waschen seiner Hände oder eines Körperteils oder seiner Kleidung zu unterlassen. Er und der Therapeut als Vorbild praktizierten Tätigkeiten wie das Reiben des Fußbodens mit beiden Händen, Knien und Sitzen auf dem Boden, Bestreichen der Hände mit Kaffee, Schokolade oder Orangensaft und Berühren von Gesicht und Kleidern mit diesen Händen, Anfassen vielerlei schmutziger Gegenstände, Sitzen und Liegen im Gras, Sitzen auf schmutzigen Stühlen. An diese Tätigkeiten schloß sich normales Verhalten wie Rauchen, Essen, Unterhalten und Spielen an: mit dem Ziel, die Löschung zu erleichtern.

Beim Abschluß der Behandlung gelang es dem Patienten, sämtliche fünf Substanzen, die den »Test« ausmachten, zu berühren, ohne sich die Hände zu waschen. Während der ganzen Behandlungsperiode zeigte sich eine stetige Abnahme sowohl der Wasch- wie der Toilettenzeit, wobei die Waschhäufigkeit beispielsweise von fünfzehnmal auf zweimal täglich sank: eine Widerspiegelung der völligen Löschung von zwanghaftem Waschen nach zufälligem Kontakt mit »schmutzigen« oder »vergifteten« Gegenständen. Zu Ende der Behandlung wusch sich der Patient um 87 Prozent weniger häufig als vor der Behandlung und verbrachte 70 Prozent weniger Zeit mit diesem Verhalten.

Nach der Entlassung erhielt er einen Arbeitsplatz, und weitere sechs Monate später berichtete er bei der Nachuntersuchung, er sei imstande, die Arbeit beizubehalten, und es sei zu keinem Rückfall gekommen; die Zeit, die er damit verbrachte, auf die Toilette zu gehen und sich zu waschen, und die Häufigkeit dieser Vorgänge waren genauso, wie bei der Entlassung beobachtet. Zwei Jahre nach der Behandlung traf ein Dankesbrief von der Mutter des Patienten ein, die damit schloß: »Im letzten September heiratete er, und er kaufte ein Haus. Er und seine Frau haben sich gut eingerichtet, und es ist ein Vergnügen, sie zu besuchen und zu sehen, wie er gärtnert und verschiedene Gelegenheitsarbeiten rings ums Haus verrichtet. Dies ist etwas, was wir vor fünf Jahren für unmöglich gehalten hätten.« Hier liegt ein interessanter Fall vor, bei dem die Reizüberflutung und das Modellernen sehr gut wirkten, bei dem hingegen die Desensibilisierung nur verhältnismäßig schwachen Erfolg hatte, auch wenn dieser beträchtlich größer war als das, was die zuvor angewandte orthodoxe psychiatrische Behandlung erreicht hatte.

Als weiteres Beispiel für die Anwendung der Reizüberflutung wollen wir eine Gruppe von drei Fällen betrachten, die Dr. J.

C. Boulougouris von der medizinischen Fakultät der Athener Universität behandelte. Der erste war der einer fünfzigjährigen Frau, die durch exzessives Waschen schwer behindert war; Reinigungsrituale wurden durch die Angst herbeigeführt, von Gegenständen im Zusammenhang mit Tod, Begräbnissen und Schmutz vergiftet zu werden. Sie vermied es, Menschen die Hand zu geben, die Geld hielten. Die Symptome hatte sie seit ihrer Heirat fünfundzwanzig Jahre zuvor, doch in den beiden letzten Jahren blieb sie die ganze Zeit zu Hause, weil sie befürchtete, Angehörige ihrer Familie könnten in die Küche gehen und Gegenstände im Haus berühren, ohne sich die Hände zu waschen. Sie war aufgrund ihrer Angst, jemand könnte sie berühren, nicht imstande zu verreisen. Den Hals hielt sie gebeugt.

Der zweite Fall war der eines einunddreißigjährigen Juristen, der seit seinem 18. Lebensjahr Angst hatte, mit Syphilis angesteckt zu werden. Er vermied es, Geld anzufassen oder Menschen die Hand zu geben, die vielleicht von Syphilis befallen waren, und mußte sich oftmals die Hände waschen. Er hatte einen besonderen Anzug und ein Paar Schuhe, die er nur außerhalb des Hauses trug, und gestattete seiner Frau nicht, seine Sachen zu berühren oder sein spezielles Umkleidezimmer in der Wohnung zu betreten. Im letzten Jahr hatte er es vermieden, sein Büro aufzusuchen oder Besucher in sein Haus einzulassen.

Der dritte Fall war der eines vierunddreißigjährigen Mannes, der in den letzten neun Jahren Rituale praktizierte, die darin bestanden, daß er in dem Restaurant, in dem er arbeitete, immer dieselben Gänge ging und wiederholt bestimmte Gegenstände berührte. Auch mußte er sich so an- und auskleiden, daß er seine Kleidungsstücke jedesmal in derselben Reihenfolge an- und ablegte. Durch die Stadt zu gehen und zu fahren, war ein erhebliches Problem für ihn, weil er bestimmte

Richtungen einzuhalten hatte und nur eine begrenzte Anzahl von Straßen benutzen durfte.

Alle diese Patienten wurden mittels Reizüberflutung behandelt, und man beurteilte ihr Befinden vor und nach der Behandlung und dann in Nachuntersuchungen einen, drei, sechs und neun Monate später; diese Feststellungen trafen die Patienten selber, der Therapeut und sein unabhängiger Beisitzer, der allerdings die Resultate der Nachuntersuchungen nicht beurteilte. Man bestimmte die Hauptzwänge, die frei flottierende Angst und die Depression nach einer Fünf-Punkte-Skala, bei der die Fünf ein Maximum an Pathologie anzeigte.

Als Beispiel für die Behandlung sei der Jurist herausgegriffen, der fürchtete, mit Syphilis angesteckt zu werden. Er absolvierte insgesamt zwölf Sitzungen (fünf mit Phantasieren und sieben mit Kombinationen aus Phantasie und Praxis); eine ausgeprägte Besserung stellte sich bald nach der fünften Sitzung ein. Während der praktischen Phase dieser Sitzung wurde der Patient in die Klinik für Geschlechtskrankheiten gebracht. Er zögerte, durch diese Klinik zu gehen, doch nach kräftiger Nachhilfe und physischem Druck, als er im Klinikgelände war, begann er unablässig zu husten, rang nach Atem und wurde bleich. Er verlangte, an einen sicheren Ort außerhalb der Klinik zurückzukehren, doch der Therapeut forderte ihn weiter heraus und brachte ihn dazu, das Krankenhaus zu betreten, die Eingangstür zu berühren, in die Station zu gehen und einem syphilitischen Patienten die Hand zu geben. Das Husten und die Atemlosigkeit begannen nachzulassen, und der Patient sagte spontan: »Ich huste wie vor zwölf Jahren, als ich wegen Tuberkulose in einer Lungenklinik war, und ich erinnere mich, daß sich auf derselben Station auch ein syphilitischer Patient befand; es war ein entsetzliches Erlebnis für mich, ich fürchtete eine syphilitische Ansteckung.« Eine

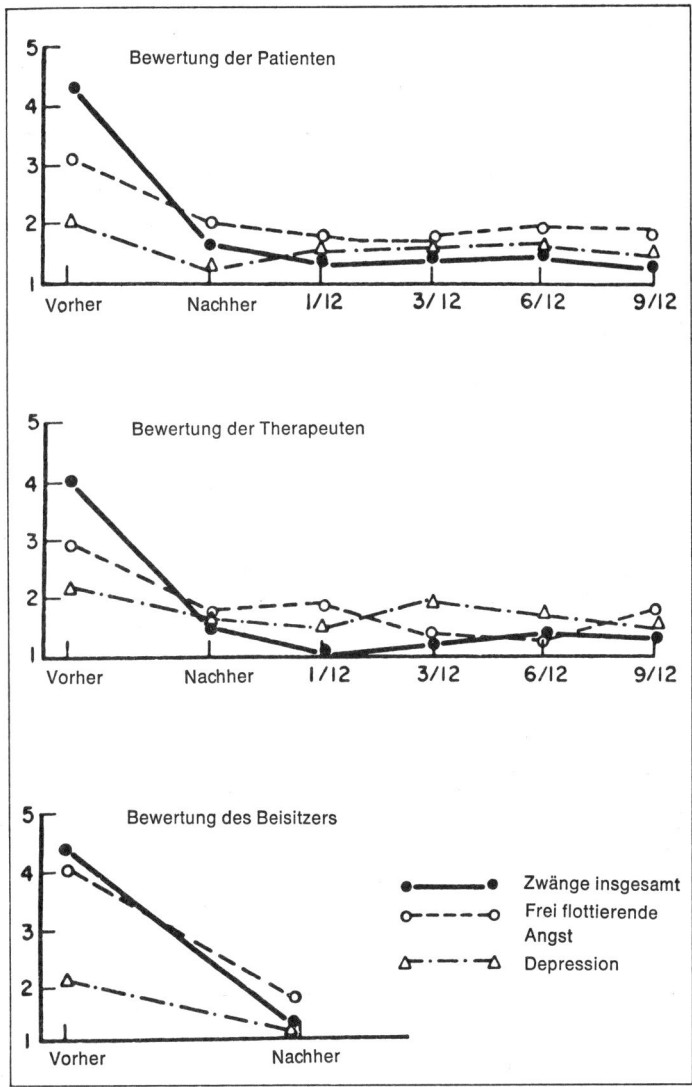

8. Wirkungen der Reizüberflutung bei drei zwanghaften Patienten. (Die Bewertungen sind die Durchschnittswerte für die drei Patienten.)

183

merkliche Besserung war das Ergebnis der Sitzung; der Mann ging in sein Büro, besuchte viele Male jene Klinik, hörte auf, sich die Hände zu waschen, und führte seither ein glückliches und geselliges Leben.

Die erste Patientin absolvierte insgesamt neun, der dritte Patient sechs Sitzungen. Die Ergebnisse sind der Abbildung 8 zu entnehmen, die die Bewertungen der Patienten, des Therapeuten und des Beisitzers zeigt. Was Zwänge, frei flottierende Angst und Depression anlangt, so ist zu erkennen, daß sich bei allen Phänomenen ein merklicher Rückgang findet, und daß dieser in der Zeit der Nachuntersuchungen anhielt. Eindeutig brachten die bemerkenswert kurzen Behandlungen eine fast völlige Remission der Symptome zuwege, über die die Patienten geklagt hatten. In diesen drei Fällen wurde kein Versuch unternommen, zusätzlich zur Reizüberflutung das Modellernen anzuwenden.

Diese Methoden der Reizüberflutung, der Reaktionsverhinderung oder der »Implosion«, wie sie abwechselnd genannt werden, scheinen von besonderem Nutzen im Zusammenhang mit zwanghaften Störungen zu sein. Dies ist besonders bedeutsam, weil sich diese Störungen allen anderen Behandlungsformen gegenüber – von physischen wie Elektroschocks und Leukotomie über medikamentöse Behandlung bis zur Psychoanalyse und zu Psychotherapien aller Art – als bemerkenswert widerspenstig erwiesen haben. Das Scheitern der Behandlung war so weit verbreitet, daß sich bestimmte Krankenhäuser tatsächlich weigerten, Patienten dieser Art aufzunehmen, weil man nur wenig oder nichts für sie tun konnte. Jetzt ist die große Mehrheit von Patienten mit derartigen Störungen in verhältnismäßig wenigen verhaltenstherapeutischen Sitzungen erfolgreich zu behandeln. Dies ist eindeutig eines der Haupterfolgsgebiete dieses Behandlungstypus.

Modellernen oder Nachahmung

Die dritte Behandlungsmethode, die in den letzten Jahren in den Vordergrund getreten ist, verdankt viel den bahnbrechenden Arbeiten Prof. Albert Banduras von der kalifornischen Stanford University. Er begann damit, daß er zeigte, wie sich das Verhalten kleiner Kinder dadurch tief beeinflussen läßt, daß man ihnen ganz kurze Filme mit Beispielen aggressiven oder kooperativen Verhaltens vorführt. Die Kinder wurden in einer Experimentalsituation beobachtet; so konnte es beispielsweise eine Gruppe geben, die zu wenig Spielzeug hatte, als daß für jedes Kind eines vorhanden gewesen wäre. Charakteristisch war, daß sich aus dieser Situation ein gewisses Niveau der Kooperativität oder Aggressivität ergab und dieses Niveau dazu tendierte, sich zu stabilisieren. Sowie die Stabilisierung eingetreten war, zeigte man den Kindern einen kurzen Film mit ähnlichen Kindern in einer ähnlichen Situation, die entweder aggressives oder kooperatives Verhalten praktizierten. Dann wurde in der Experimentalsituation das Verhalten der Zuschauer-Kinder bei mehreren aufeinanderfolgenden Gelegenheiten beobachtet, und es zeigte sich, daß die Kinder, die den aggressiven Film gesehen hatten, noch wochenlang nachher zur Aggressivität tendierten, während diejenigen, die den kooperativen Film gezeigt bekommen hatten, dazu tendierten, sich auf kooperative Weise zu verhalten, und auch dies noch Wochen später. In jedem Fall wichen die Kinder beträchtlich, entweder in aggressiver oder kooperativer Richtung, von der Ausgangslinie ab.
Gleicherweise zeigte sich, daß sich Ängste in Kindern löschen ließen, wenn sie entweder Filme mit anderen Kindern ansahen, die erfolgreich mit dem angsterzeugenden Gegenstand oder der angsterzeugenden Situation fertig wurden, oder wenn sie Kinder beobachteten, die dies in Gegenwart

der Ängstlichen realiter taten. Beispielsweise mag ein Kind eine Schlangenphobie haben; seine Ängste können sich beträchtlich mildern, wenn es einen Film sieht, in dem ein anderes Kind mit einer Schlange spielt, oder wenn es das in der Wirklichkeit unmittelbar beobachtet. Diese Methode ist jedoch nicht so einfach, wie sie klingt. Es gilt gewisse Regeln zu befolgen. Beispielsweise sollte das Vorbild (Modell) in dem Film oder die Person, die die modellhafte Handlung vollführt, dem betreffenden Kind möglichst ähnlich sein; es wäre ziemlich nutzlos, wenn ein Erwachsener die Handlung ausführte, weil das phobische Kind sehr gut weiß, daß Erwachsene Dinge tun können, zu denen es nicht imstande ist. Gleicherweise wäre es von Nachteil, die furchtlose Handlung von einem Kind vornehmen zu lassen, das von Anfang an keine Angst zeigt; das phobische Kind würde dazu einfach sagen, es wisse schon, daß bestimmte Kinder keine Angst hätten, doch die seien anders als es selber. Die besten Resultate kommen zustande, wenn die modellhafte Handlung ein Kind ausführt, das zuerst große Angst zeigt, diese aber allmählich überwindet und schließlich beim Spielen mit der Schlange zu sehen ist; das phobische Kind kann sich mit einem derartigen Modell identifizieren, und infolgedessen ist die Wirkung weit größer.

In einem charakteristischen Experiment arbeiteten Bandura und seine Kollegen mit schlangenphobischen Erwachsenen, die man dazu veranlaßte, sich einen abgestuften Film mit Modellen anzusehen, die sich auf immer bedrohlichere Interaktionen mit einer großen Schlange einließen. Die am Experiment Beteiligten gaben das Ausmaß der Angst an, das durch die Modellszenen anfänglich und bei jeder neuerlichen Vorführung derselben Szenen in ihnen ausgelöst wurde. Unabhängig davon, ob sie in Entspannung eingeübt waren oder nicht, kam es zu einer deutlich erkennbaren Abnahme der Angst vom Anfang über jede Neuvorführung bis zum Schluß. Die Auswirkungen auf das tatsächliche Verhalten Schlangen gegenüber ließen sich testen, und man fand, daß der Abbau des Vermeidungsverhaltens gegenüber Schlangen um so größer und die Verhaltensänderungen um so generalisierter waren, je gründlicher die Angstauslösung durch Betrachten der Filme stellvertretend gelöscht war. Mit anderen Worten: Das Betrachten der Filme hatte nicht nur den Effekt, die Angst vor den in den Filmen gezeigten Szenen abzubauen, dieser Effekt übertrug sich vielmehr auch auf Situationen des Alltagslebens.

Einen interessanten Fall der Anwendung von Modellernprinzipien berichteten Dr. Hodgson und Dr. Rachman. Der betreffende Patient war fünfundvierzig und seit dreißig Jahren zwanghaft langsam, peinlich genau und ritualistisch gewesen, und dies zumal beim Ankleiden, Waschen, Rasieren, Zähneputzen und Kämmen. Infolgedessen war er außerstande zu arbeiten, denn die meiste Zeit des Tags brachte er mit ritualisiertem Verhalten zu. Er stand gegen 8 Uhr vormittags auf und hatte seine Waschrituale erst am Spätnachmittag abgeschlossen. Das Zähneputzen geschah mit 192 langsamen, gewissenhaften Bürstenstrichen für jedes Auftragen der Zahnpaste und für jedes Spülen, wobei das ganze Ritual etwa eine halbe Stunde in Anspruch nahm. Das Rasieren dauerte jeden Vormittag eine Stunde, und das Baden beschäftigte den Patienten bis zu drei Stunden, mit einer halben Stunde fürs Auswaschen der Wanne vor dem Einlassen des Wassers und einer halben Stunde fürs Auswaschen der Wanne danach. Jede Handlung wurde auf langsame, gewissenhaft-genaue Weise vorgenommen, die an die Vorsicht eines Bombenentschärfers erinnerte. Während der letzten dreißig Jahre hatte der Mann Psychiater aufgesucht und drei Jahre lang eine Psychoanalyse gemacht; er hatte Psycho- und medikamentöse

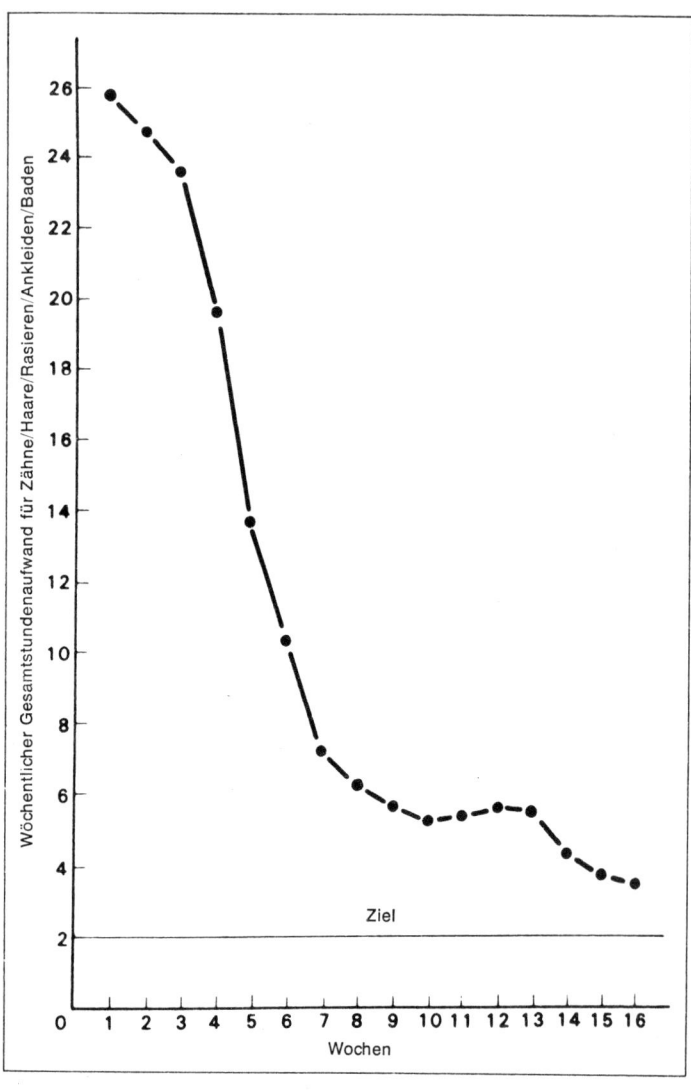

9. Reduktion des Zeitaufwands für Zwangsrituale des Patienten nach der Behandlung durch Modellernen.

188

Therapien hinter sich und schließlich mit 43 Jahren eine Leukotomie vornehmen lassen. All diese Maßnahmen hatten an seinem zwanghaften Verhalten nur wenig geändert.

In einem ersten Schritt der Behandlung wurde in Zusammenarbeit mit dem Patienten eine Zahl von Zielen festgelegt. Diese Ziele waren Dinge wie Zähneputzen in zwei Minuten, Rasieren in zehn Minuten, Anziehen in fünf Minuten und so fort. Die meisten therapeutischen Sitzungen waren darauf ausgerichtet, die täglichen Rituale des Patienten zu beschleunigen. Er hatte diese verwickelten Verhaltensweisen so lange praktiziert, daß er vergessen hatte, wie man sich normalerweise die Zähne putzt, sich wäscht, anzieht und dergleichen. Infolgedessen gehörte zum nächsten Schritt, daß der Therapeut modellhaft das erwünschte Verhalten vormachte; dabei demonstrierte er verhältnismäßig normale Verfahren des Rasierens, Zähneputzens, Ohrenauswaschens und so weiter. An dieses therapeutische Modell schloß sich jedesmal eine genaue Beobachtung dessen an, wie der Patient vorging, und er erhielt detaillierte Ratschläge, welche Teile seiner Rituale er weglassen konnte, dazu Hilfestellungen durch Ermutigung, Anregung und Ansporn. Die Behandlung nahm nur fünfzehn Stunden von der Zeit des Psychologen in Anspruch, und das Pflegepersonal wurde zur Beteiligung an der Arbeit herangezogen. Die Abbildung 9 zeigt, Woche für Woche, den sehr beträchtlichen Rückgang am Gesamtzeitaufwand für die täglichen Rituale, einschließlich zweimaligen wöchentlichen Badens; das Ziel wurde in weniger als vier Monaten beinahe, aber nicht ganz erreicht. Die Behandlung hatte zur Folge, daß der Patient eine Ganztagsbeschäftigung aufnehmen konnte, und zwei Jahre nachher ist er noch immer imstande, pünktlich zur Arbeit zu gehen.

Was die Anwendung des Modellernens für neurotische Störungen anlangt, wurden weniger Fälle publiziert als im Zusammenhang mit den Verfahren der Desensibilisierung und der Reizüberflutung. Häufiger wurde das Modellernen in Verbindung mit anderen Techniken eingesetzt, wie bereits an ein paar Fällen aufgezeigt. Auch scheint es ganz wahrscheinlich zu sein, daß das große Maß an ständiger Besserung, zu dem es bei neurotischen Störungen ohne jede psychiatrische Behandlung kommt, zum Teil auf modellhafte Übertragung zurückgeht. Der Patient, der sich vor Katzen fürchtet, sieht andere Menschen, die keine Angst vor Katzen haben, und das kann ihm in bestimmten Fällen helfen, seine Angst zu überwinden, ohne daß ein Psychiater bestimmte Behandlungsprozeduren entwickelt und überwacht hätte. Dies ist zugegebenermaßen freilich nur eine Mutmaßung; es gibt noch keine angemessenen Studien über Spontanremissionen, und man weiß noch nichts über deren Grundprinzip.

Die in diesem Kapitel angeführten Fallgeschichten werden dem Leser einige Einsicht in das vermitteln, was Verhaltenstherapeuten praktisch tun und bei welcher Art von Fällen sie durch die Anwendung dieser Techniken helfen können. Es gibt noch weit mehr Methoden, die dem Verhaltenstherapeuten zur Verfügung stehen, und das Spektrum der behandelten Fälle ist fast unabsehbar. Die hier aufgeführten sollten lediglich als Illustrationen verstanden werden; offensichtlich beweisen sie nicht, daß die Verhaltenstherapie funktioniert, und sie beweisen auch nicht, daß sie besser funktioniert als irgendein anderes Verfahren. In der klinischen Praxis weiß man sehr wohl, daß Spontanremissionen und Zufallsfaktoren plötzliche Heilungen herbeiführen können, und durch den Verweis auf Einzelfälle läßt sich keineswegs die Möglichkeit ausschließen, daß die auf Heilung abzielende angewandte Methode selber in Wirklichkeit ohne Belang ist. Auf dieses Problem werden wir später zu sprechen kommen; die Absicht in diesem Kapitel bestand lediglich darin, einige der von Verhaltenstherapeuten weithin angewandten Methoden aufzuführen und sie durch entsprechend behandelte Fälle zu veranschaulichen. Auf psychosomatische Störungen werden wir in diesem Buch nicht detailliert eingehen, und zwar nicht nur, weil man über die Beziehung zwischen ihnen und Neurosen nur wenig weiß, sondern auch deshalb, weil schon der Begriff »psychosomatische Störungen« derzeit im Fluß ist. Man nimmt an, daß sich bei derartigen Störungen emotionale Verwirrungen mit nachweisbaren Schädigungen in den Körperorganen verbinden; diese emotionalen Störungen schlagen sich, wie man meint, im Ausbruch, im Wiederauftreten oder in der Verschlimmerung der körperlichen Symptome nieder. Typische psychosomatische Störungen (es gibt keine allgemeine Übereinstimmung, einige Psychiater werfen ihr Netz weiter aus als andere) sind Asthma, Magengeschwür, Bluthochdruck, Migräne, Koronarerkrankungen, Diabetes mellitus, Nesselsucht, Menstruationsstörungen, rheumatische Arthritis; selbst Lungentuberkulose und Colitis ulcerosa wurden in die Liste aufgenommen, die keineswegs vollständig ist. (Sogar Lungenkrebs und andere physische Erkrankungen wurden in Zusammenhang mit individuellen Unterschieden im emotionalen Ausdrucksvermögen gebracht.) Es scheint, daß stark emotionale Menschen, die zur Angst neigen, auch dazu tendieren, diese psychosomatischen Störungen zu entwickeln, doch das Beweismaterial ist insgesamt dürftig, und sicher ist auch, daß bei bestimmten Menschen eine emotionale Komponente an diesen Störungen beteiligt sein mag, während sie bei anderen rein medizinische Zustände sein mögen.

Unter den von Verhaltenstherapeuten angewandten Methoden könnten zwei im Zusammenhang mit psychosomatischen Störungen erfolgversprechend sein. Ein Beispiel mag diese Methoden und ihre Wirksamkeit illustrieren. Das behandelte Symptom war »schwerer Kopfschmerz«, und die Behandlungen führten die Doktoren D. Cox, A. Freundlich und R. Meyer von der psychologischen Klinik der University of Louisville durch. Eine Patientengruppe erhielt Placebos; man sagte ihnen, es handle sich um ein bekanntes peripher wirksames, muskelentspannendes Langzeitmedikament. Eine zweite Gruppe wurde in der Technik der Muskelentspannung ausgebildet; nach acht entsprechenden Sitzungen wurde den Angehörigen dieser Gruppe gesagt, sie sollten die Technik anwenden, sowie der Kopfschmerz einsetze. Die dritte Gruppe erhielt einen Kurs in »Biofeedback«, einer Technik, die elektrische Anzeigegeräte verwendet, um das Funktionieren verschiedener Körpersysteme zu messen, in diesem Fall des muskulären Systems, und die Ergebnisse dem Patienten mitzuteilen, der dann aufgefordert wird, mit Hilfe dieses Feedback Änderungen in dem betreffenden System hervorzurufen – in diesem Fall zu entspannen. Die Ausbildung bestand darin, daß man den Betreffenden beibrachte, die Stirnmuskeln zu entspannen, die bei Kopfschmerzen gewöhnlich angespannt sind; an der Stirn angebrachte Elektroden lösten je nach der Stärke der Muskelspannung Pfeiftöne aus. Entspannung sorgte dafür, daß die Töne verschwanden. Nach drei Übungssitzungen wurden auch diese Teilnehmer am Experiment angewiesen, ihre Entspannungsfertigkeiten beim ersten Anzeichen von Kopfschmerz einzusetzen, doch weitere fünf Sitzungen waren der Praxis und dem Üben gewidmet.

Die Ergebnisse zeigt die Abbildung 10. Man sieht, daß es bei den Behandlungsgruppen, verglichen mit der Placebogruppe, zu einer merklichen Besserung in der Intensität der Kopfschmerzen kam, obwohl es auch den Angehörigen der Placebogruppe etwas besser ging – vermutlich das Ergebnis von Suggestion. Die Kopfschmerzen wurden von den Beteiligten in »Kopfschmerztagebüchern« festgehalten und in ihrer Stärke bewertet. Man sollte bedenken, daß diese Kopfschmerzen

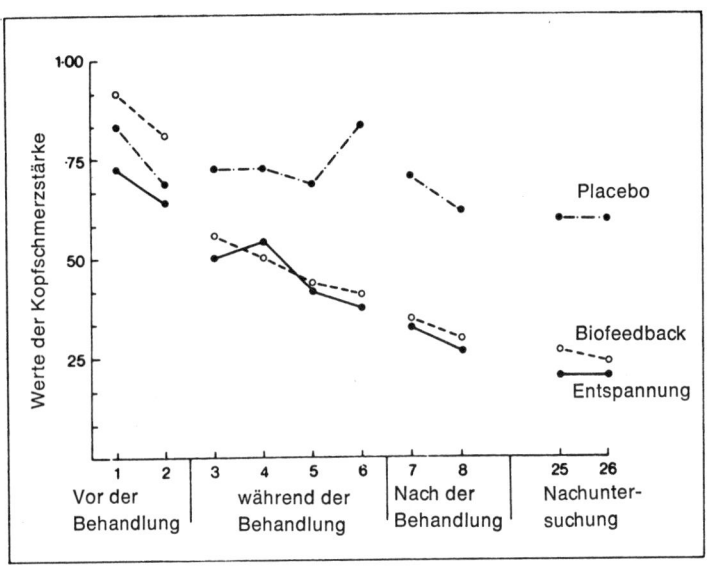

10. Auswirkungen dreier Behandlungsarten auf die Häufigkeit von Kopfschmerz.

recht entnervend sein können. Von den acht Angehörigen der Placebogruppe mußten zwei ihre aufreibenden Berufe aufgeben, ein weiterer ging zum Entspannungstraining, einer hatte die Scheidung eingereicht, ein fünfter kam ins Krankenhaus, und ein sechster ließ seine Kopfschmerzen mit chiropraktischen Massagen behandeln. All dies ereignete sich während der vier Monate zwischen dem Behandlungsabschluß und der Nachuntersuchung; in den anderen Gruppen kam es zu keinem derartigen Fehlschlag.

In diesem Fall wirkte Biofeedback nicht besser als einfache Entspannung, und zwar möglicherweise, weil wir recht gut wissen, wie gespannt unsere Muskeln sind, und uns das Feedback keine zusätzliche Information liefert. In anderen Fällen jedoch mag dies nicht so sein, und das Feedback funktioniert recht gut. Ein Beispiel dafür ist die Erleichterung der Peniserektion durch Feedback. Das Verfahren wurde bei Männern mit Sexualschwierigkeiten angewandt; man geht dabei so vor, daß man ihnen ausgesprochen erotische Filme vorführt und den Grad der Erektion mittels einer Art Dehnungsmesser feststellt. Männer können offensichtlich nicht gut die Erektionsresultate der gezeigten Filmepisoden abschätzen, und es kommt zu keiner großen Besserung. Es ist jedoch möglich, auf einer Skala den Grad der Erektion anzuzeigen, indem man den Dehnungsmesser als Umsetzer verwendet, und mit diesem Feedback kommt es augenblicklich zu einer höchst bedeutsamen Verbesserung. Wir werden das Biofeedback in diesem Buch nicht weiter erörtern, vor allem deshalb, weil sich bei vielen der Experimente, die diese Methode benutzen, gezeigt hat, daß sie nicht wiederholbar sind; in Zukunft mag sich die Methode als sehr nützlich erweisen, zumal im Zusammenhang mit bestimmten psychosomatischen Störungen, doch soweit ist es noch nicht.

Ein interessantes frühes Beispiel von Biofeedback aus Zeiten lang vor dem derzeitigen Anwendungsboom führte 1954 in unseren Laboratorien Prof. H. Gwynne Jones durch. Der Fall der Tänzerin ist von besonderem Interesse, weil das gelieferte Feedback in Wirklichkeit falsch war und eben dieser beabsichtigte Fehler zur Heilung führte. Die Patientin, eine dreiundzwanzigjährige Frau, war als externe Patientin zur Untersuchung und Behandlung ins Krankenhaus überwiesen worden; sie klagte über häufiges Urinieren, mit dem sich sekundäre Ängste und ein allgemeiner Mangel an Selbstsicherheit verbanden: Sie mußte so häufig Wasser lassen, daß dies ihre ansonsten sehr erfolgreiche Bühnentätigkeit als Tänzerin völlig unmöglich machte und die erwähnten anderen Konsequenzen nach sich zog. Es zeigte sich, daß sie etwa alle dreißig Minuten unter Schmerzen im Unterleib urinieren mußte. Es gab Anzeichen für eine Instabilität des autonomen Systems, da nämlich die Gliedmaßen der Frau zuweilen sehr kalt und zuweilen sehr warm waren und sie reichlich schwitzte. Man fand keine physische Ursache der Anomalität und diagnostizierte ein Leiden an hysterischem häufigem Urinieren – eine ziemlich wenig hilfreiche Methode. Psychotherapie und allgemeine Krankenhausbehandlung brachten keine Besserung.

Man versuchte es mit Verhaltenstherapie unter Verwendung von Biofeedback, und zwar mit einer Methode zur Konditionierung der Häufigkeit des Urinierens, wie sie als erster der russische Physiologe K. M. Bijkow entwickelt hatte. Ein Manometer (ein Instrument zur Messung des Drucks von Gas oder Flüssigkeit) wurde angefertigt, mit einer Skala von beliebigen Einheiten ausgestattet und mittels eines unauffälligen Hahns mit einer Spritze verbunden; diese erzeugte einen Gegendruck und senkte ohne Wissen der Patientin den Ausschlag auf der Skala. Mittels dieses Apparats mit geeigneten Anordnungen der Klammern und Hähne konnte man wechselnde Mengen einer sterilen Salzlösung in die Blase der Patientin einführen, in jeder Phase richtige oder zu niedrige Werte des Blasendrucks ablesen und die Blase der Patientin willkürlich entleeren, wobei die Flüssigkeitsmenge in einem Zylinder gemessen wurde. Der Manometer wurde in Blasenhöhe und unmittelbar vor der Patientin angebracht, wo sie die Skala ablesen konnte.

Bei der Patientin, so zeigte sich, trat der Drang, Wasser zu lassen, bei verhältnismäßig geringem Blasenvolumen und -druck auf; ferner hielt ihre Blasenmuskulatur einen abnorm hohen Blasendruck bei abnorm niedrigen Blasenvolumina aufrecht. Die Konditionierungsbehandlung machte sich den Umstand zunutze, daß die Patientin einen starken Drang zum Urinieren verspürte, wenn die Manometeranzeige einen Stand von 7 Einheiten (etwa 550 Millilitern Flüssigkeit entsprechend) erreichte. Indem man Flüssigkeit in die Blase einführte und den Gegendruck benutzte, um die Skalenanzeige zu senken, veranlaßte man die Patientin, immer größere Flüssigkeitsmengen zu akzeptieren, wobei sie den falschen Eindruck hatte, ihr gewöhnliches Maximum noch nicht erreicht zu haben, wenn sie es schon längst überschritten hatte. Allmählich brachte man sie durch einen geschickten Wechsel von richtigen und falschen Werten auf einen immer höheren Grad der Blasenfüllung und auch zu der Erkenntnis, daß sie diese Flüssigkeitsmengen aushalten konnte, ohne zu urinieren. An die Heilung dieses Symptoms in der unanstrengenden Atmosphäre des Krankenhauses schloß sich ein abgestuftes Reedukationsprogramm an, ehe eine wirksame Befreiung von den Symptomen in Situationen des normalen Lebens erreicht war. Die Behandlung war erfolgreich, und fünfzehn Monate nach der Entlassung der Patientin berichtete ihr Privatarzt, sie sei symptomfrei geblieben und habe kürzlich offenbar glücklich geheiratet.

Diese letzte Feststellung mag deshalb bedeutsam sein, weil die psychiatrische Fallgeschichte gewisse sexuelle Vorgänge offenbarte, die die Entstehung der hysterischen (oder psychosomatischen) Beschwerden begünstigt haben könnten. Im Alter von siebzehn Jahren hatte die Patientin Geschlechtsverkehr mit einem jungen Mann gehabt; dies hatte starke Angst in ihr ausgelöst, und der praktizierte Coitus interruptus war ihr unangenehm. Ihr häufiges Urinieren setzte zu dieser Zeit ein und bereitete ihr binnen eines Jahrs heftige Verlegenheit. Wahrscheinlich bildeten diese Ereignisse die unkonditionellen Reize, und die Heilung des häufigen Urinierens könnte die Sexualängste der Patientin so weit gemildert haben, daß sie normale Sexualbeziehungen eingehen konnte. Es ist interessant, darüber nachzudenken, welche Art von Behandlung dieser Frau von einem Psychoanalytiker zuteil geworden wäre

– mit dem wahrscheinlichen Ergebnis, daß sie ihr Symptom behalten, aber erheblich mehr über ihr unbewußtes (und wahrscheinlich imaginäres) Sexualleben und ihre unbewußten (und gleicherweise imaginären) Elektrakomplexe gewußt hätte.

Zuweilen wird behauptet, Freud habe die Existenz psychosomatischer Krankheiten »entdeckt«. Wie so viele andere Behauptungen, entbehrt auch diese der Grundlage. Schon 1843 bemerkte William Sweetser, daß »wohl wenige sich eine angemessene Vorstellung über die Anzahl körperlicher Krankheiten gebildet haben, die ihren Ursprung im Geist haben«. Ähnlich verwendete der deutsche Psychiater Heinroth 1815 den Begriff, und lange zuvor hatte Plutarch die feststehende Erkenntnis griechischer Ärzte zitiert: »Wenn der Körper den Geist auf Schadenersatz verklagt, zeigt sich, daß der Geist ein für seinen Wirt verderblicher Mieter ist.« Wie im Zusammenhang mit so vielen anderen »Entdeckungen« der Freudianer, ist man auch hier gezwungen zu sagen: Was richtig an ihnen ist, ist nicht neu, und was neu ist, ist nicht richtig. Selbst das »Unbewußte« hat natürlich eine Jahrhunderte zurückreichende Geschichte, die sämtliche möglicherweise stichhaltigen heutigen Behauptungen darüber vorwegnimmt.

5. Asoziales und antisoziales Verhalten

Die Ursachen der Kriminalität

Wir haben uns bisher ausschließlich mit dysthymischen Störungen beschäftigt, das heißt mit *konditionierten emotionalen Reaktionen, die falsch angepaßt sind* und die vornehmlich bei Introvertierten auftreten, bei Menschen mit hohem N-Wert, die genetisch prädisponiert sind, solche konditionierten Reaktionen auszubilden. Allerdings sind, wie C. G. Jung als erster herausstellte, Introvertierte nicht die einzigen, die neurotische, instabile, fehlangepaßte Reaktionen zeigen; das tun auch Extravertierte, wiewohl sich ihr Verhalten völlig von dem der Introvertierten unterscheidet. Jung gab zu verstehen, daß neurotische Introvertierte *psychasthenische* Reaktionen zeigten, Extravertierte hingegen *hysterische* Symptome entwickelten. Dies ist teilweise richtig; sicherlich tendieren Patienten mit hysterischer Persönlichkeit, das heißt theatralische, unzuverlässige und heftigen Stimmungsschwankungen unterworfene bei Persönlichkeits-Bestandsaufnahmen dazu, weit extravertierter abzuschneiden als Psychastheniker und Dysthymiker. (Der Ausdruck »Psychasthenie« ist veraltet, aber er bezieht sich so ziemlich auf dasselbe Spektrum von Symptomen wie die Bezeichnung »Dysthymie«.)
Hysterie wurde häufig zur Zeit des Ersten Weltkriegs und davor diagnostiziert und gefunden, doch heute ist sie zur Seltenheit geworden. Die typischen extravertierten Störungen sind die sogenannten »Persönlichkeitsstörungen« und Psychopathie, das heißt asoziales und antisoziales Verhalten ohne Manifestation von Schuld oder Gewissen. Psychopathie und

Persönlichkeitsstörungen stehen natürlich in engem Zusammenhang mit der Kriminalität, wiewohl es keine isomorphe Korrespondenz gibt. Die Kriminellen bilden eine sehr heterogene Gruppe, und obgleich viele von ihnen Psychopathen sind, sind es andere nicht. Auch sind nicht alle Psychopathen Kriminelle; ihr antisoziales Verhalten mag nahe daran herankommen, sie in Konflikt mit dem Gesetz zu bringen, aber es kann sein, daß sie die Grenze nie überschreiten oder daß sie Glück haben und nie gefaßt, entlarvt oder verurteilt werden. Die Ausdrücke »Persönlichkeitsstörung« und »Psychopathie« werden oft austauschbar verwendet, wenngleich die Bezeichnung »Psychopath« (oder der moderne Terminus »Soziopath«) vielleicht ein ziemlich fortgeschritteneres Stadium antisozialen Verhaltens benennt.

Viele Menschen, darunter auch Psychiater, dürften wohl davor zurückscheuen, Kriminelle als Neurotiker zu beschreiben, obwohl die meisten sich wahrscheinlich darin einig sind, Psychopathen und Verhaltensgestörte so zu klassifizieren. Die Rechtfertigung dafür stützt sich auf zwei Tatsachen. Die erste ist der enge Zusammenhang zwischen Persönlichkeitsstörung und Psychopathie einerseits und kriminellem Verhalten andererseits. Die zweite Rechtfertigung liegt in dem Umstand, daß Kriminelle, Verhaltensgestörte, Psychopathen und andere, die häufig antisoziales Verhalten praktizieren, dazu tendieren, hohe N-Werte zu haben – ebenso wie in vielen Fällen dystymische Neurotiker. Dieser Zusammenhang mit der Persönlichkeit ist sehr bedeutsam für jedermann, der versucht, die Dynamik antisozialen und kriminellen Verhaltens zu verstehen. Wie bereits erwähnt, neigen Neurotiker dazu, dem *melancholischen Quadranten* anzugehören, Kriminelle hingegen dem *cholerischen Quadranten,* das heißt, Neurotiker tendieren dazu, introvertiert zu sein und hohe N-Werte zu haben, während Kriminelle dazu tendieren, extravertiert zu sein und ebenfalls hohe N-Werte zu haben. Es gibt viel Belegmaterial, um die Stichhaltigkeit dieser Feststellung zu beweisen. Der erste Beweisgang ergibt sich aus dem Studium von Schulkindern. Tausende von Jungen sowohl aus Mittel- wie aus der Arbeiterklasse an Einheits- und höheren Schulen wurden in Persönlichkeitserhebungen getestet und auf den Grad ihres antisozialen Verhaltens hin gemessen. Dies geschah sowohl objektiv, das heißt unter Bezugnahme auf bekannt gewordene Missetaten in der Schule und außerhalb, wie auch subjektiv, indem man den Kindern eine Liste derjenigen antisozialen Handlungen vorlegte, die Kinder häufig oder zuweilen praktizieren, und sie diejenigen heraussuchen ließ, die sie sich hatten zuschulden kommen lassen. Die beiden Kriterien stehen in ausreichendem Grad in Wechselbeziehung, und beide zeigen auch recht starke Wechselbeziehungen mit Extraversion und einem hohen Maß an Neurotizismus. Mit anderen Worten: diejenigen Kinder – Jungen wie Mädchen –, die sich antisozial verhalten, tendieren dazu, dem cholerischen Quadranten anzugehören.

Ähnliche Studien wurden bei Jugendlichen vorgenommen, und auch hier findet sich eine sehr deutliche Beziehung zwischen antisozialem Verhalten – diesmal von ernsterer Natur als im Fall der Kinder – und Extraversion im Verein mit einem hohen Grad an Neurotizismus. Diese Beziehung findet sich sowohl bei Jugendlichen, die sich bereits wegen krimineller Betätigung in Haftanstalten befinden, wie auch bei solchen, die noch auf freiem Fuß sind.

Bei den Erwachsenen wurden buchstäblich Tausende von Kriminellen getestet und mit einer gleichen Anzahl nichtkrimineller Angehöriger der Bevölkerung verglichen, die ihnen im Alter, nach dem Geschlecht und dem Sozialstatus entsprechen. Das Ergebnis ist, daß in praktisch jedem Fall die Kriminellen einen weit höheren Grad an Neurotizismus aufweisen und daß sie insgesamt dazu tendieren, extravertierter zu sein. Diese Extraversion manifestiert sich allerdings eher im Bereich der Impulsivität als in dem der Soziabilität – vielleicht dank dem Umstand, daß für jemanden, der bereits jahrelang im Gefängnis sitzt, Fragen über den Besuch von Parties und das Vergnügen am Zusammentreffen mit anderen Menschen ziemlich bedeutungslos sein dürften. Wie dem auch sein mag: Die Ergebnisse von Kinder-, Jugendlichen- und Erwachsenenstudien untermauern die allgemeine Ansicht, daß antisoziales Benehmen in Zusammenhang mit extravertierter Persönlichkeit steht, zumal wenn damit ein hoher Grad an Neurotizismus verknüpft ist.

Könnte es sein, daß eben der Freiheitsentzug die Persönlichkeitszüge hervorbringt, nicht umgekehrt? Spätere Kontrollstudien bei Kindern legen nahe, daß dies nicht der Fall ist. Sir Cyril Burt ließ Lehrer die Persönlichkeit von 763 Kindern nach Extraversion und Neurotizismus bewerten; von diesen wurden 15 beziehungsweise 18 Prozent später habituelle Gesetzesbrecher oder Neurotiker. Die Kontrollstudie nach etwa dreißig Jahren enthüllte, daß von denjenigen, die habituelle Gesetzesbrecher waren, 63 Prozent als stark neurotizistisch eingestuft worden waren; 54 Prozent waren als stark extravertiert beurteilt worden, doch nur 3 Prozent als stark introvertiert. Von denen, die Neurotiker wurden, waren 59 Prozent als stark neurotizistisch eingestuft worden; 44 Prozent hatte man als stark introvertiert beurteilt, und nur 1 Prozent als stark extravertiert. Man sieht mithin, daß selbst die wahrscheinlich ziemlich unzuverlässigen Beurteilungen der Schüler durch ihre Lehrer mit überraschender Genauigkeit das spätere Erwachsenenverhalten dieser Kinder vorhersagen können. Die Übereinstimmung ist überraschend, weil Zufall und unvorhersehbare Lebensumstände eine große Rolle dabei spielen müssen, ob ein bestimmter Mensch, der für Kriminalität oder Neurose anfällig ist, in der Tat diesem Schicksal verfällt, und weil andere Persönlichkeitszüge und Fähigkeiten offensichtlich Anteil an der gesellschaftlichen Anpassung des Menschen haben. Wie dem auch sei: Die Zahlen, wie sie dastehen, sind ein ziemlich überzeugendes Argument für die Vorherbestimmtheit des späteren Verhaltens, sei es des kriminellen oder des neurotischen, durch die Persönlichkeit. Andere Kontrollstudien weisen, wiewohl weniger überzeugend, gleichfalls in diese Richtung.

Ehe wir uns der Frage zuwenden, wie sich dieser Zusammenhang zwischen Extraversion und antisozialem Verhalten erklären läßt, wollen wir das Problem der genetischen und der Umwelturursachen erörtern. Moderne Soziologen nehmen gewöhnlich an, daß Kriminalität durch Umwelturursachen erzeugt wird, unter denen Armut, soziale Ungleichheit, Entfremdung aufgrund kapitalistischer Arbeitspraktiken, schlechte Wohnverhältnisse und dergleichen eine bedeutende Rolle spielen. Es ist durchaus möglich, daß all diese vermeintlichen Ursachen eine gewisse Rolle bei der Entstehung von Delinquenz spielen, aber es bestehen eindeutig beträchtliche Schwierigkeiten, derartige Argumente als überzeugend gelten zu lassen. In erster Linie werden unter Menschen, die einem gleichen Grad von Armut, Entfremdung und so fort ausgesetzt sind, einige Kriminelle, andere hingegen nicht. Sicherlich gibt es andere gewichtige Faktoren bei der Bestimmung, ob jemand kriminell wird oder nicht. Eine weitere erhebliche Schwierigkeit liegt in dem Umstand, daß sich in den letzten rund dreißig Jahren die sozialen Verhältnisse in den sogenannten kapitalistischen Ländern drastisch verbessert und zu einem weit höheren Lebensstandard für die ärmeren Schichten unter der Bevölkerung, zu einer sehr ausgeprägten Verringerung der Ungleichheit im Wohlstand, zu einem höheren Standard der Wohnverhältnisse und dergleichen geführt haben. Nach der Theorie hätte dies ein Nachlassen der Kriminalität zur Folge haben müssen, doch genau das Gegenteil ist eingetreten: Es kam in diesem Zeitraum zu einer nie dagewesenen Zunahme des Verbrechens. Mithin sagt die Theorie eine negative Wechselbeziehung zwischen sozialem Wohlbefinden und Kriminalität voraus, während die Fakten eine entschieden positive Wechselbeziehung nahelegen. Das muß den Glauben an die Genauigkeit der Vorhersage und an die Stichhaltigkeit der Theorie insgesamt schwächen.

Ein weiterer Grund zum Zweifel an der marxistischen Theorie, die Kapitalismus und Verbrechen miteinander verknüpft, liegt in dem Sachverhalt, daß die sozialistischen Länder hinter dem Eisernen Vorhang in der Ausrottung des Verbrechens sicherlich nicht erfolgreich waren, wiewohl eine gewisse Form des Sozialismus dort über eine recht lange Zeit hinweg die Lebensnorm war. Falls sich die Persönlichkeit als ein bedeutsamer Faktor der Kriminalität erweisen sollte, dürfte man erwarten, daß Kriminelle in kommunistischen und sozialistischen Ländern die gleiche Art von Persönlichkeitsstruktur aufweisen, wie es Kriminelle in der westlichen Welt tun – verglichen mit Nicht-Kriminellen in diesen Ländern. In Ungarn und in der Tschechoslowakei wurden tatsächlich Studien durchgeführt, um diese Hypothese nach Möglichkeit zu testen, und die Ergebnisse sind sehr eindeutig; Kriminelle in kommunistischen Ländern zeigen, verglichen mit Nicht-Kriminellen in ebendiesen Ländern, dasselbe Persönlichkeitsmuster, nämlich starken Neurotizismus und hohe Extraversion, wie Kriminelle in den westlichen Ländern, verglichen mit Nicht-Kriminellen im Westen. Dies ließe sich nur schwer im Sinn einer Umwelttheorie, und besonders im Sinn einer marxistischen Interpretation antisozialen Verhaltens erklären. (In diesem Zusammenhang sollte man beachten, daß die in Ungarn und in der Tschechoslowakei getesteten Kriminellen keine politischen Gefangenen waren, sondern Kriminelle, die sich die gleichen Delikte hatten zuschulden kommen lassen, wie die in der westlichen Welt getesteten Kriminellen, so Einbruch, Raub und dergleichen.)

Die im Westen und in kommunistischen Ländern beobachtete Beziehung zwischen Persönlichkeit und antisozialem Verhalten wurde auch in Ländern der Dritten Welt festgestellt, etwa in Indien. Es scheint richtig zu sein, daß man diese Beziehung als Invariante quer durch viele verschiedene Kulturen ansehen darf, und das legt nahe, daß bei der Entstehung dieser Beziehung gewisse genetische Ursachen wirksam sind. Dies ist natürlich um so wahrscheinlicher, als, wie wir bereits sahen, sowohl Extraversion wie auch Neurotizismus in hohem Grad durch genetische Faktoren bestimmt sind. Hat diese unpopuläre Hypothese einen Wahrheitsgehalt? Es gibt zwei Beweisführungen, die anzudeuten scheinen, daß antisoziales und kriminelles Verhalten eine starke genetische Grundlage haben. Die erste Beweisquelle sind Studien über die Übereinstimmung der Kriminalität bei ein- und zweieiigen Zwillingen. Bei solchen Untersuchungen nimmt sich der Forscher eine bestimmte Gefängnispopulation vor und greift all diejenigen Häftlinge heraus, von denen bekannt ist, daß sie einen Zwilling haben; dann studiert er diesen Zwilling, um herauszufinden, ob er ein ein- oder zweieiiger ist und ob er mit dem anderen in bezug auf Kriminalität übereinstimmt, das heißt, ob dieser auch ein Delikt begangen hat. Falls Vererbung eine bedeutsame Rolle als Ursache von Kriminalität spielt, dann müßten eineiige Zwillinge häufiger miteinander übereinstimmen als zweieiige, da sie in weit höherem Grad als diese ein gemeinsames Erbgut haben. Es liegen jetzt zehn verschiedene Untersuchungen über insgesamt mehr als tausend Zwillingspaare vor, durchgeführt in vielen verschiedenen Ländern, darunter der Bundesrepublik, den skandinavischen Ländern und Amerika; bei ihnen allen hat sich ergeben, daß das Übereinstimmungsverhältnis zwischen eineiigen und zweieiigen Zwillingen höher als vier zu eins liegt. Mit anderen Worten: Wenn ein Häftling einen eineiigen Zwilling hat, hat dieser Zwilling mit mehr als viermal höherer Wahrscheinlichkeit ein Delikt begangen, als wenn es sich um einen zweieiigen Zwilling handelte. Dies ist in der Tat ein sehr erheblicher Unterschied, der stark für eine genetische Determination spricht.

Unterstützung findet diese Hypothese auch durch Adoptionsstudien. In einer in Dänemark durchgeführten derartigen Untersuchung wurden 57 psychopathische Adoptierte mit 57 nichtpsychopathischen Kontrolladoptierten verglichen, die ihnen im Geschlecht, altersmäßig, nach der sozialen Klasse und in vielen Fällen auch halbwegs in der Erziehung und in dem Lebensalter entsprachen, in dem sie in die Adoptivfamilie gekommen waren; und man legte bei der Untersuchung sorgfältig definierte Kriterien für psychopathisches Verhalten an. Dann prüfte der Forscher die Fallgeschichten der biologischen und der Adoptivverwandten sowohl der psychopathischen wie der Kontrollpersonen. Trotz der Tatsache, daß die Adoptionen in sehr frühem Lebensalter stattgefunden hatten, zeigten sich keinerlei Unterschiede zwischen den Adoptivfamilien der psychopathischen und der Kontrollgruppe; was jedoch die biologischen Familien dieser Gruppen anlangte, zeigten die Verwandten der psychopathischen Jungen ein zweieinhalbmal so hohes Vorkommen an Psychopathie und auch ein zweieinhalbmal so hohes Auftreten von schwach psychopathischem Verhalten wie die Verwandten der Kontrolljungen. Mit anderen Worten: Die psychopathischen Jungen waren ihren biologischen, nicht ihren Adoptiveltern nachgeraten.

Die andere Untersuchung fand in Iowa in den Vereinigten

Staaten statt, und hier richtete sich das Interesse nicht auf diagnostizierte Psychopathie, sondern auf das Faktenmaterial von Delikten und Freiheitsstrafen. Die Erhebungen begannen damit, daß man 41 Straftäterinnen ermittelte, die Insassinnen einer Gefängnis-Besserungsanstalt gewesen waren und ihre Babies bei der Geburt zur Adoption freigegeben hatten. Zur Zeit der Untersuchung hatten sie 52 Nachkommen im Alter zwischen fünfzehn und fünfundvierzig Jahren. Außerdem studierte man eine angemessen ausgewählte Kontrollgruppe von 52 Nachkommen nicht-krimineller Mütter; auch sie waren zur Adoption freigegeben worden. Es stellte sich heraus, daß die Nachkommen der kriminellen Mütter öfter in Strafhaft gewesen und auch weit öfter verurteilt worden waren; diese Unterschiede sind statistisch durchaus stichhaltig. Daher scheinen sich auch hier die Kinder so entwickelt zu haben, wie sich ihre biologischen Eltern, nicht so, wie sich ihre Adoptiveltern verhielten, und dies trotz des Umstands, daß die Adoptiveltern fast vom Augenblick der Geburt an die Umwelt der Kinder schufen.

All dies bestätigt lediglich die Bedeutung genetischer Faktoren; es soll nicht den Eindruck erwecken, als spielten Umweltfaktoren nicht auch eine wichtige Rolle. Alles Verhalten wird durch das Wechselverhältnis von Umwelt und Vererbung bestimmt; nur ein Narr könnte die Bedeutung des einen oder des anderen Faktors bestreiten und behaupten, alles Verhalten sei völlig durch eine Faktorengruppe allein bestimmt. So schwierig es sein mag: Der Untersuchende muß das ganze Belegmaterial prüfen und die relative Bedeutung verschiedener Elemente in ihrem Anteil an einem bestimmten – sei es neurotischen oder kriminellen – Verhaltenstypus zu bestimmen suchen.

Wir haben nun gesehen, daß genetische Faktoren an der Festlegung kriminellen Verhaltens beteiligt sind und daß dies wahrscheinlich vermittels Persönlichkeitsfaktoren geschieht. Läßt sich kriminelles Verhalten im Sinn der allgemeinen Theorie erklären, die wir im dritten Kapitel vorgetragen haben? Die Antwort auf diese Frage fällt mit einem Ja aus, doch wir können die Theorie hier nur in groben Umrissen skizzieren; was Einzelheiten angeht, so muß ich den Leser auf mein Buch *Crime and Personality* verweisen. Leider wird die folgende Darstellung dogmatisch und möglicherweise nicht überzeugend klingen; Platzmangel macht es jedoch unmöglich, mehr ins Detail zu gehen.

Wir haben bereits die beiden Hauptpunkte vermerkt, die in die jetzt darzulegende Theorie eingehen. Der erste besagt, daß sich Extravertierte weniger gut und stark konditionieren als Ambivalente, nämlich als Menschen zwischen den Extremen, während sich Introvertierte besser und rascher konditionieren als Ambivalente. Wir haben gesehen, daß die Schwierigkeiten des Introvertierten in Zusammenhang mit diesem raschen und starken Konditionieren emotionaler Reaktionen stehen; könnte es sein, daß die Schwierigkeiten des Extravertierten mit seinem Mangel an Konditionierungsfähigkeit zusammenhängen? Die Antwort dürfte wohl positiv ausfallen. Wir alle müssen die Muster sozialen Verhaltens in der Kindheit erlernen, und ganz eindeutig kann das Kind diese Muster nicht durch Vernunftgebrauch erwerben; sein Intellekt ist einfach noch nicht weit genug entwickelt, als daß ein derartiges intellektuelles Lernen stattfinden könnte. Die plausibelste alternative Erklärung ist, daß wir mittels eines lange anhaltenden Konditionierungsprozesses ein »Gewissen« erwerben, wobei die »häßlichen«, »schlechten«, »bösen« Handlungen die konditionellen Reize sind, die sich daran anschließenden Strafen und die daraus hervorgehenden Schmerz-, Furcht- und Angstempfindungen die unkonditionellen Reize beziehungsweise unkonditionierten Reaktionen. Dank einer Anzahl von

Wiederholungen solcher Koppelungen zwischen Missetat und Strafe beginnt das Kind konditionierte Reaktionen herauszubilden, die es dazu veranlassen, mit Angst auf die Vorstellung zu reagieren, weitere derartige Handlungen zu begehen. Mithin ist nach dieser Theorie *das Gewissen eine konditionierte Reaktion* oder eigentlich ein ganzer Komplex konditionierter Reaktionen. Introvertierte erwerben diese Reaktionen leicht und rasch und tendieren daher dazu, sich sozial zu verhalten; Extravertierte erwerben sie nur langsam und mühselig, und infolgedessen ist ihr »Gewissen« weniger voll entwickelt als das der Introvertierten oder auch nur der Ambivalenten. Kann der Konditionierungsprozeß ein ausreichend starkes Motiv bereitstellen, sich sozial zu verhalten? Um eine Antwort zu finden, wollen wir uns einem Tierexperiment zuwenden, das die eben skizzierten Theorien veranschaulichen wird.

Die hier kurz referierten Experimente führten ursprünglich Prof. Richard L. Solomon und einige seiner Kollegen an der Harvard University durch, später fanden sie auch in Philadelphia statt. Man verwendete sechs Monate alte Hunde. Spätere Experimente wurden auch mit kleinen Kindern veranstaltet, doch hier wollen wir uns auf die Tierversuche konzentrieren. Diese fanden in einem leeren Raum statt, in dem nur ein Stuhl in einer Ecke und davor zwei kleine Schüsseln standen. Der Experimentator saß auf dem Stuhl und hielt eine zusammengerollte Zeitung in der Hand, mit der er die Hunde auf den Rücken klopfen konnte. Jeder Hund hatte zwei Tage lang nichts zu fressen bekommen und wurde dann in den Experimentierraum gebracht. In einer der Schüsseln befand sich gekochtes Pferdefleisch, das den Hunden sehr schmeckte, in der anderen hingegen ein weniger beliebtes kommerzielles Hundefutter. Die Hunde wandten sich gewöhnlich geradewegs dem Pferdefleisch zu, doch sowie sie es berührten, bekamen sie von dem Experimentator einen Klaps. Falls ein sanfter Klaps nicht ausreichte, bekam der Hund immer weitere, bis er seine Versuche aufgab, das Pferdefleisch zu fressen. Gewöhnlich kam es zu mehreren weiteren Versuchen, bis sich die Hunde schließlich dem kommerziellen Hundefutter zuwandten, das sie fressen konnten, ohne Klapse zu bekommen. Dieses Training wurde mehrere Tage lang durchgeführt, bis die Hunde sich nachdrücklich eingeprägt hatten, daß das Pferdefleisch tabu war. Dann ging der Experimentator zu etwas über, das er die »Verführungstest«-Phase nannte. Abermals ließ man die Hunde zwei Tage lang hungern und brachte sie dann in den Experimentierraum, in dem diesmal der Experimentator nicht anwesend war. Und wieder standen eine Schüssel mit gekochtem Pferdefleisch und ein paar kleine Brocken Hundefutter zur Wahl. Die Hunde verschlangen rasch das Hundefutter und begannen dann auf die große Schüssel mit Pferdefleisch zu reagieren. Mit den Worten Solomons: »Einige Hunde umkreisten immer wieder die Schüssel. Einige liefen durch den Raum und richteten den Blick auf die Wand, nicht auf die Schüssel. Andere legten sich auf den Bauch und krochen bellend und winselnd langsam vorwärts. Es gab ein breites Spektrum an Varianten im emotionalen Verhalten der Hunde angesichts des tabuisierten Pferdefleisches. Wir maßen den Widerstand gegen die Versuchung nach der Anzahl von Sekunden oder Minuten, die vergingen, bis ein Tier das tabuisierte Futter fraß.«

Man ließ die Hunde eine halbe Stunde in dem Experimentierraum. Hatten sie in dieser Zeit das Pferdefleisch nicht gefressen, brachte man sie in ihre Käfige zurück, fütterte sie nicht und führte sie einen Tag später wieder in den Experimentierraum. Dies wurde fortgesetzt, bis die Hunde schließlich das Tabu brachen und das Pferdefleisch fraßen oder bis sie so lange gehungert hatten, daß man sie in ihren Käfigen füttern mußte, um sie am Leben zu erhalten.

Es gab ein breites Spektrum an Widerstand gegen die Verführung. Die kürzeste Zeitspanne, die ein Hund brauchte, um sein Training zu überwinden und das Pferdefleisch zu fressen, waren sechs Minuten, und die längste Zeitspanne waren sechzehn Tage ohne Fressen, nach denen man das Experiment abbrechen und den Hund in seinem eigenen Käfig füttern mußte. Dieser große Spielraum an Varianten machte es möglich, den Einfluß verschiedener Experimentalbedingungen auf die Entwicklung des »Gewissens« bei diesen Hunden zu testen. Beispielsweise zeigte sich, daß Hunde, wenn sie früher von dem Experimentator mit der Hand gefüttert worden waren, ein ausgeprägteres Gewissen entwickelten als andere Tiere, die man maschinell gefüttert hatte.

Veränderungen in der Experimentalsituation ergaben, daß die Hunde, wenn sie die Klapse sofort bei der Annäherung ans tabuisierte Futter erhielten, einen hohen Widerstand gegen die Verführung entwickelten. Übertraten solche Hunde jedoch das Tabu, ließen sie keine emotionale Unruhe, das heißt keine Schuldgefühle, im Anschluß an das Delikt erkennen. Ließ man die Hunde andererseits erst die Hälfte des Pferdefleisches fressen, ehe sie die Klapse bekamen, konnten sie noch immer Enthaltsamkeit gegenüber dem Pferdefleisch aufbauen. Im Fall dieser Tiere allerdings kam es im Anschluß an das Delikt zu weit größerer emotionaler Unruhe, und hier konnte man, wie Solomon vorschlug, von Schuldreaktionen sprechen. Die Anwesenheit des Experimentators war nicht vonnöten, um diese Reaktionen auszulösen, obwohl seine Gegenwart sie zu verstärken schien, wenn er schließlich den Raum betrat, nachdem das »Verbrechen« begangen war. »Daher sind wir davon überzeugt, daß die Bedingungen für die Entwicklung eines starken Widerstands gegen die Verführung im Gegensatz zur Fähigkeit, starke Schuldreaktionen zu erfahren, eine Funktion sowohl der Strafstärke wie des Zeitpunkts sind, an dem in der Abfolge von Annäherung und Freßreaktionen die Strafe erteilt wird.«

Solomon differenzierte seine Ergebnisse nicht im einzelnen im Hinblick auf individuelle Unterschiede und die Leichtigkeit der Konditionierung, aber er verwies auf den Umstand, daß verschiedene Hunderassen sich sehr in der Leichtigkeit unterscheiden, mit der sie ein »Gewissen« erwerben. Shetland-Schäferhunde etwa sind besonders empfindlich gegenüber Tadel, und bei ihnen lassen sich offenbar Tabus schon mit einer Konditionierungserfahrung aufbauen, worauf sie äußerst resistent gegen eine Löschung sind. Basenjis hingegen seien offenbar konstitutionelle Psychopathen, und es sei schwierig, in solchen Hunden Tabus aufrechtzuerhalten. All diese Ergebnisse stimmen mithin gut mit unserer allgemeinen Hypothese überein.

Bislang haben wir uns mit dem Persönlichkeitsfaktor der Extraversion beschäftigt; wieso ist es der Fall, daß Neurotizismus gleichfalls eine wichtige Rolle in der Genese kriminellen Verhaltens spielt? Die Antwort findet sich in einem allgemeinen Gesetz, das wir bereits früher im Zusammenhang mit der Ausbildung dysthymischer Reaktionen erwähnt haben. Man ist sich weithin einig, daß Verhalten aus Gewohnheiten resultiert, die von Trieben aktiviert werden, und daß man als Faustregel annehmen kann, die Stärke des Verhaltens sei durch die multiplikative Kombination von Trieb und Gewohnheit bestimmt. Nun sind, wie wir gesehen haben, Furcht und Angst starke Triebe, und infolgedessen wird sich jegliche Gewohnheit (eine neurotische oder eine antisoziale), die ein Mensch, ein Hund oder eine Ratte haben mag, mit dem Furcht- oder Angsttrieb multiplizieren, unter dem das betreffende Wesen steht, woraus dann das tatsächliche Verhalten hervorgeht. Nun ist die hoch neurotizistische Persönlichkeit anfälliger für die Auslösung von Furcht- oder Angstreaktionen und wird sie infolgedessen mit höherer Wahrscheinlichkeit mit den neurotischen oder antisozialen Gewohnheiten kombinieren, die sie haben mag. So wird der Extravertierte, falls er antisoziale Gewohnheiten besitzt, diese nachdrücklicher zur Geltung bringen, wenn er auch einen hohen Grad an Neurotizismus aufweist, was ihn dazu bringt, häufig starke Furcht- oder Angsttriebe zu haben. Abermals mag ein Tierexperiment eine nützliche Illustration dessen sein, was hier gemeint ist.

Bei diesem Experiment, das mit Ratten durchgeführt wurde, legte ich ein Sozialisationsgesetz für diese Tiere fest, daß sie nämlich drei Sekunden zu warten hätten, nachdem die Nahrung in ihren Futternapf geworfen war, ehe sie mit dem Fressen begannen. Dieses »Gesetz« wurde durchgesetzt, indem die Tiere einen leichten elektrischen Schlag erhielten, falls sie vor der richtigen Zeit zu fressen begannen. Es gibt drei mögliche Reaktionen, die die Tiere zeigen können, und sie praktizierten in der Tat sämtliche drei Reaktionen. An erster Stelle gibt es die *integrierte* oder normale Reaktion, das heißt, die Ratte lernt drei Sekunden zu warten und macht sich dann daran, die Nahrung im Futternapf zu fressen. Die zweite Reaktion ist die *neurotische,* das heißt, das Tier wird so aufgeregt und verängstigt, daß es sich in die Ecke setzt und gar nicht frißt, obwohl dabei überhaupt keine Gefahr besteht. Die dritte Reaktion ist die *psychopathische* oder kriminelle, das heißt, die Ratte macht sich daran, die Nahrung zu fressen, sowie sie in den Futternapf fällt, obwohl sie jedesmal dafür bestraft wird. Man darf annehmen, daß bestimmte Tiere genetisch mit einer introvertierteren oder dysthymischeren Persönlichkeit ausgestattet sind und andere mit einer extravertierteren oder kriminelleren. Nun kommen wir zum entscheidenden Teil des Experiments.

Wir hatten über viele Jahre hinweg emotionale und nicht-emotionale Ratten gezüchtet, bis wir zwei genetisch recht unterschiedliche Zuchtreihen hatten. Aus der allgemeinen Theorie wurde die Schlußfolgerung gezogen, daß neurotische und psychopathische Reaktionen auf die Situation vornehmlich bei den emotionalen Ratten erfolgen mußten. Diese Vorhersage geschah aufgrund der Hypothese, daß der hohe Grad an Emotionalität in der emotionalen Zuchtreihe die neurotischen oder psychopathischen Tendenzen oder Gewohnheiten bei diesen Tieren multiplizierte und dann zu den entsprechenden Verhaltensmustern führte. Und dies stellte sich in der Tat heraus: neurotische und psychopathische Reaktionen fanden sich fast ausschließlich unter den emotionalen Ratten. Es ist natürlich stets gefährlich, vom Verhalten von Ratten auf das von Menschen zu schließen, doch diese Experimente können die Art und Weise veranschaulichen, wie die allgemeine Theorie vermutlich im Fall von Menschen Geltung hat, auch wenn man das Rattenexperiment nicht notwendig als Beweis für die Stichhaltigkeit der Theorie akzeptieren kann.

Wir haben uns bisher mit antisozialen Verhaltensweisen beschäftigt. Es gibt aber auch Formen, die asozial sind, das heißt solche, die nicht kriminell oder unmittelbar schädlich für die Angehörigen der Population sind, die aber dennoch den Sitten der betreffenden Gesellschaft zuwiderlaufen und deshalb von vielen Menschen als unerwünscht angesehen werden. Homosexualität, Fetischismus und andere sexuelle Abweichungen gehören zu den bekanntesten dieser Verhaltensformen; gleicherweise Alkoholismus, Drogengenuß (soweit er nicht eine wirkliche Straftat ist) und dergleichen. Diese Verhaltensweisen können ebenso wie antisoziale dem Psychiater unterkommen, und es erhebt sich die Frage, ob die Verhaltenstherapie in diesem Zusammenhang irgendwelche Vorschläge zu machen hat.

Der Fall scheint hier gerade umgekehrt zu liegen wie bei typischen dysthymischen Störungen. Wo der Dysthymiker eine Anzahl konditionierter Reaktionen aufweist, die fehlangepaßt sind und die er löschen möchte, hat es der kriminelle, der Psychopath oder der an einer Persönlichkeitsstörung Leidende *versäumt*, konditionierte Reaktionen auszubilden, die es ihm gestatteten, sich auf gesellschaftlich gebilligte Weise zu verhalten. In diesem Fall wäre eindeutig eine Dosis an Konditionierung vonnöten, die ihm das nachlieferte, was zu erwerben er bisher versäumt hat. Dies ist das allgemeine Prinzip der Verhaltenstherapie für den erwähnten Typus von Fällen; offensichtlich ergeben sich zahlreiche ethische und andere Probleme im Zusammenhang mit Kriminalität, Psychopathie, Homosexualität und so fort, die sich im Fall der dysthymischen Störungen nicht einstellen. Einmal ist der Dysthymiker selber derjenige, der an seinen neurotischen Störungen leidet, und er selber sucht beim Psychiater Hilfe. Im Fall des Kriminellen oder des Psychopathen jedoch leidet häufig die Gesellschaft, also eine Gruppe anderer Menschen: Sie beschwert sich über das Verhalten des Kriminellen oder des Psychopathen. Er selber hingegen ist oft ganz zufrieden mit seinem Leben und seinem Verhalten, und seine einzige Beschwerde geht dahin, daß er durch das Ausleben seiner Wünsche und Triebe in Konflikt mit der Gesellschaft und ins Gefängnis kommen oder anderweitig bestraft werden kann. Gäbe es die Strafen nicht, wäre er ganz glücklich und zufrieden. Dies ist natürlich nicht immer richtig. Homosexuelle möchten oft anders sein und kommen aus eigenem Antrieb zum Psychiater; und das tun auch Fetischisten, Alkoholiker und andere. Selbst Kriminelle klagen oft darüber, daß »etwas in ihnen«

sei, das sie zum Begehen von Delikten veranlaßt, und darüber, daß sie liebend gern dieses »Etwas« loswären, habe ich viele Briefe von Strafgefangenen. Nichtsdestoweniger geht in der Mehrzahl der Fälle der Druck von der Gesellschaft auf diese Menschen aus, ihr Verhalten zu ändern; dann erhebt sich die Frage, in welchem Maß der Psychiater mit der Gesellschaft kooperieren soll, um deren Willen jenen Menschen aufzuzwingen. Diese und andere ethische Fragen werden kurz am Ende dieses Buchs erörtert; hier sei nur eben die Existenz des Problems angedeutet.

Aversionstherapie

Diese antisozialen und psychopathischen Störungen stellen auf bedeutsame Weise das Gegenteil zu dysthymischen Störungen dar und erfordern einen gegenteiligen Therapietypus. Was soll diese Feststellung besagen? Im wesentlichen haben wir es bei dysthymischen Störungen mit überflüssigen und fehlangepaßten Emotionen zu tun, die es zu löschen gilt; nun befassen wir uns mit emotionalen Reaktionen, die nie konditioniert wurden. Infolgedessen ist in diesen Fällen die Herausbildung konditionierter Reaktionen vonnöten. Im Fall antisozialen Verhaltens besteht das, was wir zu tun haben, in der Verknüpfung unangenehmer, schmerzlicher und furcht- oder angsterzeugender Reaktionen mit der jeweiligen Betätigungsart, das heißt mit Alkoholismus, Homosexualität, Fetischismus, Drogenkonsum oder was immer. Dies ist das der Aversionstherapie zugrunde liegende Prinzip, und zur Veranschaulichung mag der erste berichtete Fall von Aversionstherapie dienen. Es handelt sich um eine Geschichte des Plutarch über den Demosthenes, der an einem Schultertick litt, nämlich an einer Tendenz zum krampfhaften Zucken mit der Schulter.

Um diesen Tick zu heilen, hängte er sich ein sehr scharfes Schwert über die Schulter, so daß beim Auftreten des Ticks die Schulter gegen die Schwertspitze zuckte, die in die Haut eindrang und einen schmerzhaften unkonditionellen Reiz hervorrief. Indem er so das Schulterzucken mit dem unangenehmen Stich in die Haut koppelte, heilte sich Demosthenes von seinem Schultertick.

Man könnte einwenden, sämtliche Methoden der Bestrafung wie Haft, Schläge oder auch einfache Geldbußen wendeten dasselbe Prinzip an. Das begangene Delikt werde dadurch bestraft, daß man dem Missetäter unangenehme Konsequenzen auferlegte, in der Hoffnung, das werde ihn von weiteren Missetaten abhalten und so wirken, daß es künftig, wenn der Betreffende ein weiteres Delikt vorhabe, zu Furcht- oder Angstreaktionen komme. Auf dieses Argument gibt es mehrere Antworten, wobei die wichtigste besagt, daß die Konditionierung, wie wir bereits festgestellt haben, sehr von bestimmten Experimentalparametern wie der genauen Zeitplanung abhängt. Eine Konditionierung findet nur statt, wenn der unkonditionelle Reiz ziemlich kurz nach dem konditionellen Reiz zugefügt wird. In einer typischen Laborsituation sollte der Abstand nicht länger als etwa eine Sekunde sein; in Fällen konditioneller Reize, die die Eigenschaft der »Bereitschaft« aufweisen, mag diese Zeitspanne etwas, aber nicht sehr viel länger sein. Sicherlich ist die Zeit, die zwischen der Ausführung eines Delikts, der Ergreifung des Täters, der Urteilsverkündung und dem Strafantritt verstreicht, viel zu lang, als daß eine normale Art von Konditionierung stattfinden könnte. In gewissem schwachem Grad mag eine Konditionierung durch das zweite Signalsystem, das heißt, durch das bewußte Denken, vermittelt werden, doch diese ist viel schwächer als eine eigentliche Konditionierung und spielt im Sozialisationsprozeß wahrscheinlich keine sehr bedeutsame Rolle. Das

Beweismaterial dafür, daß das gewöhnliche Strafverfahren keine großen Wirkungen auf Kriminelle zeitigt, ist eindeutig ziemlich gewichtig; die kriminologische Literatur ist voll von Material über Rückfälle, die diese Feststellung bestätigen. Wir können die Art und Weise, wie die Aversionstherapie funktioniert, durch einen Blick auf den Alkoholismus veranschaulichen. In der Regel wird der Alkoholiker in einem Raum untergebracht, der eine Flasche seines Lieblingsgetränks enthält. Er bekommt eine Droge wie Apomorphin, die bewirkt, daß einem übel wird, bis man sich schließlich übergibt. Der Psychologe beobachtet die Körperreaktionen des Patienten, und unmittelbar bevor diesen die Übelkeit befällt, wird er aufgefordert, ein Glas Wein, Schnaps oder was immer er gewählt hat, zu trinken. Das Getränk ist der konditionelle Reiz; das Unwohlsein und das daraus resultierende Übergeben sind die unkonditionierten Reaktionen, mit denen der Experimentator den konditionellen Reiz verknüpfen möchte, so daß künftig der Anblick und die Wahrnehmung des Getränks die gleichen Wirkungen hervorrufen, nämlich Übelkeitsgefühle und Ekel. Dieses Experiment wird so lange wiederholt, bis schließlich die erwünschte Wirkung erzielt ist und der Patient beim Anblick alkoholischer Getränke Ekel empfindet.

Dies ist, sehr stark vereinfacht, eine Darstellung dessen, was Psychologen und Psychiater seit vielen Jahren zu tun versuchen. Funktioniert es auch? Dies ist offenbar eine einfache Frage, aber es gibt keine einfache Antwort darauf. In erster Linie ist das Ergebnis von vielen Details des experimentellen Verfahrens abhängig, so etwa von der präzisen Zeitplanung, der Menge des verabreichten Apomorphins, der Anzahl der Konditionierungssitzungen, der Persönlichkeit des betreffenden Patienten und vielen anderen derartigen Faktoren, die es schwierig machen, irgendeine Verallgemeinerung vorzunehmen. Vielleicht wäre es nicht allzu ungenau festzustellen, daß a) die meisten Menschen tatsächlich konditionierte Reaktionen der erwünschten Art entwickeln; daß b) viele Menschen diese Reaktionen aus dem Laboratorium auf die Welt draußen generalisieren; und daß c) ein verhältnismäßig kleiner Anteil der Betreffenden auf diese Weise dauerhaft geheilt wird. Leider ist auch richtig, daß d) viele offenbar Geheilte nach einer gewissen Zeit rückfällig werden; ihnen kann eine Wiederholung des Prozesses helfen. Unter diesen Umständen berichtet die umfangreichste und am besten kontrollierte Studienserie, daß ungefähr 50 Prozent der Alkoholiker auf diese Art dauerhaft geheilt werden können. Dies ist vielleicht nicht eine so hohe Zahl, wie man sie gern erwartet hätte, aber man weiß sehr gut, daß alle Methoden der Alkoholismusbehandlung rückfallbedroht sind und sich nur auf eine sehr geringe Zahl dauerhafter Erfolge berufen können. Warum ist dies der Fall?

Es gibt viele einleuchtende Gründe dafür. In erster Linie ist die Behandlung von Alkoholismus ziemlich unangenehm, und zwar für den Patienten wie auch für den Arzt und das Pflegepersonal; niemand mag es, wenn ihm übel wird und er sich übergibt, und niemand mag gern die anschließende Reinigung vornehmen. Dies bedeutet, daß gewöhnlich nur eine minimale Anzahl von Koppelungen zwischen Apomorphin und Getränk vorgenommen wird, so daß der Grad der erzielten Konditionierung verhältnismäßig niedrig bleibt. Könnte man die Zahl der Koppelungen verdoppeln oder verdreifachen, wären die Wirkungen wahrscheinlich nachhaltiger. Die nächste Schwierigkeit ist, daß es inhuman und möglicherweise medizinisch gefährlich wäre, die unkonditionierte Reaktion zu stark ausfallen zu lassen; dennoch aber hängt die Wirksamkeit des Konditionierungsverfahrens in gewissem Maß von der Stärke des unkonditionellen Reizes ab. Dies ist eine ethische und soziale Schwierigkeit, die sämtliche Aspekte der Aversionstherapie betrifft.

Eine dritte Schwierigkeit ist der evidente Umstand, daß sämtliche konditionierten Reaktionen der Löschung unterliegen. Unausweichlich kommen dem Patienten Kneipen, Getränke und andere Reize vor Augen, die nur eine schwache konditionierte Form des Ekels hervorrufen, und in vielen Fällen wird infolgedessen eine Löschung stattfinden. Vermutlich entdeckt man in gewissen Fällen auch eine Inkubation, wie sie im vorigen Kapitel beschrieben wurde, und dies mag für die Zahl der erfolgreichen Behandlungen verantwortlich sein. Nichtsdestoweniger läßt sich bei der Mehrzahl der Fälle vorhersagen, daß es zur Löschung kommen wird; mithin werden unsere theoretischen Erwartungen von der Wirklichkeit bestätigt. Doch es gibt noch eine zusätzliche Schwierigkeit, die vermutlich viel bedeutsamer ist als die bisher erwähnten.

Gewöhnlich hat jemand gute Gründe, um mit dem Trinken zu beginnen und ein Alkoholiker zu werden. Alkohol ist kein Aphrodisiakum, sondern ein Tranquilizer; experimentell wurde nachgewiesen, daß er Angst verringert und sie erträglicher macht. Jemand mag zum Alkoholiker werden, weil er »seinen Kummer im Alkohol ertränken« möchte; heilt man ihn nun von seiner Alkoholsucht, bleibt ihm noch immer sein Kummer und daher eine starke Motivation, abermals im Trinken Trost zu suchen. Ferner hat ein Alkoholiker sein ganzes Leben derart umgeformt, daß er in seinen gesellschaftlichen Beziehungen und auf viele andere Weisen von Freunden abhängig ist, die mit ihm trinken. Nimmt man ihm den Alkohol, verliert er nicht nur sein Getränk, sondern auch die Kameradschaft und die Freundschaft dieser Menschen, und man hat ihm nichts als Ersatz dafür zu bieten. Mit anderen Worten: Obwohl die Operation geglückt ist, geht es dem Patienten keineswegs gut. Man hat ihm recht erfolgreich das Verlangen nach Alkohol genommen, aber man hat nichts getan, um die Ursachen des Verlangens zu beseitigen, und ihn mit einem großen Loch in seinem Leben zurückgelassen, das zu füllen man nichts unternommen hat.

Man muß eindeutig einen Unterschied machen zwischen dem Ziel des Experiments, das darauf hinausläuft, eine konditionierte Abneigungsreaktion gegenüber Alkohol hervorzurufen – ein Ziel, das mit Erfolg erreicht ist –, und dem allgemeinen psychiatrischen Ziel, einen Menschen geistig-seelisch gesund und unabhängig von Alkohol zu machen. Dies erfordert weit mehr als eine bloße Aversionstherapie; es erfordert eindeutig eine Aufhebung der Furcht, der Ängste und der depressiven Gefühle, die den Betreffenden ursprünglich veranlaßten, beim Alkohol Zuflucht zu suchen, was sich durch eine der bereits erörterten Methoden der Verhaltenstherapie erreichen lassen könnte. Ferner erforderlich ist die Schaffung einer neuen Lebensweise, die das durch die Abkehr von den Trinkkumpanen entstandene Loch ausfüllt. Mithin ist das allgemeine psychiatrische Ziel viel umfassender als das des ziemlich engen psychologischen Experiments und häufig schwieriger zu erreichen. Was für den Alkohol gilt, trifft auch für die anderen Störungsarten zu, auf die wir gleichfalls eingehen werden. Gewöhnlich läßt sich das enge psychologische Experiment erfolgreich und mit vorhersagbaren Konsequenzen durchführen; Schwierigkeiten kann die allgemeine psychiatrische Behandlung des Falls bereiten, weil das psychologische Experiment selber nicht die Lebensbedingungen ändert, die den einzelnen in die Sackgasse geführt haben, aus der wir ihn zu retten suchen. Dies kann geschehen, und Einrichtungen wie etwa die Anonymen Alkoholiker haben deutlich die Notwendigkeit der gesellschaftlichen Integration und Hilfestellung erkannt, ebenso einzelne Psychiater, die ihre Fälle weiterverfolgen und ihnen psychiatrische Hilfe und Behandlung zusätzlich zur einfachen Aversionstherapie zuteil werden lassen. Wichtig allerdings ist zu erkennen, daß die Aversionstherapie, wiewohl sie nur ein erster Schritt ist, einen wesentlichen ersten Schritt darstellt, da wir ohne sie keine Behandlung von Alkoholismus und ähnlichen Störungen angemessen beginnen können.

Homosexualität wird oft auf ziemlich ähnliche Weise aversionstherapeutisch behandelt, obwohl Apomorphin und Ekel häufig durch einen Elektroschock ersetzt werden. Die angewandte Methode ist recht naheliegend. Dem Patienten werden Bilder nackter Männer vorgeführt; kurz darauf wird ein Elektroschock ausgelöst, dessen Stärke so lange zunimmt, bis der Patient einen Knopf drückt, wodurch Bild und Schock gleichzeitig verschwinden. Dies wird oftmals wiederholt, um das Bild nackter Männer samt den damit einhergehenden sexuellen Gedanken mit Schmerz, Furcht und Unbehagen zu assoziieren, statt mit lustvollen Empfindungen. Dieses Paradigma läßt sich natürlich auf viele verschiedene Weisen verkomplizieren, doch im wesentlichen ist es das Ziel des Experiments, und sehr häufig gelingt es, dieses Ziel zu erreichen. Läßt sich Homosexualität auf diese Weise »heilen«? (Der Ausdruck »heilen« ist in Anführungsstriche gesetzt, weil es natürlich falsch wäre, Homosexualität als Krankheit einzustufen. Homosexualität ist in dem Sinn etwas völlig Natürliches, als sie in der Natur vorkommt, bei Tieren ebenso wie beim Menschen, und während sie in unserer Gesellschaft mißbilligt wird oder sicherlich bis vor kurzem gewöhnlich mißbilligt wurde, wird sie in anderen Gesellschaften, so etwa bei den alten Griechen, gebilligt. Der Ausdruck »heilen« wird hier verwendet, weil derjenige, der zur Behandlung kommt, die Homosexualität als eine unerwünschte Verhaltensweise ansieht, die er loswerden möchte; in diesem Sinn erinnert sie an die Ängste, Befürchtungen und Depressionen des Dysthymikers, und der Ausdruck »heilen« mag angemessen sein.)

Die Antwort ähnelt ziemlich derjenigen im Zusammenhang mit dem Alkoholismus. Auch hier wird ein gewisser Anteil von Homosexuellen in einer Serie von Konditionierungserfahrungen »geheilt«. Viele Patienten verspüren die Wirkung des Verfahrens, fallen aber zuletzt völlig in ihre alte Verhaltensweise zurück. Die Homosexualität ist wie der Alkoholismus recht komplex, und es gibt bei der Behandlung Hinweise auf gesellschaftliche Verhältnisse, die in Rechnung zu stellen sind. Der Homosexuelle mag in der Tat Angst vor Frauen und kein besonderes Geschick haben, Frauen kennenzulernen und mit ihnen zu schlafen; mithin bleibt er trotz der Behandlung außerstande, diejenigen Arten sozialer Beziehungen herzustellen, die zu einem heterosexuellen Verhalten gehören. Sein ganzes Leben hat sich aus Freundschaften mit Homosexuellen aufgebaut, er lebte in einer homosexuellen Umwelt, in entsprechenden Klubs und dergleichen, und wenn ihm dies jetzt alles genommen wird, klafft auch bei ihm eine Lücke im sozialen Leben. Für viele Homosexuelle gibt es einfach kein positives sexuelles Empfinden Frauen gegenüber; auch dies macht ihnen das Leben nach der »Heilung« unerträglich schwer. Psychologen haben diese Schwierigkeiten zu überwinden versucht. Eine Möglichkeit, die Haltung des Homosexuellen zu ändern, der Frauen fürchtet, besteht natürlich darin, ihn mit einem Desensibilisierungsverfahren zu behandeln; dies hat sich als sehr wirksam erwiesen, und es bewirkt allein schon zuweilen eine »Heilung«. Um eine positive Reaktion auf Frauen hervorzurufen, führt man zuweilen in dem Augenblick, da der Patient einen Knopf drückt, um den Schock und die Vorführung von Bildern nackter Männer abzubrechen, Bilder bekleideter wie nackter Frauen vor. Auf diese Weise assoziiert sich das Frauenbild mit der Befreiung von Schmerz und folglich mit positiven Empfindungen. So primitiv diese Methode auch ist, so scheint sie doch in vielen Fällen recht gut zu funktionieren.

Doch in erster Linie hat der Therapeut oftmals den Patienten in gewisse soziale Fertigkeiten einzuüben, darunter in die Fähigkeit, mit Frauen zusammenzukommen, mit ihnen zu sprechen und sie sogar zu verführen. Dies mag nach einer sehr merkwürdigen Beschäftigung für einen Arzt oder einen Psychologen aussehen, doch ohne ein gewisses Maß an derartigem Training ist ein Rückfall sehr wahrscheinlich, möglicherweise sogar unvermeidlich. Es ist evident, daß sich aus all dem ethische Fragen ergeben, die recht unüblich sind und auf die einzugehen nur wenige Ärzte oder Psychologen ausgebildet sind. Können wir uns nichtsdestoweniger guten Gewissens sperren, einem Homosexuellen zu helfen, der um eine Behandlung bittet, weil er aus diesem oder jenem Grund äußerst unzufrieden mit seiner Lebensweise ist und sie ändern möchte? Wir werden später auf dieses Problem zurückkommen.

Die Behandlung von Transvestiten ähnelt ziemlich derjenigen von Homosexuellen. Der Transvestit wird im Experimentallabor aufgefordert, die Stücke weiblicher Kleidung anzuziehen, die er gewöhnlich liebt; nach dem Anlegen jedes Stücks werden Elektroschocks erteilt, und umgekehrt wird der Schock eingestellt, sowie der Patient ein weibliches Kleidungsstück ablegt. Was den Erfolg anlangt, so gleicht die Behandlung des Transvestitismus in vielerlei Hinsicht derjenigen des Alkoholismus oder der Homosexualität; neue oder andere Probleme stellen sich nicht.

Als Fallgeschichte zur Illustration der Anwendung der Aversionstherapie wähle ich einen Fall von Fetischismus, den ursprünglich Dr. M. J. Raymond vom Londoner St. George's Hospital publizierte. Der Patient war ein dreiunddreißigjähriger Mann, für den man eine Leukotomie in Betracht zog, nachdem er einen Kinderwagen attackiert hatte. Dies war der zwölfte der Polizei bekanntgewordene derartige Angriff, und aufgrund der vorherigen Zwischenfälle nahm die Polizei ihn sehr ernst. Vorher hatte er bereits ein paarmal Frauen verfolgt und deren Kinderwagen mit Öl beschmiert. Der Patient sagte, er verspüre seit etwa seinem zehnten Lebensjahr den Drang, Kinderwagen und Handtaschen zu beschädigen, und obwohl die Polizei nur von zwölf Angriffen auf Kinderwagen wisse, sei die Zahl dieser Vorfälle Legion. Zuweilen habe er an einem Tag mehrere Angriffe ausgeführt, doch seiner Schätzung nach waren es ziemlich konsequent durchschnittlich zwei oder drei Angriffe wöchentlich. Was die Handtaschen anlagte, befriedigte es ihn gewöhnlich, wenn er sie mit dem Daumennagel ankratzen konnte, und da dies unauffällig möglich war, hatten ihn Handtaschen nur einmal in Schwierigkeiten mit der Polizei gebracht.

Erfolglos war er viele Stunden psychoanalytisch behandelt worden. Er führte sein abnormes Verhalten auf zwei Vorfälle in seiner Kindheit zurück. Bei einer Gelegenheit hatte man ihn in einen Park mitgenommen, wo er sein Spielzeugboot fahren lassen sollte, und der Zornausbruch einer Frau, als er mit dem Kiel des Boots einen vorbeifahrenden Kinderwagen streifte, hatte ihn sehr beeindruckt. Der zweite Vorfall bestand darin, daß er sich angesichts der Handtasche seiner Schwester sexuell erregte. Die Psychoanalytiker hatten ihn angeleitet, die Bedeutung dieser Ereignisse zu erkennen und sie zu verstehen; Kinderwagen und Handtaschen waren für ihn »symbolische Sexualbehälter«, doch die Attacken gingen weiter. Er hatte seit seinem zehnten Lebensjahr unter Kinderwagen- und Handtaschenphantasien masturbiert, und Geschlechtsverkehr war ihm später nur mit Hilfe solcher Phantasien möglich.

Der Therapeut erklärte dem Patienten, das Ziel der Behandlung sei es, seine Einstellung gegenüber Kinderwagen und Handtaschen dadurch zu ändern, daß man ihn dazu bringe, sie mit einer unangenehmen statt mit einer lustvollen sexuellen Empfindung zu assoziieren. Der Patient stand der Behandlung sehr skeptisch gegenüber, willigte aber ein mitzumachen. Der Therapeut verschaffte sich eine Sammlung von Handtaschen, Kinderwagen in Farbdarstellungen und führte diese Dinge dem Patienten vor, nachdem dieser eine Apomorphininjektion erhalten hatte und der Ausbruch von Übelkeit unmittelbar bevorstand. Die Behandlung dauerte mit Unterbrechungen ungefähr drei Wochen, und der Patient stellte fest, daß er mit seiner Frau ohne das Aufgebot der alten Phantasien Geschlechtsverkehr haben konnte; auch hatte er völlig das Verlangen verloren, sich an Handtaschen und Kinderwagen zu schaffen zu machen. Eine Reihe von Wiederholungssitzungen fand sechs Monate später statt, obwohl es nicht den Anschein hatte, als könne es zu einem Rückfall kommen, und neunzehn Monate nach der ersten Aversionstherapie erwies sich, daß es dem ehemaligen Patienten noch immer gut ging. Er hatte keine Schwierigkeiten mehr mit der Polizei gehabt, war auf einen verantwortungsvollen Posten versetzt worden, und es ging ihm auch auf vielerlei andere Weise besser. Die Behandlung hatte keine unerwünschten Nachwirkungen gezeigt.

Der zweite Fall mag die Anwendung der Aversionstherapie auf einen Fall von Fettleibigkeit veranschaulichen. Die Patientin war eine Sechsundzwanzigjährige, die bei der Einlieferung 94 Kilo wog; seit etwa sechs Jahren hatte sie regelmäßig Amphetamin genommen, angeblich, um damit ihr Gewicht zu verringern. Anfangs wurde sie mit Amphetaminentzug und psychotherapeutisch behandelt. Eine stark ausgeprägte therapeutische Beziehung schlug recht gut an, und das Gewicht der Patientin fiel auf 76 Kilo. Doch als der Therapeut das Krankenhaus verließ und man eine soziale Rehabilitation anstrebte, kam es augenblicklich zum Rückfall. Die Patientin kehrte zur Einnahme von Amphetamin und zum übermäßigen Essen zurück, bis ihr Gewicht auf 102 Kilo anstieg. Ihr bewußtes Bedürfnis war weiterhin, Gewicht zu verlieren und schlank und attraktiv zu sein. Die Therapeuten, Dr. V. Meyer und Dr. A. H. Crips, waren sich einig, daß sich ihre allgemeinen zwischenmenschlichen Verhältnisse bessern konnten, falls sich jenes Ziel erreichen ließ; andernfalls hielt man sie für praktisch unbehandelbar, es sei denn durch Zwangsentzug.

Die Behandlung bestand darin, daß man die Patientin auf eine Grunddiät von tausend Kalorien setzte und sie in einen Isolierraum mit einer Ein-Weg-Scheibe setzte. An die Wand hängte man ihr die Gewichtstabelle zusammen mit der Fotografie einer fettleibigen Person im Bereich des oberen Gewichtsniveaus und der einer schlanken Person im Bereich des therapeutisch erwünschten Gewichtsniveaus (etwa 63 Kilo). Außerhalb des Raums installierte man einen Transformator, der elektrische Schläge verschiedener Stromstärke erteilen konnte. Am linken Arm der Patientin waren zwei Elektroden angebracht. Das spezifische Behandlungsverfahren sah folgendermaßen aus: Die »Lockspeise«, das heißt eine Nahrung, nach der die Patientin das meiste Verlangen hatte, wurde für immer längere Zeitspannen in dem Raum aufgestellt. Jede Annäherung der Patientin an diese Nahrung wurde durch einen Schlag bestraft, um ein Essen zu verhindern, wobei der Schlag so stark war, daß er für die Patientin unangenehm war. Hingegen erhielt sie nie einen Schlag, wenn sie ihre vorgeschriebene Diät aß.

Diese Behandlung dauerte etwa sechs Wochen. Während der ersten Behandlungssitzung erhielt die Patientin fünf Schläge; in den ungefähr dreißig anschließenden Sitzungen versuchte sie häufig überhaupt keine Annäherung an die »Lockspeise«; in den fünf Fällen, da sie es tat, erhielt sie augenblicklich weitere Schläge, die stets eingestellt wurden, wenn das Annäherungsverhalten aufhörte. Von dem Zeitpunkt an, als sie kein Annäherungsverhalten in Richtung auf die »Lockspeise« mehr zeigte, reduzierte man die Möglichkeit, augenblicklich elektrische Schläge zu erteilen, Schritt für Schritt: erst durch die Entfernung der Verbindungsstecker, dann durch die Abnahme der Elektroden vom Arm der Patientin und schließlich durch die Entfernung der ganzen elektrischen Vorrichtungen aus dem Raum. Auch sagte man der Patientin, sie werde in Gegenwart der »Lockspeise« nicht mehr ständig beobachtet. Schließlich gewährte man ihr immer größere soziale und Ernährungsfreiheit unter Teilbeobachtung. Ihr Gewicht wurde täglich aufgezeichnet.

Während der sechswöchigen Behandlung nahm die Patientin ab (von 205 auf 185 Pfund). In den folgenden sechs Monaten hielt der stetige Gewichtsverlust an. Zur Zeit der Entlassung hatte das Gewicht der Frau drei Monate lang konstant zwischen 113 und 120 Pfund gelegen. Nach der Behandlung hatte sie die kalorienarme Diät fortgesetzt und zuweilen sogar das Erlaubte nur widerstrebend gegessen. Zwanzig Monate nach der Behandlung wog sie 133 Pfund und erklärte, ihr Gewicht habe nicht sehr geschwankt.

Vor Abschluß dieses Abschnitts müssen wir eine theoretische Schwierigkeit im Zusammenhang mit der Erklärung der Aversionstherapie erwähnen. Wie wir gesehen haben, ist es möglich, sie als einen einfachen Fall Pawlowscher Konditionierung anzusehen; ebenso ist es allerdings möglich, sie in einem ziemlich anderen Licht zu sehen. In der Psychologie ist es Brauch, zwischen zwei recht verschiedenen Arten der Konditionierung zu unterscheiden: der Pawlowschen oder klassischen und der instrumentellen oder operanten. Die Unterscheidung läßt sich klarmachen, wenn man ziemlich ähnliche Experimente vergleicht, die Pawlow und der russische Physiologe Bechterew, Pawlows großer Rivale zur Zeit des Ersten Weltkriegs, durchführten. In einem seiner Experimente verwendete Pawlow einen Satz Elektroden, die fest am Bein des Hundes angebracht waren; der Schlag mittels dieser Elektroden bildete den unkonditionellen Reiz, der zu der Reaktion führte, daß der Hund das Bein hob und das Knie abwinkelte. Den konditionellen Reiz bildete ein Glockenton. Nach einer Weile reagierte der Hund auf den Glockenton auch dann, wenn er keinen Schlag erhielt, mit Abwinkeln des Knies und Heben des Beins. Wichtig ist, daß bei diesem Experiment der Schlag nicht aussetzte, wenn der Hund das Bein hob, sondern unabhängig von der Bewegung des Tiers so lange anhielt, bis die vorherbestimmte Zeit abgelaufen war. Mit anderen Worten: Der Hund gewann dadurch, daß er das Bein hob, nichts; dies war einfach ein natürlicher Reflex, der sich später auch durch den konditionellen Reiz auslösen ließ.

Bechterews Experiment verlief ein wenig anders. Hier stand der Hund mit dem Fuß auf einem Metallgitter, das sich unter Strom setzen ließ. Der konditionelle Reiz war abermals ein Glockenton, und kurz nachdem die Glocke erklungen war, wurde das Gitter unter Strom gesetzt, worauf der Hund das Bein hob. In diesem Fall brach das Heben des Beins jedoch den Schlag ab; mit anderen Worten: Die konditionierte Reaktion führte instrumentell eine Wirkung herbei. Dies ist der Ursprung des Terminus »instrumentelle Konditionierung«; in jüngerer Zeit schlug der Harvard-Verhaltenspsychologe B. F. Skinner die Bezeichnung »operante Konditionierung« als Synonym für »instrumentelle Konditionierung« vor. Die beiden Konditionierungsmethoden weisen viele Unähnlichkeiten wie auch Ähnlichkeiten auf, und heute geht man gewöhnlich davon aus, daß sie zwei ziemlich unterschiedliche Arten des Lernens kennzeichnen. Die Pawlowsche oder klassische Konditionierung scheint enger mit dem Erlernen emotionaler Reaktionen verwandt zu sein, während die instrumentelle oder operante Konditionierung dem Erlernen von Verhaltensmustern nähersteht.

Wir haben die Aversionstherapie als eine Art Pawlowscher Konditionierung dargestellt; mit anderen Worten: Wir haben angenommen, daß die spezielle Reaktion, die konditioniert wird, ein Furcht- oder Angstgefühl ist und daß eben dieses Gefühl später das vom Patienten gezeigte Vermeidungsverhalten bestimmt. Man könnte allerdings den ganzen Konditionierungsablauf auch vom operanten, Skinnerschen Standpunkt aus sehen und ihn als einen Fall instrumenteller Konditionierung verstehen. Der Verzicht auf den Alkohol, die homosexuellen Freunde oder die Fetisch-Gegenstände ist instrumentell für das Vermeiden von Strafe und bleibt daher die bevorzugte Verhaltensart. Durch diese Unterscheidung zwischen klassischer und instrumenteller Konditionierung ergeben sich viele theoretische Probleme, doch sie brauchen uns hier nicht ungebührlich zu beschäftigen. Die Unterscheidung wurde hauptsächlich um der Vollständigkeit willen aufgeführt, aber auch deshalb, weil sie sehr bedeutsam für die nächste Behandlungsform ist, auf die wir eingehen werden, nämlich die sogenannte Münzökonomie. Diese ist beinahe mit Sicherheit enger mit dem instrumentellen Konditionierungstypus verwandt, obwohl wir das gleichzeitige Vorhandensein von Elementen der klassischen Konditionierung nicht völlig ausschließen können. Es erweist sich stets als sehr schwierig, eine klare Unterscheidung zwischen den beiden Formen zu treffen, und dies auch im Labor, doch glücklicherweise brauchen wir uns unter dem Blickwinkel unserer Darstellung nicht allzusehr auf Differenzierung dieser Art einzulassen.

Den Ausdruck »Münzökonomie« führten Theodoro Ayllon und Nathan Azrin, damals am Anna State Hospital in Georgia (USA) tätig, ins psychologische Vokabular ein. Der Terminus bezeichnet eine Behandlungsmethode, die zwei wesentliche, psychologisch gut untermauerte Ideen kombiniert. Der ersten sind wir bereits begegnet; sie macht geltend, daß die Konditionierung am wirksamsten ist, wenn die Zeitspanne zwischen dem konditionellen und dem unkonditionellen Reiz sehr kurz ist. Die andere Idee besagt, daß eine Bestrafung so wechselnde Folgen haben kann, daß ihre Anwendung bei der Veränderung menschlichen (aber auch tierischen) Verhaltens oft kontraindiziert ist. Wir haben schon ein Beispiel der ungewöhnlichen Auswirkungen einer Strafe im Zusammenhang mit dem Pendelkasten-Experiment angeführt, bei dem Hunde konditioniert wurden, über die Hürde zwischen den beiden Teilen des Raums zu springen; man wird sich erinnern, daß sie, sowie sie einmal konditioniert waren, ihr Verhalten auch dann beibehielten, wenn der Strom so geschaltet war, daß sie einen Schlag erhielten, sowie sie in die vorher sichere Kammer sprangen. Mit anderen Worten: Ihre Gewohnheit zu springen wurde dank der Bestrafung stärker statt schwächer. Auf ähnliche Weise zeigte sich oftmals, daß die Prügelstrafe jugendliche Delinquenten in ihrer Verhaltensweise allenfalls bestärkt, statt sie von ihren Überfällen, ihrem Vandalismus und ihrer Kriminalität abzuhalten.

Einige Psychologen gehen damit zu weit und behaupten, jegliches Strafen sei nicht nur wertlos, sondern in seiner Wirkung negativ. Dies ist eindeutig falsch, und in psychologischer Literatur finden sich reichlich Studien, die die Absurdität dieser Behauptung aufzeigen. Allerdings kann man sagen, daß die Anwendung von Strafen keineswegs so einfach und unkompliziert ist, wie es sich der Laie vorstellt; die Bestrafung eines Menschen für eine bestimmte Handlungsweise mag diese Tätigkeit unterdrücken, solange die Strafandrohung unmittelbar besteht, aber sie kann das Tun nicht eliminieren, und sowie die Drohung nicht mehr vorhanden ist, wird die alte Handlungsweise wiederaufgenommen. Für eine dauerhafte Rehabilitation mag Bestrafung keine geeignete Behandlungsmethode sein, und es ist vielleicht besser, nach einer Ausschau zu halten, die mit Belohnungen statt mit Strafen arbeitet. Im Anschluß an Prof. Skinner hat sich die Praktik durchgesetzt, Belohnungen und Strafen in einer korrekten Konditionierungssituation als positive und negative Verstärkungen zu bezeichnen. Die Ausdrücke sind unbeholfen, aber sie besagen mehr als Belohnung und Strafe, weil sie auf bestimmte experimentelle Parameter anspielen – so auf die Unmittelbarkeit oder die wechselseitige Abhängigkeit von konditionellem und unkonditionellem Reiz, was sie präziser und brauchbarer macht. Aus diesem Grund werden wir sie in unserer Erörterung verwenden.

Bei einer korrekten Münzökonomie beginnen wir mit einer Art Vertrag zwischen dem Therapeuten und dem Patienten (diese Bezeichnungen werden wir weiterhin verwenden, obwohl im Fall der Verhaltensänderung bei Kriminellen der Terminus »Patient« dem Beobachter merkwürdig und der Terminus »Therapeut« unangemessen vorkommen mag). Dieser Vertrag spezifiziert eindeutig diejenigen Verhaltensarten, die der Therapeut und/oder der Patient verändert sehen wollen, und legt auch fest, daß bei jeder Gelegenheit, da der Patient das bevorzugte Verhalten zeigt, er vom Therapeuten oder seinem Vertreter einen Bonus, eine »Münze« erhält, die er später gegen einen Artikel aus einer bestimmten Auswahl von »Leckereien« eintauschen kann. Diese Belohnungen variieren ihrer Beschaffenheit nach sehr, es können beispielsweise Zigaretten, Süßigkeiten oder andere geeignete Dinge sein. Nehmen wir an, unser Schauplatz ist eine ziemlich undisziplinierte Schulklasse, und der Lehrer wünscht, seine Schüler zu einem ordentlicheren Verhalten zu bewegen. Unter normalen Umständen würde er es wahrscheinlich mit Strafen versuchen, doch dies ist von zweifelhaftem Wert; es funktioniert häufig nicht, und auf jeden Fall dürfte es bei den Schülern eine höchst unerwünschte Feindseligkeit gegenüber dem Lehrer hervorrufen. Die Alternative wäre die Einführung einer Münzökonomie, bei der der Lehrer gewisse Verhaltensaspekte bestimmt, von denen er möchte, daß die Schüler sie praktizieren, und ebenso eine Anzahl von Münzen, die diejenigen Schüler erhalten, die diese Verhaltensart erkennen lassen. Es gibt natürlich praktische Schwierigkeiten, die Schüler ständig zu beobachten, die Münzen auszuteilen und sie schließlich gegen die entsprechenden Belohnungen einzutauschen. Diese Schwierigkeiten lassen sich jedoch überwinden, zumindest in Experimentalsitzungen, und es hat sich oft genug gezeigt, daß die Methode äußerst wirkungsvoll und nützlich ist. Sie wirkt nicht nur wie ein Zauber auf die obstruktivsten Schülergruppen, sondern erzeugt auch eine höchst erwünschte positive Beziehung zwischen Lehrer und Kindern, die sich auf vielerlei Weise ausnützen läßt. Die Situation kann dem Experimentator natürlich so weit aus der Hand geraten, daß nicht mehr klar ist, wer wen konditioniert. Bei einem Experiment entschied sich der Psychologe, in den Vormittagsstunden die Münzökonomie einzuführen und die Nachmittagsstunden in der herkömmlichen Form ablaufen zu lassen, um ein Kriterium zu erhalten, an dem man die durch die Münzökonomie bewirkten Veränderungen messen konnte. Den Kindern gefiel die Version mit der Münzökonomie so sehr, daß sie sie auch am Nachmittag eingeführt haben wollten; zu diesem Zweck begannen sie sich am Nachmittag so abscheulich zu benehmen, daß der Lehrer nachgeben und die Münzökonomie auch am Nachmittag anwenden mußte. Die ganze Episode erinnert an den bekannten Witz, in dem die Experimentalratte ihrem Vetter vom Land stolz erklärt: »Ich habe meinen Psychologen jetzt wirklich gründlich konditioniert; wann immer ich auf einen Hebel drücke, wirft er mir einen Brocken Futter in meinen Napf.«

Zwar mögen die wissenschaftlichen Prinzipien, auf die sich die Münzökonomie stützt, neu sein, die Methode selber ist es sicherlich nicht. Ursprünglich erfand sie der britische Kriminologe Alexander Maconochie, der sein sehr originelles »Disziplin-Punktesystem« in Norfold Island einführte, einer der grausamsten und seelenzermürbensten aller Sträflingsansiedlungen, die die britische Regierung in Australien einrichtete. Maconochie wurde 1840 zum Direktor von Norfold Island ernannt; er fand, daß die Verhältnisse dort denen entsprachen, die der Reverend Sidney Smith in einer berühmten Sentenz von 1822 beschrieben hatte, wonach das Gefängnis »ein Ort der Strafe« sein sollte, »vor dem die Menschen vor Entsetzen zurückschrecken – ein Ort wirklichen Leidens, qualvoll für die Erinnerung, schrecklich für die Vorstellung . . . ein Ort des Jammers und des Wehklagens, den man mit Schrecken betritt und mit der ernsten Entschlossenheit verläßt, nie wieder in ein derartiges Elend zurückzukehren, kurzum mit dem tiefen Eindruck des Übels, der für andere zur ständigen Warnung und Ermahnung wird.« Maconochies Auffassung war sehr anders: »Ich meine, daß Zeitstrafen die Wurzel nahezu der ganzen Demoralisation sind, die im Gefängnis existiert. Ein zu einer Zeitstrafe Verurteilter denkt nur daran, wie er sich die Zeit vertreiben kann; er haßt die Arbeit, weil er keinerlei Interesse an ihr hat, und er hat keinen Wunsch, den Beamten zu gefallen, denen er unterstellt ist, weil sie ihm nicht wesentlich nützen können; sie können

auf keine Weise seine Freilassung beschleunigen ... Nun
ließe sich ... diesen Übeln durch die Einführung des Systems
der Aufgabenstrafe abhelfen.«

Mit anderen Worten: Maconochie schlug vor, die Zeitstrafe
durch die Aufgabenstrafe zu ersetzen; statt zu einer bestimmten Zeit des Freiheitsentzugs sollte man den Übeltäter dazu
verurteilen, so lange im Gefängnis zu bleiben, bis er eine bestimmte Menge an Arbeit geleistet hatte. Natürlich ist es
schwierig, diese Menge an Arbeit zu spezifizieren und zu
quantifizieren; Maconochie schlug vor, den Sträflingen vorzuschreiben, sie sollten sich durch Arbeit und andere Formen
guten Verhaltens eine festgelegte Anzahl von »Empfehlungs-
punkten« verdienen, und die Freiheitsstrafe erst dann zu
beenden, wenn diese Punktzahl erreicht war. Bei der Einweisung ins Gefängnis sollte dem Delinquenten eine kurze Zeitspanne der Einschränkung und Entbehrung auferlegt werden;
bald darauf sollte eine zweite Phase folgen, während deren er
sich durch seine Pluspunkte aus Arbeit und guter Führung
Privilegien in der Unterbringung wie in der Verpflegung verdienen konnte. Einkäufe wurden so geregelt, daß man die
Waren in »Punkte« umrechnete und sie gegen die von dem
Sträfling verdienten »Punkte« aufrechnete. Die Ausführung
zugewiesener Aufgaben versetzte ihn so in die Lage, ein tägli-
ches Quantum an Punkten zu verdienen, beispielsweise zehn,
doch durch bescheidenes Leben, ständigen Fleiß über die zu-
gewiesenen Aufgaben hinaus, exemplarisches Verhalten und
Betragen konnte er das tägliche Quantum noch erhöhen.
Disziplinarvergehen sollten nicht durch die gebräuchlichen
Gefängnismethoden der Gewaltanwendung, der Einschränkung oder der Zwangsarbeit geahndet werden, sondern durch
Punktabzüge und die Rücknahme von Privilegien.

In einer dritten Phase wurde es den Sträflingen gestattet, sich
mit anderen Häftlingen zusammenzutun und gemeinsame

Arbeiten auszuführen, wobei ein schlechtes Verhalten eines Gruppenangehörigen mit Punktabzug für die ganze Gruppe bestraft wurde. »Während ein Sträfling dieses System durchläuft, sollte man die ihm auferlegten Beschränkungen lockern, und die letzte Phase seiner Haft sollte soweit wie möglich den Bedingungen ähneln, auf die er wahrscheinlich bei seiner Entlassung trifft, wobei es der ausdrückliche Zweck dieser Phase ist, ihn auf die Entlassung vorzubereiten; das ganze System ist darauf angelegt, ihn in die Lage zu versetzen, diese Entlassung durch eigene Anstrengung herbeizuführen. Das Grundprinzip ist: nichts für nichts; alles muß verdient werden. Während der ganzen Haftzeit sollte man alles unterlassen, das dazu tendiert, den Sträfling zu erniedrigen, oder ihm den Charakter eines ›Sozialwesens‹ abspricht. Brutale Strafen wie die Verwendung von Fußeisen, das Tragen von Ketten, Anschnallen, Knebel und Peitsche sollten nicht angewendet werden.«

Trotz aller möglichen offiziellen Widerstände seitens des Innenministeriums setzte Maconochie diese Ideen in die Tat um; ich habe das im einzelnen in meinem Buch *Psychology is about People* (dt.: *Die Experimentiergesellschaft*) beschrieben und werde es hier nicht wiederholen. Das Ergebnis des Experiments scheint, soweit es sich beurteilen läßt, sehr für die Ideen Maconochies zu sprechen; sieht man dies vor dem Hintergrund der damaligen offiziellen Politik, erscheint einem der Erfolg seines speziellen Systems der Münzökonomie fast wie ein Wunder.

Mit Methoden der Münzökonomie, die denen von Alexander Maconochie vor 135 Jahren angewandten sehr ähneln, wurde in den letzten Jahren vor allem in den Vereinigten Staaten experimentiert. Die meisten Arbeiten befassen sich mit stark angeschlagenen Schizophrenen, die »Münzen« dafür erhalten, daß sie von sich aus aufstehen, ihr Bett machen, rechtzeitig zum Essen gehen, selbständig essen, in der Wäscherei oder anderswo arbeiten und eine Vielzahl von Handlungen ausführen, die sie soweit wiederherstellen, daß ihr Leben einem normalen Dasein ähnelt. Gelegentlich besserte sich das Befinden von Patienten dadurch soweit, daß man sie in die Gesellschaft entlassen konnte, doch insgesamt ist es wahrscheinlich, daß sie durch diese Methoden nicht *geheilt* werden, sondern daß die Verfahren der Münzökonomie den iatrogenen Auswirkungen des Krankenhausdaseins entgegenwirken. Der Ausdruck »iatrogen« besagt dabei einfach, daß der Aufenthalt in der eingeengten Umwelt eines Krankenhauses und ein derartiges Anstaltsleben über viele Jahre hinweg sehr unerwünschte Auswirkungen auf das Verhalten zeitigen, die sogar noch schlimmer sein können als die eigentliche Krankheit, die einen Patienten ursprünglich ins Krankenhaus brachte.

Ein Beispiel mag klarmachen, worum es mir dabei geht. Man möchte einem jungen Hund beibringen, Befehle auszuführen. Man wirft einen Ball, und er läuft ihm nach und nimmt ihn ins Maul. Man befiehlt ihm zurückzukommen, aber er achtet nicht darauf und tollt einfach herum. Man ruft weiter, und er kommt noch immer nicht. Schließlich geruht er dann doch zu kommen. Normalerweise ärgert man sich über den ständigen Ungehorsam des Hundes und schlägt ihn; dies hätte aber eine ganz negative Wirkung, weil das Konditionierungsparadigma für den Hund jetzt lautete: »Sei gut – komm – laß dich schlagen.« Das bedeutet, daß er beim nächsten Mal mit noch geringerer Wahrscheinlichkeit kommt, und auf diese Weise entsteht die Parallele zu einer iatrogenen Störung. Statt dessen sollte man den von dem Hund praktizierten kleinen Ausschnitt gehorsamen Verhaltens belohnen (ihm positive Verstärkung zukommen lassen); bei dieser Methode lautet die Konditionierung des Hundes: »Laß dich rufen – komm – laß dich belohnen.« Infolgedessen wird er, wenn man ihn das nächste Mal ruft, mit größerer Wahrscheinlichkeit kommen, und durch ständige Verstärkung erreicht man schließlich den Punkt, an dem der Hund dressiert ist.

In der typischen Nervenklinik widmen die Pfleger dem Patienten Aufmerksamkeit, wenn er aufsässig und widerspenstig ist oder sich allgemein »schlecht« benimmt; mit anderen Worten: er wird dafür (durch die Zuwendung von Aufmerksamkeit) belohnt, daß er sich unerwünscht verhält, und auf diese Weise werden ihm die unerwünschten Verhaltensweisen eingeprägt, die erwünschten hingegen ausgetrieben. Geschieht dies über zwanzig oder dreißig Jahre hinweg, nimmt es nicht wunder, daß sich der Patient, in welchem Stadium seiner Krankheit auch immer, ungebärdig verhält, und diesem iatrogenen Verhaltensproblem läßt sich nur durch Münzökonomie entgegenwirken, das heißt durch eine Methode der psychologischen Steuerung, die genau das Gegenteil tut, nämlich gutes, wünschenwertes Verhalten verstärkt, nicht aber ein schlechtes, unerwünschtes.

Leider trifft das, was fürs Krankenhaus oder die laienhafte Hundedressur gilt, auch darauf zu, wie viele Menschen ihre Kinder erziehen. Die Mutter ist gewöhnlich viel zu beschäftigt, um den Kindern Aufmerksamkeit zu schenken, wenn sie sich gut benehmen; Beobachtung finden sie erst, wenn sie aufmucken. Mit anderen Worten: Schlechtes Verhalten wird dadurch belohnt, daß die Mutter sich dem Kind zuwendet, während gutes Verhalten nicht belohnt wird, weil die Mutter zu beschäftigt ist, um das Kind zu beobachten. Auf diese Weise prägt sie ihm schlechtes Verhalten ein und merzt gutes Verhalten aus; und dann wundert sie sich, daß das Kind nicht der kleine Engel ist, den ihr die Lehrbücher der Kindererziehung versprochen haben. Die Prinzipien der positiven und negativen Verstärkung mögen sehr einfach sein, in der Tat so einfach, daß die meisten Menschen sie als nichts denn

Binsenweisheiten ansehen; nichtsdestoweniger verhalten wir uns im Alltagsleben ständig so, als hätten wir nie etwas von diesen Prinzipien gehört und als glaubten wir nicht an sie – tatsächlich handeln wir gewöhnlich dergestalt, daß wir nicht die erwünschten, sondern genau die entgegengesetzten Wirkungen hervorrufen.

Die Münzökonomie wird in vielen verschiedenen Zusammenhängen angewandt, so etwa bei Schizophrenen, bei Kriminellen und auch bei Ehen, die zu zerbrechen drohen. Ehepartner erkennen oft nicht, daß die Grundlage einer guten Ehe ein wechselweises positives Verstärkungsmuster ist: Ich gebe dir Verstärkung, indem ich tue, was du möchtest, falls du mir dadurch Verstärkung gibst, daß du tust, was ich möchte. In vielen Ehen sind die Partner allzu sprechgehemmt, als daß sie sich gegenseitig mitteilen könnten, was sie gern hätten, und infolgedessen versäumen sie es, sich wechselweise positive Verstärkung zu geben. Der Therapeut kann eine Münzökonomie einführen, indem er jeden Partner dazu bringt, detailliert die Verhaltensweisen niederzuschreiben, die er am anderen Partner gern sähe; für jede Demonstration eines solchen Verhaltens erhält der Partner eine bestimmte Anzahl von »Münzen«. Auch benennt jeder Partner die Verhaltensweisen, die er gern ihm gegenüber praktiziert sähe, und er kann dieses Entgegenkommen gleichfalls mit den Münzen »kaufen«, die er erhalten hat, und umgekehrt. Die Methode ist primitiv und klingt wie ein schlechter Scherz, doch sie bietet Menschen, die ziemlich schwerfällig und außerstande sind, Emotionen und Gefühle zu artikulieren, gewisse Möglichkeiten, und es gibt mehrere Studien, die zeigen, daß sie bei bestimmten Menschen in der Praxis sehr gut funktioniert.

Die Methoden der instrumentellen oder operanten Konditionierung, wie sie bei der Behandlung mentaler Störungen, der

Kriminalität, der Klassenzimmerunruhe, von Eheproblemen und dergleichen Anwendung finden, werden in weit umfangreicherem Maß genutzt, als in diesem Kapitel angedeutet. Skinner und seine Anhänger haben die Ergebnisse von Laborexperimenten mit Ratten und Tauben nicht nur auf die Behandlung mentaler Anomalien und kriminellen Verhaltens übertragen, sondern auf die Organisation der Gesellschaft überhaupt, auf die Religion und die ganze Frage von »Freiheit und Würde«. Diese Extrapolation basiert auf einem einzigen allgemeinen Gesetz, nämlich dem der »Wirkung« oder der positiven und negativen Verstärkung, und ist so spekulativ und absurd, daß hier nichts weiter dazu gesagt sei. Soweit es empirische Studien über instrumentelle Konditionierung im Sinn Skinners gibt, befassen sie sich mit autistischen Kindern, Schizophrenen und anderen Gruppen, die für ein Buch über Neurose nicht von Belang sind. Was die Behandlung neurotischer Patienten anlangt, so werden Skinnersche Prinzipien nur sehr wenig angewandt, und dies erklärt, warum wir uns nur in so begrenztem Maß mit ihnen beschäftigen.

Der Behaviourismus Skinners ist, wie viele Jahre vorher der Freudianismus, zu einer Schule geworden. Skinnerianer konzentrieren sich ausschließlich auf einen sehr kleinen Bereich der Psychologie, übergehen das umfangreiche empirische Material, das sich nicht im Sinn positiver und negativer Verstärkung erklären läßt, und machen auf die Manier religiöser Propheten Proselyten; in all dem ähneln sie sehr den Angehörigen der Freud-Schule. Ihre Methoden kommen sicherlich eindrucksvoll in den Resultaten zur Geltung, die unter gewissen, sehr ungewöhnlichen Umständen erzielt wurden; die Verhaltenstherapeuten sind sich der Leistungsfähigkeit dieser Methoden durchaus bewußt, bestreiten aber gewöhnlich deren Anwendbarkeit auf das breite Spektrum neurotischer Störungen, die hauptsächlich ihre Aufmerksamkeit in Anspruch nehmen. Der Ausdruck »Verhaltensmodifikation« wird zuweilen verwendet, um die Methoden der instrumentellen oder operanten Konditionierung von anderen Formen der Verhaltenstherapie zu unterscheiden, wiewohl dieser Wortgebrauch nicht allgemein üblich ist; manche Leute benützen die Bezeichnungen »Verhaltenstherapie« und »Verhaltensmodifikation« fast synonym. Es mag von Vorteil sein, jene Unterscheidung vorzunehmen, und falls das geschieht, ist zu sagen, daß sich bei der Behandlung neurotischer Störungen die Pawlowsche Konditionierung und die Verhaltenstherapie als erheblich nützlicher erwiesen haben denn die Verhaltensmodifikation und die Prinzipien der instrumentellen oder operanten Konditionierung.

Ein Beispiel mag die Anwendung der Prinzipien der instrumentellen Konditionierung bei Fällen veranschaulichen, in denen sie wirklich angebracht ist. Es handelt sich um den Fall einer paranoiden Frau, die an Verfolgungswahnvorstellungen litt. Sie war davon überzeugt, daß die Kommunisten hinter ihr her seien und sie töten und ihr ganzes Geld rauben wollten. Sie entlief aus einem englischen Krankenhaus und floh in die Vereinigten Staaten, überzeugt davon, daß sie die Kommunisten dort mit weniger Wahrscheinlichkeit fänden. Als sie jedoch aus dem Flugzeug stieg, begegnete sie einem chinesisch aussehenden Mann, und das überzeugte sie davon, daß sie sich geirrt habe; augenblicklich floh sie in das Krankenhaus zurück, aus dem sie entlaufen war. Man begann eine Behandlung im Sinn Skinners, indem man sie gegenüber dem Psychologen Platz nehmen ließ, der eine Klingeltaste vor sich hatte. Die Patientin trug Kopfhörer, und jedesmal, wenn sie von ihren paranoiden Vorstellungen zu sprechen begann, drückte der Psychologe auf den Knopf, und die Kopfhörer gaben helles Rauschen von sich, bis sie das Thema wechselte. Nach ein paar Sitzungen mit dieser Methode der operanten Konditionierung hörte sie auf, von ihren Vorstellungen zu sprechen, und zwar nicht nur im Behandlungsraum, sondern auch in der Station und anderswo. Um sicherzugehen, daß die Behandlungsmethode für diesen Wandel verantwortlich war, und nicht eine Art von Spontanremission, kehrte der Psychologe jetzt das Verfahren um und verstärkte das Reden über die paranoiden Vorstellungen der Patientin positiv. Damit gelang es, die ganze Redeflut zurückzuholen, und in den nächsten paar Wochen kehrte der Psychologe den Prozeß mehrmals nach Belieben um, bis er schließlich davon überzeugt war, daß die Methode funktionierte. Die letzten paar Sitzungen entfernten die paranoiden Vorstellungen aus dem Gesprächsrepertoire der Patientin, und eine Nachuntersuchung ergab, daß sie praktisch »geheilt« war, in die Welt hinauszugehen und zu ihrer Familie zurückkehren konnte. Das Wort »geheilt« steht in Anführungszeichen, weil es vielleicht unwahrscheinlich ist, daß Vorstellungen selber durch dieses Verfahren völlig getilgt wurden; nur daß sie darüber sprach, hatte dazu geführt, sie ursprünglich ins Krankenhaus einzuweisen, und daß es ihr gelang, diese Gewohnheit, ihre Vorstellungen zu äußern, wieder aufzugeben, ermöglichte es ihr, ein halbwegs normales Leben zu führen. Man beachte jedoch, daß es sich um eine psychotische, nicht um eine neurotische Patientin handelte; neurotische Symptome sind resistenter gegen eine instrumentelle Konditionierung, und in der Literatur finden sich nur wenige Erfolgsberichte über die Behandlung von Neurosen mit Skinnerschen Methoden.

6. Neurose und Gesellschaft

Die Wirkungen der Therapie

Bisher haben wir in diesem Buch psychologische Theorien behandelt und einzelne Fallstudien angeführt, um die auf diesen Theorien beruhenden Behandlungsprinzipien zu veranschaulichen. Der Umstand, daß diese Fallstudien mehr oder minder befriedigende Ergebnisse aufwiesen, ist leider kein Beweis für die Richtigkeit dieser Theorien oder für die Brauchbarkeit der Behandlungsmethoden. Erforderlich ist natürlich eine Reihe klinischer Experimente, bei denen die Besserung im Befinden der mit den betreffenden Methoden behandelten Patienten mit der Besserung bei Patienten verglichen wird, die überhaupt keine, eine andersartige oder eine Placebobehandlung erhalten hatten. Warum sind diese Komplikationen notwendig?

Die erste und wichtigste Tatsache im Zusammenhang mit Neurosen ist, daß sie sich *selber einengen;* mit anderen Worten: die an ihnen Leidenden tendieren dazu, daß es ihnen auch ohne eine Form der psychiatrischen oder medizinischen Behandlung allmählich besser geht. Dies wird, wie bereits gesagt, *Spontanremission* genannt, wiewohl die von dieser Formulierung nahegelegte Mutmaßung, daß die Besserung wirklich spontan, das heißt unverursacht sei, sicherlich falsch ist. Die allmähliche Heilung nimmt eine gewisse Zeit in Anspruch, und man muß davon ausgehen, daß Ereignisse, die sich während dieser Zeit abspielen, über das schließliche Ergebnis entscheiden. Wir haben bereits einige mögliche Ursachen einer solchen Spontanremission erörtert, beispielsweise die Lö-

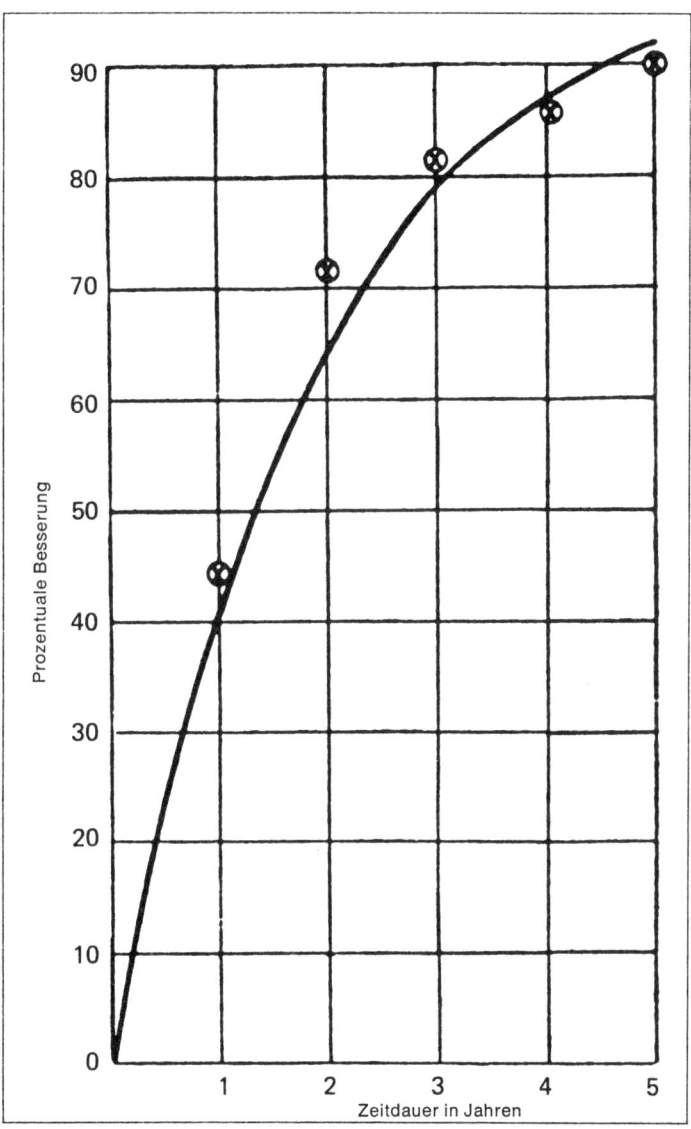

11. Die Besserung bei schwer erkrankten neurotischen Patienten ohne psychiatrische Behandlung.

schung dank einer wiederholten unverstärkten Präsentation des konditionellen Reizes. Dies wäre so etwas wie eine ungeplante und zufällige Anwendung der Desensibilisierung oder der Reizüberflutung; sie funktioniert zwar weniger gut als eine regelrecht geplante und durchgeführte Anwendung dieser Methoden und ist stets von der Möglichkeit einer Katastrophe bedroht, wirkt aber weithin nichtsdestoweniger therapeutisch. Eine andere Möglichkeit ist, daß die Leidenden zwar nicht den Psychiater um Hilfe fragen mögen, sie aber bei Priestern, Freunden, Quacksalbern oder anderswo suchen; es gibt genügend Belegmaterial dafür, daß Psychiater und Psychologen weit weniger häufig konsultiert werden als andere Hilfsquellen der genannten Art. Deren Leistungen sind höchstwahrscheinlich auch ungeplant und unwissenschaftlich, aber sie können (und tun es auch oftmals) eine unsystematische, doch langfristig wirksame Desensibilisierung für den gequälten Leidenden herbeiführen. Die Abbildung 11 zeigt die prozentuale Besserung bei ernstlich erkrankten neurotischen Patienten, die keine psychiatrische Behandlung erhalten, im Lauf der Jahre auf.

Das Ausmaß der Spontanremission wird nicht immer deutlich erkannt, doch die Übereinstimmung zahlreicher und vielfältiger Studien läßt sich dahingehend zusammenfassen, daß insgesamt zwei von drei Neurotikern, die an ziemlich ernsten bis sehr ernsten Störungen leiden, innerhalb eines Zeitraums von ungefähr zwei Jahren eine wesentliche Besserung erfahren oder sich völlig erholen, wenn sie keinerlei psychiatrische Behandlung erhalten. Dies ist ein hoher Anteil, den man sich stets vor Augen zu halten hat, wenn man die Wirkungen jeder beliebigen Therapiemethode würdigt. Falls es den Menschen auch von selber, das heißt ohne Behandlung, besser geht, dann muß eine bestimmte Behandlungsmethode noch wirksamer sein; es wäre nicht ausreichend, auf eine Heilungsrate von etwa 66 Prozent zu verweisen und zu behaupten, dies beweise die Wirksamkeit der Behandlung. In der Vergangenheit wurde von sämtlichen Behandlungsarten – unter denen viele völlig grotesk und nutzlos sind, so etwa kalte Bäder, heiße Duschen, das Ziehen aller Zähne zur Ausmerzung von Entzündungsherden und dergleichen – mit einem stolzen Hinweis auf eine Heilungsrate von 66 Prozent binnen zwei Jahren behauptet, sie seien erfolgreich; eine derartige Besserungsrate erweist die betreffende Methode einfach als völlig nutzlos. Daher sollte man in eine Untersuchung über die relative Nützlichkeit einer bestimmten Therapie stets eine Kontrollgruppe ohne Behandlung einbeziehen; ohne sie könnte es leicht sein, daß man nur die Wohltaten der Spontanheilung erntet.

Die Einbeziehung einer derartigen unbehandelten Patientengruppe ist besonders deshalb wichtig, weil die Rate von 66 Prozent Spontanheilungen zwar eine insgesamt ausreichend genaue Schätzung ist, es aber zugleich stichhaltiges Material gibt, das zeigen kann, daß unterschiedliche Arten neurotischer Störungen auch in unterschiedlichen Raten zurückgehen. So verschwinden bestimmte Phobien und Zwangsstörungen besonders langsam von selber, und sehr häufig kommt es ohne Behandlung überhaupt nicht zu einer Heilung; aus ebendiesem Grund sind unsere meisten Beispiele aus diesen Gruppen herausgegriffen. Persönlichkeitsgestörte und Psychopathen gehören zur selben Patientenkategorie mit geringer Tendenz zur Spontanremission; das gleiche gilt für Alkoholiker und Homosexuelle. An Angstzuständen leidende Patienten erholen sich im allgemeinen am raschesten, und die Psychotherapeuten behaupten natürlich, daß sie bei ihnen die größten Erfolge erzielen. Für ein wissenschaftliches Urteil über die Wirksamkeit einer bestimmten Therapieart reicht es daher nicht aus, die Resultate mit der Gesamtrate von

66 Prozent Spontanremissionen zu vergleichen; man benötigt eine Gruppe ohne Behandlung, die ähnlich zusammengesetzt sein muß wie die Behandlungsgruppe, um Unterschiede in Rechnung zu stellen.

Die Bildung einer solchen Kontrollgruppe wirft offensichtlich mancherlei ethische Probleme auf: Sind wir beispielsweise berechtigt, Patienten rein wissenschaftlichen Zwecken zuliebe eine Behandlung vorzuenthalten? Das Problem ist verwickelt, doch ich will hier einfach nur meine Antwort auf diesen Einwand darlegen. Man sollte keine Behandlungsmethode routinemäßig anwenden, solange nicht bewiesen ist, daß sie funktioniert; das Vorenthalten einer Behandlung, deren Wirksamkeit in Zweifel steht und die vielleicht in Wirklichkeit schädliche Folgen für den Patienten haben kann, dürfte kaum unethisch sein.* Genau das Gegenteil ist richtig. In Nervenkliniken wird weithin mit der Elektroschockbehandlung gearbeitet, über deren Wirksamkeit – im Vergleich

---

* Medizinische und ethische Einwände gegen die Verwendung von Kontrollexperimenten werden natürlich nicht nur im Zusammenhang mit psychiatrischer Behandlung vorgebracht. Ein gutes Beispiel bildet die Einführung von Intensiv-Koronarversorgungsanlagen; ein klinischer Test der Wirksamkeit dieser Anlagen wurde gegen beträchtlichen medizinischen Widerstand durchgeführt, der sich auf das Argument stützte, daß es unethisch sei, der Kontrollgruppe, die zu Hause behandelt wurde, diese Behandlung vorzuenthalten. Zufällig fiel das Testresultat negativ aus: Den zu Hause behandelten Patienten ging es etwas besser als den in den Koronarversorgungsanlagen behandelten. Man sollte nie eine offenbar gute Idee mit einer solchen verwechseln, die tatsächlich überprüft und für wirksam befunden wurde; für Wissenschaftler ist diese Unterscheidung etwas Selbstverständliches, Mediziner und Laien jedoch bringen oft die beiden Dinge durcheinander. Es ist nicht unethisch, eine Behandlung vorzuenthalten, für deren Wirksamkeit kein solider wissenschaftlicher Beweis vorliegt.

zu entsprechenden Kontrollgruppen – nie eine korrekte Untersuchung vorgenommen wurde. Die Behandlung ist grausam, gewaltsam und kann zweifellos ernstliche Neben- und Nachwirkungen haben. Lassen sich solche Behandlungsmethoden rechtfertigen, wenn kein Beweis für ihre Wirksamkeit existiert? Viele Psychiater haben diese Frage negativ beantwortet, und die sogenannte Anti-Psychiatrie-Lobby hat sich nachdrücklich gegen die Anwendung der Elektroschockbehandlung und der Gehirnchirurgie vom Leukotomietypus gewandt, für die gleichfalls nur kläglich wenig spricht.* Im Fall der Psychotherapie vereinfacht sich das Problem durch den

---

* Man sollte nicht meinen, die Elektroschockbehandlung und andere physiologisch-psychiatrische Methoden seien in der medizinischen Praxis wegen ihrer Gefährlichkeit und ihres zweifelhaften Nutzens unüblich. Die Entfernung der Mandeln ist gefährlicher als die Elektroschockbehandlung (von tausend Kindern, denen die Mandeln herausgenommen werden, stirbt eines, und sechzehn erkranken ernstlich; das sollte man mit einer Sterblichkeitsquote von 1 : 50 000 bei einer einmaligen Elektroschockbehandlung vergleichen). Die Entfernung der Mandeln vervierfacht außerdem das Risiko der Bulbärparalyse und verdreifacht das Risiko der Hodgkinkrankheit (einer gewöhnlich tödlich verlaufenden Krebsform). Die Indikationen für eine Mandeloperation sind recht unklar, und bei den einzelnen Fällen zeichnen sich die Ärzte dadurch aus, daß sie verschiedener Meinung sind; die Unzuverlässigkeit ist hier zumindest so groß wie im Fall der psychiatrischen Diagnose.
Leser, die meinen, ich beharre zu sehr darauf, daß es an Beweisen für die Wirksamkeit der Elektroschockbehandlung fehle, mögen sich die folgende (tatsächliche und belegte) Geschichte durch den Kopf gehen lassen. Nachdem ein Elektroschockgerät in einer britischen Nervenklinik installiert und sechs Monate in Betrieb war, entdeckte man, daß dank einem Schaltfehler der Apparat überhaupt keinen Strom lieferte. Die Ärzte, die ihn angewandt hatten, hatten nicht bemerkt, daß er nicht funktionierte, und auch keinen Unterschied in den Wirkungen der Behandlung auf ihre Patienten gegenüber den bei einem richtig funktionierenden Apparat zu erwartenden festgestellt. Die Fakten sprechen für sich selber.

Umstand, daß viele Menschen, von denen man annimmt, sie profitierten wahrscheinlich von der Behandlung, und denen sie von Psychotherapeuten empfohlen wird, sie aus Mangel an Therapeuten oder aus finanziellen Schwierigkeiten überhaupt nicht oder nur nach langem Warten erhalten können; es wäre leicht, eine Kontrollgruppe aus solchen Personen zu bilden, die während der Dauer des Experiments sowieso keine Psychotherapie erhielten. Zum Ausgleich kann man sie unmittelbar danach in die Therapie nehmen, so daß sie insgesamt von dem Arrangement profitieren. Es ist ein interessantes Streiflicht auf die Spontanremission, daß von den auf eine Warteliste gesetzten Patienten eine ziemliche Anzahl erklärt, sie benötigten keine Behandlung mehr, wenn man sie nach ungefähr sechs Monaten in die Klinik bestellt.

Warum benötigt man eine Placebogruppe? Die Antwort lautet einfach folgendermaßen: Man weiß sehr gut, daß die Suggestibilität bei der mentalen Heilung eine große Rolle spielt; jede noch so absurde Behandlung profitiert von dieser Suggestibilität des Patienten, zumindest kurzfristig. Aber wir sind an den spezifischen Wirkungen derjenigen Behandlungsaspekte interessiert, die wir testen wollen; daher benötigen wir eine Maßeinheit für den Einfluß der Suggestibilität, um diesen von der beobachteten Wirksamkeit der betreffenden Therapie abzuziehen. Nur was dann übrigbleibt, ist eine echte, der Behandlung zuzuschreibende Effizienz. Selbst bei physischen Symptomen wie Schmerzen hat sich gezeigt, daß sie durch Suggestion stark beeinflußt werden; Placebomedikamente, die nichts als Mehl und Zucker enthalten, haben sich oftmals als fast genauso wirksam für die Linderung körperlicher Schmerzen erwiesen wie Morphium oder Aspirin. Daher müssen wir uns sehr sorgsam gegen diesen Effekt abschirmen. Hier stellen sich natürlich abermals ethische Erwägungen ein und verdunkeln das Bild, und die Antworten mögen ähnlich lauten wie im Fall der Kontrollgruppen ohne alle Behandlung.

Idealerweise hätten wir gern mehr als eine einzige Behandlungsgruppe, um die spezifischen Wirkungen etwa von Psychotherapie und Verhaltenstherapie zu vergleichen, und natürlich könnte man die Anzahl der Gruppen ins Unendliche vergrößern, damit sich viele verschiedene Formen der Verhaltens- und der Psychotherapie erfassen ließen. Doch für den Anfang wäre man ganz zufrieden, auch nur eine einzige Studie zu haben, die diese Haupterfordernisse und dazu ein, zwei weniger wichtigere erfüllte. So müßte jede Therapieform mit verschiedenen Patienten von mehr als einem Vertreter der betreffenden Therapien praktiziert werden: Falls Dr. Smith mit der Anwendung verhaltenstherapeutischer Methoden mehr erreicht als Dr. Jones mit der Anwendung psychotherapeutischer, mag das anzeigen, daß die Verhaltenstherapie besser ist als die Psychotherapie – es könnte aber statt dessen auch bedeuten, daß Dr. Smith, unabhängig von der Behandlungsmethode, ein besserer Therapeut ist als Dr. Jones. Auch benötigten wir ein gutes, zuverlässiges und objektives Kriterium für die Wirksamkeit einer Therapie; dies ist schwer beizubringen. Vielleicht wäre es – im Verein mit bestimmten objektiven physiologischen und Verhaltenskriterien – akzeptabel, wenn Dritte, die über die angewandten Methoden nicht Bescheid wissen, die jeweilige Besserung beurteilten. Dies ist eine schwierige Frage, über die sich vieles schreiben ließe.

Wie halten die Behandlungsmethoden der Psychiatrie diesen Kriterien stand? Die Antwort fällt traurig aus. Wir haben bereits festgestellt, daß medizinischen Methoden wie dem Elektroschock und der Leukotomie die korrekte Untermauerung durch gut kontrollierte klinische Untersuchungen fehlt; dies ist ein handfestes Ärgernis, das die Kritik der antipsychiatrischen Psychiaterschule voll rechtfertigt. Doch ist die Lage nicht besser, was die Psychotherapie anlangt; es gibt keine einzige Studie, die die oben vorgeschlagenen, einfach elementaren Erfordernisse erfüllte. Was wir haben, ist eine Sammlung von etwa hundert Studien, in denen die Wirksamkeit der Psychotherapie oder der Psychoanalyse mit dürftig belegten Stichproben festgestellt wird, wobei keine Nachuntersuchungen vorgenommen wurden und man sich völlig auf das abschließende Urteil des Therapeuten selber verließ (wie voreingenommen er auch zugunsten seiner eigenen Effizienz gewesen sein mochte). Gelegentlich wird eine ziemlich unzulängliche Kontrollgruppe aufgeboten, doch gewöhnlich sind die Auswahlkriterien für diese Gruppe völlig andere als für die Experimentalgruppe. Placebobehandlungen werden praktisch nie durchgeführt. Dies ist eine traurige Mängelliste; was ist das Gesamtergebnis bei einer solchen Beurteilung von Therapien? Man staune: Es läuft einfach etwa auf die magische Zahl von zwei unter drei Patienten hinaus, die geheilt wurden oder bei denen man eine erhebliche Besserung erzielte. Mit anderen Worten: Das vorliegende Belegmaterial legt in seiner ganzen Dürftigkeit nahe, daß die Psychotherapie insgesamt überhaupt keinen Einfluß hat: den Patienten ginge es genauso schnell und genauso deutlich besser, wenn sie nie bei einem Psychotherapeuten gewesen wären. Dr. S. Rachman hat in seinem Buch *The Effects of Psychotherapy* die umfangreiche Literatur sorgfältig ausgewertet und ist zu der Schlußfolgerung gekommen, daß es keinen korrekten Beweis für die Wirksamkeit der Psychotherapie gebe. Diese Schlußfolgerung läßt sich durch die Feststellung modifizieren, daß es einen gewissen Beweis für mögliche schädliche Wirkungen der Psychotherapie gibt; einige Autoren haben gezeigt, daß die Wirkung der Psychotherapie weithin von der Persönlichkeit der Therapeuten abhängig ist, von denen die einen (die unpersönlichen, kalten, nicht ermutigenden) das Befinden des neurotischen Patienten verschlimmern, die anderen (die freundlichen, ermutigenden, einfühlsamen) seinen Zustand bessern. Möglicherweise gleichen sich, aufs Ganze gesehen, diese entgegengesetzten Wirkungen aus, und die Psychotherapie ist insgesamt weder schädlich noch hilfreich; selbstredend stützt sich diese Schlußfolgerung nicht auf zulängliches Beweismaterial. Wir sind nur berechtigt zu sagen, *daß kein Beweis existiert, aufgrund dessen sich ein positives Urteil über die Wirksamkeit der Psychotherapie oder der Psychoanalyse fällen ließe;* angesichts dessen, daß es so lange nicht gelang, einen solchen Beweis beizubringen, ziehen einige Psychologen und Psychiater den Schluß, daß die Antwort einfach laute, diese Methoden hätten keine Wirkung. Dies kann sehr gut der Fall sein, aber auch der negative Beweis ist schwer zu führen. Vielleicht kann man sagen, falls die Psychotherapie irgendeine Wirkung habe, dann müsse sie insgesamt gering und schwer zu fassen sein, vorausgesetzt, gute und schlechte Wirkungen balancierten sich, aufs Ganze gesehen, aus. Jedenfalls scheint es unrealistisch und nicht wünschenswert zu sein, ganze Generationen von Psychiatern in dieser »Kunst« auszubilden und Tausende, die an neurotischen Erkrankungen leiden, diesen Methoden mit zweifelhafter Wirkung auszusetzen.

Wir haben bereits das Fehlen von Nachuntersuchungen bei den meisten dieser Studien festgestellt; dies ist ein entscheidender Punkt. Selbst wenn sich zeigen ließe, daß die augenblicklichen Wirkungen der Psychotherapie besser seien als die der Behandlungslosigkeit oder der Placebobehandlung, könnten solche Wirkungen doch kurzlebig sein. Entsprechende Studien haben gezeigt, daß das augenblickliche Ergebnis einer psychiatrischen Behandlung in einem kläglichen Verhältnis zum langfristigen Resultat steht; die Patienten zeigen oftmals ein Auf und Ab in ihren Symptomen, was häufig zur Beendigung der Behandlung führt, wenn sich der Patient auf einem Wellenberg befindet, so daß der illusorische Eindruck einer erfolgreichen Behandlung entsteht. Dies ist der sogenannte »Hallo-Lebewohl-Effekt«; nach Abschluß der Behandlung fällt der Patient oftmals in seine Neurose zurück, um sich lediglich einen anderen Arzt zu suchen, der den »Hallo-Lebewohl-Effekt« wiederholt. Es sind langfristige Nachuntersuchungsstudien erforderlich, will man zu einem korrekten Urteil über die wahren Wirkungen der Behandlung kommen. Die bisher durchgeführten Studien beschwichtigen unser Unbehagen in dieser Hinsicht nicht.

Die Untersuchung über die Wirkungen der Psychotherapie, und besonders der Psychoanalyse, behindert am meisten die lange Dauer dieser Therapien. Ein Durchschnitt von vier Jahren ist wahrscheinlich nicht unrealistisch, was die Psychoanalyse anlangt, und auch die Psychotherapie zieht sich gewöhnlich ziemlich lange hin, wenn auch nicht so sehr. Analysen von zwanzigjähriger und noch längerer Dauer sind nicht unbekannt; und eindeutig widerfährt dem Neurotiker während so langer Zeitspannen derartig viel, daß die Aufteilung der Verantwortung auf Behandlung und Leben sehr schwierig wird. Psychoanalytiker selber gestehen oft ein, daß es offenbar wenig Korrespondenz zwischen Ereignissen in der analytischen Sitzung und dem Auf und Ab im emotionalen Leben des Patienten gibt; aber eine solche Korrespondenz ist absolut unerläßlich, wenn die Theorie irgendwelche Glaubwürdigkeit behalten soll. Es gibt keine Studien, die eine Korrespondenz nachwiesen. Bei weit kurzfristigeren Therapien wie den meisten Methoden der Verhaltenstherapie fällt es leichter, ursächliche Verknüpfungen festzustellen und die Wirksamkeit nachzuweisen; falls bei einem Patienten, der seit zwanzig Jahren oder länger krank ist und sich vielen verschiedenen Therapieformen, sowohl psychotherapeutischen wie medizinischen, erfolglos unterzogen hat, die Desensibilisierung oder die Reizüberflutung binnen weniger Wochen oder allenfalls Monaten verblüffende und dauerhafte Wirkungen zeitigt, kann man einigermaßen sicher sein, daß dies nicht die Folge von Placebos oder einfach eine zeitweilige Aufwärtsbewegung oder eine Spontanremission ist – schon gar nicht, wenn die Behandlung in vielen weiteren Fällen gleichfalls wirksam ist.

Die Erkenntnis, daß Psychotherapie und Psychoanalyse so merkwürdig unwirksam sind, ist auf vielerlei Weise überraschend. Von so weithin angewandten, so überschwenglich gepriesenen und propagierten und so zeit- und geldverzehrenden Behandlungen sollte man normalerweise erwarten, daß sie eine beobachtbare Wirkung haben und nicht nur den Patienten zu »einem besseren Menschen« machen, seine Symptome aber unverändert lassen. Vielleicht besteht mehr als eine Analogie zur alten Praktik des Aderlasses und des Ansetzens von Blutegeln; auch dies war total unwirksam und richtete mehr Schaden als Gutes an, aber es hielt sich viele Jahrhunderte lang als oberstes Heilmittel gegen alle Arten physischer und mentaler Erkrankungen.

Auch aus einer anderen Ecke macht sich Überraschung über die Wirkungslosigkeit der Psychoanalyse geltend. Der Analytiker sucht sich die Patienten für diese Behandlungsform sorgfältig aus; sie sind im allgemeinen Weiße, reich, jung, gebildet, intelligent und mit einem gewissen Maß an »Ich-Stärke« ausgestattet, das heißt: nicht schwer krank. Mit anderen Worten: Für die Psychotherapie werden eben jene Patienten ausgewählt, die mit größter Wahrscheinlichkeit spontan gesunden – zweifellos sollten sie besser reagieren als eine Zufallsgruppe von Neurotikern unter Einschluß von Dummen, Farbigen, Alten, wenig Gebildeten und an Ich-Schwäche Leidenden und solcher, die überhaupt nicht behandelt werden. Der Umstand, daß keine derartigen Unterschiede im Ergebnis nachgewiesen sind, macht es um so wahrscheinlicher, daß die hier zur Debatte stehenden Behandlungsmethoden tatsächlich wenig oder keine Auswirkung auf die neurotischen Störungen haben, über die die Patienten klagen. Etwa zwei Drittel der um psychoanalytische Behandlung Nachsuchenden werden zurückgewiesen; dies vermittelt eine gewisse Vorstellung über das Ausmaß der praktizierten Selektion.

Was antworten Psychoanalytiker auf diese Anklagen? In erster Linie haben die Analytiker, wie schon bemerkt, die Position aufgegeben, die sie auf dem Höhepunkt der Freudianischen Vorherrschaft in der Psychiatrie innehatten, als sie behaupteten, die Psychoanalyse sei die einzige Methode, die neurotische Patienten heile, und dies mehr oder weniger selbstverständlich – ich habe viele derartige Erklärungen in meinen Unterlagen. Heutzutage sind die Ansprüche bescheidener; es heißt, die Psychoanalyse setze den Patienten besser instand, mit seinen Symptomen fertig zu werden, oder sie mache in nicht näher beschriebener Weise einen besseren Menschen aus ihm; Aussagen über regelrechte Heilungen fehlen auffälligerweise. Manchmal wird dazu noch die Möglichkeit von Heilungen überhaupt bestritten. Dies sind bescheidene Ansprüche, und sie lassen sich unmöglich überprüfen, weil sie so unbestimmt sind, daß sie keinen Sinn ergeben. Andere behaupten, daß die bislang durchgeführten Tests ungerecht seien; gute Wirkungen werden für den Fall behauptet, daß der richtige Therapeut auf den richtigen Patienten treffe. Mit anderen Worten: Es gibt keine allgemeine, auf alle Neurotiker anwendbare Methode und auch keinen guten Therapeuten, der alle Patienten behandeln könnte, sondern eine bestimmte Kombination von Arzt und Patient, bei der alles richtig einrastet und eine wunderbare Heilung zustande kommt. Dies ist möglich, aber als Behauptung unüberprüfbar; alle Erfolge lassen sich als Bestätigung der Hypothese in

Anspruch nehmen, alle Fehlschläge einfach als Beispiele falscher Korrespondenz abtun und damit wieder als Bestätigung der Hypothese anführen. Solange sich die Korrespondenz nicht vor der Behandlung festlegen läßt (und niemand gibt zu verstehen, wie dies geschehen könnte), ist diese Hypothese nicht brauchbar; sie ist unüberprüfbar und mithin jenseits der Wissenschaftlichkeit. Es ist richtig, daß Persönlichkeitstypus und Behandlungsmethode auf vorhersagbare Weise in Wechselbeziehung stehen, wie wir sehen werden, doch dies trifft auf die verhaltenstherapeutischen Methoden zu, und in bezug auf die Psychoanalyse ist nichts Vergleichbares nachgewiesen. Möglicherweise hat Dr. H. B. M. Murphy vom Hôpital du Sacré-Coeur in Montreal einen Schlüssel zu dem Geheimnis gefunden, wie man den Persönlichkeitstypus entdeckt, der wahrscheinlich von der Psychotherapie profitiert. Murphy arbeitete mit zwei Gruppen neurotischer Patienten; die eine Hälfte wurde psychotherapeutisch, die andere überhaupt nicht psychiatrisch behandelt. Wie erwartet, brachte das keinen Unterschied in den Heilungen; beide Gruppen reagierten gleicherweise gut. Allerdings erwies es sich als möglich, eine Gruppe von Patienten zu ermitteln, die eindeutig von der Psychotherapie profitierten, denen es nämlich weit besser ging, wenn sie diese Behandlung erhielten, statt nicht behandelt zu werden. Diese Patienten wiesen miteinander kombinierte Eigenschaften auf. In erster Linie waren sie introvertiert; Extravertierte ließen keine der Behandlung zu verdankende Unterschiede erkennen. Und zweitens besaßen sie eine gewisse »Tüchtigkeit«, das heißt, sie waren in letzter Zeit nicht arbeitsunfähig gewesen, konnten Zorn und Frustration artikulieren, hatten in letzter Zeit keine psychotropen Medikamente genommen und fanden das Leben schwierig, aber erträglich. Dazu Murphy: »Es hat den Anschein, daß die zugrunde liegende Persönlichkeit, nicht aber das augenblick-

255

liche Leiden darüber entscheidet, ob für Neurosen eine Betreuung durch Spezialisten nötig ist. Die neurotischen Patienten in unserer Auswahl, die am meisten von einer psychiatrischen Behandlung profitierten und ohne eine solche am wenigsten weiterkamen, waren Introvertierte, die sich schon immer für ziemlich ungesund gehalten, sich aber geweigert hatten zu sagen, das Leben werde zu viel für sie, und die die einfachen Lösungen des Nicht-Arbeitens und des Medikamentengebrauchs vermieden hatten. Es waren Menschen, die offenbar imstande waren, ohne Schwierigkeiten zu sprechen und andere bezüglich ihrer Probleme zu konsultieren, und sie konnten offensichtlich mit Frustrationen umgehen, ohne entweder ihre Irritation zu unterdrücken oder ihre Selbstkontrolle zu verlieren.«

Warum benötigen derart qualifizierte Menschen eine Psychotherapie? Murphy antwortet, eben ihre Qualifikation könnte sie in die Falle gelockt haben: »Es sieht ganz so aus, als seien sie in die Gewohnheit verfallen, ihre Probleme in einer bestimmten Weise anzugehen, wobei sie sich aber mit der fruchtlosen Anwendung dieser Methode auf ihre gegenwärtige Situation erschöpfen. Der durchschnittliche Psychiater schürft tief genug, um dies zu erkennen und eine neue Methode der Selbsthilfe vorzuschlagen.« Diese Untersuchung bedarf dringend einer Neuauflage, und diese spezielle Hypothese ist im Augenblick wenig mehr als Mutmaßung. Sollte sich eine Wiederholung jedoch als erfolgreich erweisen, könnte man sagen, für eine kleine Gruppe von Neurotikern, die etwa 15 Prozent der behandlungssuchenden Leidenden ausmacht, habe die Psychotherapie einen gewissen Nutzen. (Eine Verhaltenstherapie könnte natürlich noch besser sein.)

Als nächstes müssen wir uns der Verhaltenstherapie zuwenden und die gleiche Frage stellen: Funktioniert die Verhaltenstherapie? Wenn ich sage, daß die Antwort positiv ausfallen muß, möchte ich nicht so verstanden werden, als sagte ich, der Beweis für diese Behauptung sei überwältigend stark und endgültig. Angesichts der Komplexität der damit zusammenhängenden Fragen und der Schwierigkeit, eine korrekte Studie über die therapeutische Wirksamkeit zu entwickeln, müssen allgemeine Aussagen unvermeidlich verdächtig sein. Enger umgrenzte Aussagen freilich lassen sich machen, so etwa, daß die Methoden der Reaktionsverhinderung im Fall von Zwangsstörungen äußerst und daß Methoden der Desensibilisierung im Fall phobischer Ängste oder allgemeiner Angstzustände sehr erfolgreich sind. Es wurden Kontrolluntersuchungen durchgeführt, doch sie erfaßten unvermeidlich nur begrenzte Zeitspannen – die Verhaltenstherapie existiert einfach noch nicht lange genug, als daß längerfristige Studien möglich wären. Diese sind offensichtlich erforderlich, doch bei den hohen Kosten für die Durchführung solcher Untersuchungen und der vergleichsweisen Armut der Verhaltenstherapie, gemessen an der Psychoanalyse, ist es unwahrscheinlich, daß in nächster Zukunft derartige Studien in großer Zahl zustande kommen werden. Viel, viel mehr wurde in den gut zwölf Jahren seit der offiziellen Anerkennung der Verhaltenstherapie von Verhaltenstherapeuten an Beweisarbeit geleistet als von Psychoanalytikern und Psychotherapeuten in den etwa siebzig Jahren der Freudschen Hegemonie; nichtsdestoweniger sollte man ganz deutlich feststellen, daß weit mehr erforderlich ist, ehe sich mit einiger Sicherheit sagen läßt, welche Methoden für welche Patienten unter welchen Umständen am geeignetsten sind oder was genau die wahrscheinlichen Wirkungen sein werden. Daß es nicht möglich ist, sämtliche Antworten zu liefern, sollte man nicht so verstehen, als gebe es keine Antworten; man weiß bereits ziemlich viel, und das gibt uns Vertrauen in die Brauchbarkeit der Verhaltenstherapie für die Behandlung neurotischer Erkrankungen.

Diese Überzeugung stützt sich auf zwei Arten von Studien, und beide sind in Zusammenhang miteinander zu bringen, wenn wir zu einem sinnvollen Abschätzen der augenblicklichen Situation kommen wollen. In erster Linie haben wir Untersuchungen über psychiatrische Patienten, die aus der Kinderbetreuung oder der Nervenklinik kamen und einer Verhaltenstherapie unterzogen wurden; dann wird ein Vergleich mit ähnlichen, psychotherapeutisch oder überhaupt nicht behandelten Patienten angestellt. Klinische Studien dieses Typus sind vielleicht die überzeugendsten, aber sie leiden unvermeidlich an gewissen Durchführungsproblemen aufgrund des Umgangs mit Menschen, die Schwierigkeiten haben; es wäre beispielsweise unethisch und inhuman, einen Patienten in einer Kontrollgruppe zu behalten, dem es plötzlich schlechter geht. Oder ein Patient in der Experimentalgruppe läßt unversehens psychotische Symptome erkennen, die eine medikamentöse Behandlung erforderlich machen; es wäre unethisch und inhuman, ihm eine solche Behandlung vorzuenthalten, auch wenn dies die wissenschaftliche Sauberkeit des Forschungsprogramms zunichte machen mag. Auf drei derartige klinische Studien werden wir sogleich näher zu sprechen kommen.

Eine Alternative zu klinischen Studien stellen die sogenannten Experimental- oder Analogiestudien dar, bei denen wir mit Menschen arbeiten, die an deutlich abgegrenzten Einzelphobien leiden, ansonsten aber nicht psychiatrisch krank sind und normalerweise nicht zur Behandlung kämen. Solche Phobien und Ängste, die untersucht wurden, sind Schlangen- und Spinnenangst, Furcht vor öffentlichem Sprechen und so fort; sie können sehr stark ausgeprägt und hinderlich sein und grenzen an den Sektor der neurotischen Störungen an; nichtsdestoweniger können sie sich weit genug von klinischen Störungen unterscheiden (wiewohl ich dies bezweifle und wiewohl es auch die Freudsche Theorie bezweifeln dürfte), um es gefährlich zu machen, Ergebnisse aus solchen Neurosenanalogien auf voll entfaltete Neurosen zu übertragen. In der Praxis stimmen Ergebnisse aus klinischen und Experimentalstudien gewöhnlich gut überein, doch die Gefahr besteht und sollte erkannt werden.

Die beiden ersten der drei zu erörternden klinischen Studien wurden in meinem eigenen Labor durchgeführt, während über die dritte von der University of Southern California berichtet wurde. Im ersten Fall nahm Dr. James Humphery eine Untersuchung vor, die spezifisch darauf angelegt war, die Ergebnisse der Verhaltenstherapie mit denjenigen der traditionellen Psychotherapie zu vergleichen. Humphery, der früher Leiter einer Kinderbetreuungsklinik und Psychotherapeut mit langjähriger Erfahrung war, wurde eigens dafür verhaltenstherapeutisch ausgebildet, um diese Untersuchung durchzuführen. Seine Patienten waren 71 Kinder, die wegen verschiedenster Störungen – abgesehen von Gehirnverletzungen und Psychosen – in Londoner Kinderbetreuungskliniken überwiesen worden waren. Man unterteilte sie in entsprechende Gruppen: die 34 in der Kontrollgruppe wurden überhaupt nicht behandelt; die 37, die man behandelte, kamen in zwei Gruppen, von denen in der einen verhaltenstherapeutisch, in der anderen mit traditioneller Psychotherapie gearbeitet wurde. Nach einer Fünf-Punkte-Bewertungsskala stellte man fest, wie schwer die Störung jedes Kindes war (seinen klinischen Status) und welchen Erfolg die Behandlung hatte. Zu Beginn der Untersuchung wurde jedes Kind nach dieser Skala eingestuft; die Kinder in den Behandlungsgruppen wurden unmittelbar nach der Behandlung neu bewertet, diejenigen aus der Kontrollgruppe zehn Monate nach Beginn des Experiments. Erfahrene Psychiater, die nicht wußten, welcher Gruppe ein Kind zugeteilt war, nahmen die Bewertung vor. Die Ent-

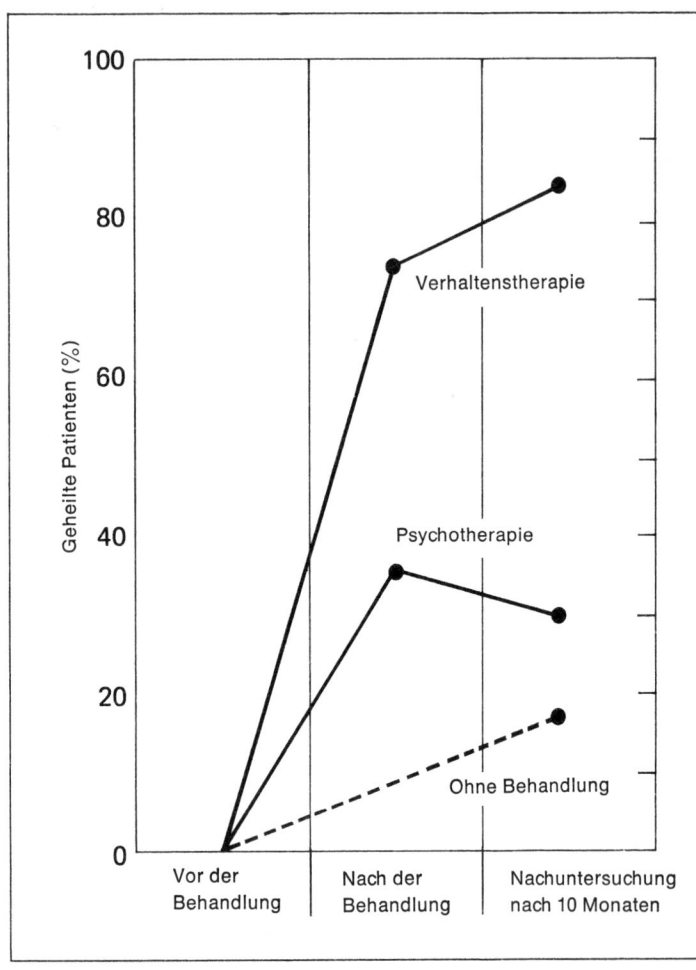

12. Die Wirkungen von Verhaltenstherapie, Psychotherapie und Nicht-Behandlung bei Zufallsstichproben von Patienten in Kinderbetreuungskliniken.

scheidung am Ende der Behandlung trafen Humphery und der dem Fall zugeteilte Psychiater gemeinsam. Ein Anstieg um zwei oder mehr Punkte auf der klinischen Bewertungsskala wurde als Kriterium für eine »Heilung« festgelegt. Sämtliche Kinder wurden zehn Monate später abermals bewertet. 75 Prozent der verhaltenstherapeutisch behandelten Kinder wurden am Ende der Behandlung als geheilt eingestuft, hingegen nur 35 Prozent derjenigen, die eine Psychotherapie hinter sich hatten. Bei der Nachuntersuchung zehn Monate später wurden 85 Prozent derjenigen, die eine Verhaltenstherapie durchlaufen hatten, als geheilt bewertet – ein Anstieg um 10 Prozent –, aber nur 29 Prozent der Kinder aus der Psychotherapiegruppe galten noch immer als geheilt. 18 Prozent derjenigen, die überhaupt keine Behandlung erhalten hatten, wurden für geheilt befunden.

Diese Ergebnisse werden noch eindrucksvoller, zieht man die Unterschiede der Behandlungsdauer in Betracht. Die psychotherapeutisch behandelten Kinder benötigten 21 über 31 Wochen verteilte Sitzungen, ehe man der Ansicht war, die Behandlung abschließen zu können, diejenigen der verhaltenstherapeutischen Gruppe hingegen hatten nur neun über achtzehn Wochen verteilte Sitzungen nötig. Mithin heilte die Verhaltenstherapie doppelt so viele Fälle wie die Psychotherapie, und dies in weniger als halb so vielen Sitzungen. Überdies waren die der verhaltenstherapeutischen Gruppe zugeteilten Kinder schwerer erkrankt, was zunächst gegen den Erfolg der Verhaltenstherapie zu sprechen schien. Da andererseits die Kinder in der Psychotherapiegruppe die Behandlung mit einem höheren klinischen Status begannen, war es weniger wahrscheinlich, daß sie den für eine Heilung erforderlichen Anstieg um zwei Punkte erreichten. Diese Faktoren waren zweifellos für den frappierenden Unterschied zwischen den beiden Gruppen mitverantwortlich. Man sollte jedoch festhalten, daß der Prozentsatz von Heilungen aufgrund der Psychotherapie bei diesem Experiment nicht von dem abwich, den man in den an der Untersuchung beteiligten Kliniken gewöhnlich erreichte.

Eine in bestimmter Hinsicht ähnliche Studie führte Dr. P. Gillan mit erwachsenen neurotischen Personen durch. Sie arbeitete mit ambulanten Patienten einer Nervenklinik, die an schweren und komplexen Phobien und Ängsten litten. Dr. Gillan bildete vier Gruppen von je acht Patienten, aufeinander abgestimmt nach entscheidenden Variablen; diese vier Gruppen wurden auf veschiedene Weise behandelt. Diejenigen in der Gruppe 1 erhielten eine Desensibilisierungsbehandlung unter kombinierter Anwendung von Hierarchien und Entspannung. Die Gruppe 2 wurde ebenfalls nach Hierarchien behandelt, aber nicht in Entspannungstechnik ausgebildet. Die Gruppe 3 arbeitete mit Entspannungsübungen samt Pseudotherapie (Placebo), aber nicht mit Hierarchien. Die Patienten der Gruppe 4 unterzogen sich bei Psychotherapeuten einer dynamischen Psychotherapie. (Die Verhaltensbehandlungen führte Dr. Gillan sämtlich selber durch.) Die Beurteilung der Patienten nahmen diese selber, die beteiligten Therapeuten und ein unabhängiger Psychiater vor, der keiner der angewandten Methoden verpflichtet war und über die bei den einzelnen Patienten durchgeführten Behandlungen nicht Bescheid wußte. Auch wurden sowohl am Ende der Therapie und nach einer Kontrollperiode von drei Monaten physiologische Messungen des von den phobischen Objekten ausgelösten Angstpotentials vorgenommen.

Die Ergebnisse der Studie waren recht eindeutig. Die Desensibilisierung, das heißt die Kombination von Hierarchien mit Entspannung, war am erfolgreichsten; darauf folgten die Hierarchien allein, ohne Entspannung. Die Entspannung ohne Hierarchien, also die Placebobehandlung, und die Psychotherapie schnitten erheblich schlechter ab. Zu beachten ist, daß sich die Ansichten der Patienten, des unabhängigen Psychiaters und der Verhaltenstherapeuten im Hinblick auf den Besserungsgrad sehr nahe kamen; die Psychotherapeuten tendierten dazu, die Wirkungen ihrer eigenen Behandlung deutlich überzubewerten. Dies stellt die übliche Praktik der Psychotherapie in Frage, jeden Therapeuten seine eigene Arbeit beurteilen zu lassen. Das Ergebnis dieser Studie über Erwachsene stimmt gut mit dem der Kinderstudie überein; in beiden Fällen findet man, daß sich die Verhaltenstherapie als weit erfolgreicher erweist denn die Psychotherapie.

Bei der dritten klinischen Studie, von der die Rede sein soll, wurden 94 an mäßig schweren Neurosen und Persönlichkeitsstörungen leidende Patienten zur Behandlung angenommen. Man setzte sie entweder auf eine Warteliste oder teilte sie einem Verhaltenstherapeuten oder einem analytisch orientierten Psychoanalytiker zu. (Die Kontrollpatienten bekamen eine Therapie in vier Monaten zugesagt.) Jede Richtung war durch drei Therapeuten vertreten. Die Ergebnisse der Studie sahen folgendermaßen aus: Nach vier Monaten zeigten sich bei allen drei Gruppen erhebliche Besserungen im Hinblick auf die Schwere der Zielsymptome. Die behandelten Gruppen schnitten besser ab als die Kontrollgruppe, und obwohl die verhaltenstherapeutische bessere Ergebnisse zeigte als die psychotherapeutische, war der Unterschied statistisch nicht bedeutsam. Nach dem Kriterium »Arbeit« erreichte die verhaltenstherapeutische Gruppe deutlich mehr als die psychotherapeutische oder die Kontrollgruppe. Was das Sozialverhalten anlangte, so ließen nur die Patienten der verhaltenstherapeutischen und der Kontrollgruppe eine merkliche Besserung erkennen, die psychotherapeutischen Patienten hingegen nicht. »Nach einer Bewertungsskala für die Gesamtbesserung wurden 93 Prozent der verhaltenstherapeutischen Patienten im

Gegensatz zu 77 Prozent der Psychotherapie- und Wartelistenpatienten entweder als in ihrem Befinden gebessert oder als geheilt erachtet.« Bei der Nachuntersuchung nach einem Jahr hatte die Besserung bei den meisten Patienten angehalten oder sich noch verstärkt. »Der einzige Unterschied zwischen den Gruppen bestand nach einem Jahr darin, daß es den Verhaltenstherapiepatienten im Hinblick auf die Schwere der Zielsymptome noch immer beträchtlich besser ging als den Kontrollpatienten.« (Mit anderen Worten: nicht auch den Psychotherapiepatienten.) In keiner Gruppe fand sich ein Anzeichen für eine Symptomverschiebung. »Im Gegenteil, Patienten, deren Zielsymptome sich besserten, berichteten auch von Besserungen bei anderen, weniger wichtigeren Symptomen.«

Man sollte diese drei Studien nicht überbewerten. Keine ist frei von Fehlern; alle sind kritisierbar – und das perfekte Experiment existiert in der Tat nur in der Vorstellung. Nichtsdestoweniger kommen alle drei zu ähnlichen Schlußfolgerungen im Hinblick auf die Wirksamkeit der Verhaltenstherapie, und diese Schlußfolgerung findet sich auch in allen anderen überprüften Studien: Bei keiner ergab sich, daß die Verhaltenstherapie anderen Behandlungsmethoden wie der Psychotherapie unterlegen oder dem Verzicht auf Behandlung nicht überlegen wäre. Bei der relativen Jugend der Verhaltenstherapie ist dies ein erfreuliches Ergebnis. Natürlich ist noch weit mehr Arbeit vonnöten, ehe sichere Schlußfolgerungen zu erzielen sind, doch die bislang erreichte Übereinstimmung ist höchst ermutigend – zumal unter dem Aspekt der im Folgenden zu referierenden Experimentalstudien.

Experimentalstudien haben mehrere große Vorteile. Angesichts dessen, daß die Behandlung weniger dringlich ist, lassen sich die Beteiligten weit leichter den einzelnen Gruppen zuteilen. Durch die Konzentration auf ein einziges Symptom, wie etwa die Schlangenphobie, werden die Patienten besser vergleichbar und läßt sich der »Furchtgrad« genauer angeben, den man überdies objektiv mittels Verhaltensweisen oder elektrophysiologischer Werte messen kann; man vermag festzustellen, um wieviel näher der bereits Behandelte sich an eine Schlange heranwagt als zu Beginn des Experiments oder welche Auswirkungen auf sein autonomes System die Konfrontation mit einer Schlange hat (meßbar durch beschleunigten Puls, schnellere Atmung, Schweißausbruch und so fort).

Es liegen buchstäblich Dutzende von Experimenten dieser Art vor, bei denen die Verhaltenstherapie mit verschiedenen psychotherapeutischen Verfahren, Kontroll- und Placebogruppen und anderen Formen der psychiatrischen Behandlung verglichen wurde. Nur eine derartige Studie sei erwähnt, nämlich die, über die Dr. Gordon L. Paul von der University of Illinois berichtete. Er arbeitete mit der Situation des öffentlichen Sprechens als dem angstauslösenden Umstand und bezog in sein Experiment 96 Studenten der Sprechkurse an der Universität ein, wobei er unter insgesamt 710 Studenten diejenigen auswählte, die am meisten von Angst gequält wurden und eine Behandlung erbaten. Die Studie umfaßte fünf Gruppen. Die Gruppe A wurde mit einem Desensibilisierungsverfahren behandelt, die Gruppe B mittels einsichtorientierter Psychotherapie, die Gruppe C mit einer sinnlosen Placebomethode, und die Gruppe D erhielt überhaupt keine Behandlung, obwohl ihre Angehörigen über das Experiment Bescheid wußten und Fragebogen ausfüllten. Die Gruppe E schließlich bildeten Nicht-Unterrichtete; sie wurden einfach beobachtet und erkannten nicht, daß sie (in gewisser Weise) an dem Experiment beteiligt waren. (Man bildete sie, um Veränderungen beurteilen zu können, die durch das einfache Wissen darüber eintreten mochten, daß ein Experiment durchgeführt wurde und man daran mitwirkte.)

Fünf erfahrene Psychotherapeuten arbeiteten einzeln mit drei Patienten in jeder der drei Behandlungsgruppen fünf Stunden lang während einer Zeitdauer von sechs Wochen; im Anschluß an die Behandlung nahm man an den Behandelten und den nichtbehandelten Kontrollpatienten Messungen vor, und sechs Wochen später schlossen sich für alle fünf Gruppen Messungen aufgrund einer Testserie an. Die Verhaltens- und Besserungsbewertungen lieferten sowohl die Patienten selber wie die Therapeuten. Statistische Analysen der Ergebnisse »erwiesen systematische Desensibilisierung als durchgängig überlegen (hundertprozentiger Erfolg); keine Unterschiede fanden sich zwischen den Wirkungen der einsichtorientierten Psychotherapie und den unspezifischen Wirkungen der Placebobehandlung (47 Prozent Erfolg), wiewohl diese beiden Gruppen eine stärkere Angstreduzierung erkennen ließen als die nicht behandelten Kontrollpatienten (17 Prozent). Die Besserung hatte auch bei der Nachuntersuchung ohne Anzeichen einer ›Symptomverschiebung‹ angehalten. Keines dieser Resultate war auf Unterschiede in der Qualifikation der Therapeuten zurückzuführen. Dabei sollte man beachten, daß es sich im wesentlichen um ausgebildete Psychotherapeuten mit einer Vorliebe für Psychotherapie des analytischen Typus handelte; sie mußten für die Anwendung der verhaltenstherapeutischen Verfahren eigens ausgebildet werden und blieben dem Ergebnis der Studie zum Trotz weiterhin bei ihrer Bevorzugung der Psychotherapie. Damit läßt sich das günstige Ergebnis nicht durch mögliche Neigungen seitens der Therapeuten erklären; sofern überhaupt solche Neigungen existierten, wiesen sie in die entgegengesetzte Richtung.

Das Ergebnis dieser Studien ist bezeichnend für praktisch sämtliche anderen Experimentalstudien in der Literatur. Es findet sich keine, die nicht die Überlegenheit der Verhaltenstherapie gegenüber allen Formen der Psychotherapie, der Placebobehandlung oder dem Verzicht auf Behandlung nachwiese. Gewöhnlich ist es möglich, an jeder einzelnen Studie etwas zu kritisieren, eindrucksvoll aber sind die ungewöhnliche Übereinstimmung aller im Hinblick auf ihr Hauptergebnis und der Umstand, daß sie und die oben erwähnten klinischen Untersuchungen sich wechselweise stützen. Alles in allem dürften diese Studien wohl ziemlich entschieden die allgemeine Schlußfolgerung gestatten, daß die Verhaltenstherapie, aufs Ganze gesehen, wirksam ist, und zwar bemerkenswert gut angesichts ihrer Jugend und der sehr begrenzten Ausbildungsmöglichkeiten, die Praktiker und Experimentatoren in der Vergangenheit hatten. Vieles bleibt noch zu klären, und offensichtlich sind weitere und bessere Ergebnisuntersuchungen vonnöten; nichtsdestoweniger dürften künftige Arbeiten diese Hauptschlußfolgerungen wohl kaum erschüttern.

Die Kritiker der Verhaltenstherapie

In den letzten Jahren richtete sich eine Anzahl von Kritiken und Einwänden gegen die Verhaltenstherapie und die Theorien, auf die sie sich stützt, und ein kurzer Überblick darüber sollte in aller Fairneß gegenüber den Kritikern hier nicht fehlen. Beginnen wir mit der Feststellung, daß ganz offensichtlich keine wissenschaftliche Theorie und keine Anwendung einer solchen Theorie jenseits aller Kritik stehen können; selbst die fundiertesten Theorien sind anfällig für Ungereimtheiten, Unvollkommenheiten und dafür, daß Vorhersagen, die bestätigt werden sollten, heillos falsch sind. Wenn sich herausgestellt hat, daß dies sogar bei den angesehensten physikalischen Theorien wie Newtons Gravitationstheorie der Fall ist, um wieviel wahrscheinlicher ist es dann, daß es auch für psychologische Theorien gilt, zumal dann, wenn sie noch in den Kinderschuhen stecken. Perfektion oder etwas zu erwarten, das ihr nahe kommt, ist unrealistisch; daher sollte man Kritiken nur begrüßen: als Aufweis von Schwächen, die sich beheben lassen, von Fehlern, die korrigierbar sind, von Verbesserungen, die man an der allgemeinen Struktur vornehmen kann. Es ist ganz falsch anzunehmen, der Wissenschaftler betrachte den Kritiker als seinen Feind; ein guter Kritiker ist der beste Freund des Wissenschaftlers. In ebendiesem Geist sollte man Kritiken ansehen, nicht aber in dem Geist, daß man versucht, das nicht Rechtfertigbare zu rechtfertigen, was eher Politikern ansteht als Wissenschaftlern.

Nehmen wir die erste Kritik, nämlich die, daß die hier skizzierten Theorien und die darauf gegründeten Methoden übermäßige Vereinfachungen und nicht vereinbar mit der Komplexität der menschlichen Natur seien. Diese Kritik wird oftmals so ausgeweitet, daß sie sich auch auf die Grundlage der Verhaltenstherapie und ihre Hilfstheorie in der Arbeit mit Tieren erstreckt; es heißt da, Ratten und selbst Hunde seien viel zu einfache Organismen, als daß sie uns irgend etwas über die unendliche Komplexität der menschlichen Natur sagen könnten. Dem Verhaltenstherapeuten wird vorgeworfen, er abstrahiere gewisse Verhaltensmerkmale aus der Wirklichkeit und verliere so die Totalität aus dem Blick, mit der er sich befassen solle. In der Tat zieht eben diese Gewohnheit, sich auf gewisse Weise mit der Komplexität des Individuums und der Totalität seiner Lebensumstände zu beschäftigen, viele Menschen zur Psychoanalyse hin; hier sind, wie auf vielerlei andere Weise, Psychoanalyse und Verhaltenstherapie die entgegengesetzten Enden eines Kontinuums. Ist diese Kritik realistisch, ist sie sinnvoll und stellt sie den Wert der Verhaltenstherapie in irgendeiner Weise in Zweifel? Meiner Meinung nach tut sie das nicht.

Es besteht kein Zweifel daran, daß die Kritik ein sehr reales Problem anspricht, doch ich meine, daß sie trotzdem ungerechtfertigt ist. Wissenschaftstheoretiker sind sich darin einig, daß das, was Wissenschaft in erster Linie charakterisiert, ihre Tendenz zur Abstraktion ist; der Wissenschaftler muß imstande sein, die Aspekte der Wirklichkeit zu sehen, die für sein Problem von Belang sind, und diejenigen beiseite zu lassen, die es nicht sind. Das Gesetz über den freien Fall geht auf alle möglichen Arten wichtiger Qualitäten wie Farbe, Form oder Beschaffenheit der Massen nicht ein; es abstrahiert konsequent nur ein Charakteristikum (die Masse) aus der komplexen Realität, der es sich gegenübersieht, und formuliert Aussagen, die sich auf genau diese Qualität beziehen und auf sonst nichts. Diese Einseitigkeit zieht die einen Menschen an und stößt andere zurück; man erinnere sich, wie Goethe die Farbtheorie Newtons angriff und sie durch eine eigene, komplexere und künstlerischere ersetzte, weil er sich nicht mit dem hohen Abstraktionsgrad der Newtonschen Arbeit abfinden konnte. Trotzdem hatte Newton recht und Goethe unrecht. Für eine wissenschaftliche Theorie ist das einzige Kriterium, ob sie brauchbar ist, nicht aber, ob die Menschen sie ansprechend finden. Die Äußerung, eine Theorie sei brauchbar, besagt einfach, daß wir dank ihrer Vorhersagen machen können, die durch Beobachtung und Experiment bestätigt werden; wir erwarten nicht von ihr, daß sie alle Arten von Ereignissen oder Eigenschaften erklärt, die den Außenstehenden als wichtig erscheinen mögen, für die Theorie selber aber ohne Belang sind.

So ist es richtig, daß sich Mensch und Hund auf unabsehbare Weise voneinander unterscheiden; dies ist jedoch belanglos für eine Theorie, die feststellt, daß sie sich im Hinblick auf ein besonderes Charakteristikum so ausreichend ähneln, daß man von dem einen auf den anderen schließen kann. Sosehr wir eine solche Theorie aus apriorischen Gründen oder deshalb beanstanden mögen, weil es uns mißfällt, auf diese Weise mit Hunden und Ratten verglichen zu werden, bleibt dennoch nur eine Möglichkeit, die Frage zu klären: wir müssen Ableitungen aus der Hypothese machen, Hunde und Menschen gleichen sich im Hinblick auf x, und dann diese Ableitungen überprüfen. Hunde und Menschen haben ein autonomes System, sie entwickeln konditionierte Reaktionen, sie löschen diese unter Bedingungen der Reaktionsverhinderung beim Vorhandensein eines unverstärkten konditionellen Reizes; der Beweis für den Pudding liegt daher im Essen: Finden wir, daß Menschen ihre neurotischen Symptome löschen, wenn sie in eine Situation der Reaktionsverhinderung gestellt werden? Der Umstand, daß sie es tun, läßt sich nicht einfach durch die Äußerung abstreiten, Menschen seien komplizierter als Hunde; diese Aussage ist sowohl richtig wie belanglos. Der einzige behauptete Punkt ist, daß sich Menschen und Hunde in bestimmten relevanten Aspekten gleichen; der Beweis bestätigt dies, und infolgedessen scheinen die Unterschiede nicht von Belang zu sein.

Eine zweite Kritik wird oftmals von den sogenannten »kognitiven Psychologen« vorgebracht, die davon ausgehen, daß beim Menschen der kognitive unter allen Anpassungsaspekten die Priorität hat. Ihr Einwand, der auf vielerlei Weise dem bereits erörterten ähnelt, läuft darauf hinaus, daß sich die einfache Konditionierungstheorie mit einfachen Reizen wie Glocken, Summern, aufblitzenden Lichtern und so fort befaßt, während die Konditionierung beim Menschen, falls sie überhaupt stattfindet, als Reize bedeutungsvolle Situationen und Begriffe verwendet, die weit entfernt von den einfachen Pawlowschen Sinneseindrücken sind und eine Integration mittels kognitiver Prozesse erfordern. Dem kann man augenblicklich zustimmen, und man wird sich tatsächlich daran erinnern, daß Pawlow selber Gewicht auf die Bedeutung des zweiten Signalsystems legte, das im Grunde eben dasjenige ist, was diese Kritiker als »kognitive Prozesse« bezeichnen. Allerdings ist zu bezweifeln, ob die Anerkennung dieses Umstands wirklich einen großen Unterschied für die Theorie ausmacht. Für den Zweck der Darstellung ist es viel einfacher, sich an einfache Reize zu halten, doch selbst im Tierlabor wurde viel mit komplexen und verknüpften Reizen gearbeitet, und diese Arbeit läßt sich ohne unüberwindliche Schwierigkeiten auf den menschlichen Bereich ausweiten. Die betreffende Kritik verlangt keine tiefgreifende Umformung unserer Theorie; sie erfordert lediglich eine sorgfältigere Neuformulierung verschiedener Aspekte an ihr. Dies läßt sich in einem Fachbuch leicht bewerkstelligen; in einem populären wie dem vorliegenden scheint es nicht nötig zu sein.

Andere Kritiker bringen vor, die Ergebnisse der Verhaltenstherapie kämen nicht durch die vermeintlichen Konditionierungs- und Löschungsprozesse zustande, sondern vielmehr durch gewisse psychoanalytische Prozesse wie die »Übertragung«. Dieser Ausdruck soll zu verstehen geben, daß der Patient Emotionen, die sich auf bestimmte Menschen wie seinen Vater beziehen, auf andere Menschen wie den Therapeuten überträgt; ja, es wird behauptet, eine »Heilung« könne nur mittels einer solchen Übertragung stattfinden. Die Kritiker legen nahe, daß in der Verhaltenstherapie Therapeut und Patient, wie in der Psychotherapie, eine enge persönliche Beziehung entwickeln, daß diese Beziehung eine Übertragung bewirke und daß diese Übertragung der wirksame Bestandteil der Behandlung sei. Dies ist aus mehreren Gründen unwahrscheinlich. In erster Linie gelingt es der Psychoanalyse und der Psychotherapie, bei denen, wie anzunehmen ist, die Übertragung sich am meisten entfalten sollte, nicht, wohltätige Auswirkungen auf den Patienten nachzuweisen; warum sollte die Übertragung, falls sie bei Behandlungen unter diesen Bedingungen keinen Erfolg zeigt, es unter den Bedingungen der Verhaltenstherapie tun, bei der die Gelegenheiten für eine Übertragung sicherlich weit begrenzter sind?

In zweiter Linie wird man feststellen, wenn man die Verhaltens- mit der Psychotherapie vergleicht – wie beispielsweise bei dem im vorigen Abschnitt erwähnten Humphery-Experiment –, daß man bei der Anwendung von Psychotherapie doppelt soviel Zeit für jedes Kind aufwendet wie bei der Verhaltenstherapie und sich so viel mehr Gelegenheit dafür bietet, daß eine Übertragung wirksam wird. Dennoch war die Verhaltenstherapie erfolgreich, die Psychotherapie nicht; aufgrund dessen ist sehr schwer einsehbar, wie die Übertragung ein wesentlicher Bestandteil sein soll, der das erfolgreiche Ergebnis der Verhaltenstherapie bewirkte.

Und drittens hat Prof. Peter Lang in Wisconsin gezeigt, daß sich die Verhaltenstherapie ebenso mittels eines Computers wie mittels eines Therapeuten durchführen läßt. Für Patienten mit Schlangenphobien programmierte er den Computer so, daß er zunehmend stärkere angstauslösende Reize produzierte, an den richtigen Stellen Entspannung empfahl und sich schrittweise die Angsthierarchie hinaufarbeitete. Das Gerät enthielt auch einen Panikknopf; wenn der Patient den Eindruck hatte, durch die Instruktionen, sich eine angstauslösende Situation vorzustellen, werde zu starke Angst ausgelöst, drückte er einfach auf diesen Knopf, und der Computer kehrte zur Entspannung und einem leichteren, weniger Angst bewirkenden Programmpunkt zurück. Man fand, daß diese Methode genausogut funktionierte wie eine persönliche Therapie; es dürfte schwerfallen, jemandem einzureden, die Patienten entwickelten dem Coputer gegenüber eine Form von Übertragung. Ich glaube, diese Hypothese ist nicht sehr ansprechend, und man sollte sie fallenlassen.

Genau das Gegenteil halte ich für richtig. Welchen Erfolg immer die Psychotherapie erzielen mag, er dürfte wahrscheinlich darauf zurückgehen, daß ihre Methodik gewisse Züge der Desensibilisierung enthält. So bespricht der Therapeut mit dem Patienten die Problemhierarchie, wobei man oft mit einem verhältnismäßig leichten Problem beginnt und sich zu dem angstträchtigsten vorarbeitet; der Therapeut übt den Patienten vielleicht zwar nicht aktiv in Entspannung ein, versucht aber, beruhigend zu wirken und dadurch Entspannung zu fördern; am Ende der Therapie wird der Patient aufgefordert, seine neu erworbenen Fertigkeiten in der Alltagswelt anzuwenden, das heißt, sie von der Praxis des Therapeuten auf die häusliche und die berufliche Umgebung zu generalisieren. Die Desensibilisierung kommt amateurhaft und ohne eigentliche Absicht zustande; nichtsdestoweniger sind die Elemente vorhanden und können gelegentlich wirksam werden, falls der Therapeut freundlich, einfühlsam und beruhigend ist – und wir haben gesehen, daß eben diese Persönlichkeitsmerkmale offenbar Hand in Hand mit Erfolgen der Psychotherapie gehen.

Eine wichtigere und relevantere Kritik ist die, die ich selber mehrmals vorgebracht habe, daß nämlich Verhaltenstherapeuten individuelle Unterschiede zwischen Patienten vernachlässigen, wenn sie ihnen verschiedene Arten der Verhaltenstherapie zuteil werden lassen. Prof. DiLoreto von der Western Michigan University hat eine interessante und überzeugende Studie zur Veranschaulichung dieses Punkts veröffentlicht. Er setzte drei Formen der Verhaltenstherapie ein, jede von zwei Therapeuten vorgenommen: die Desensibilisierung, wie sie J. Wolpe praktiziert, die rational-emotionale Therapie, wie sie Albert Ellis vornimmt, und die etwa von C. R. Rogers angewandte klientenzentrierte Therapie. Der Desensibilisierung sind wir bereits begegnet; sie sei hier nicht nochmals beschrieben. Die rational-emotionale Behandlung lehrt, daß jede anhaltende negative Emotion auf einer (konditionierten?) irrationalen Idee beruhe und ohne diese Idee oder Philosophie die Zeit nicht überdauern könne. So ist ihre Ausschaltung und ihr Ersatz durch eine rationalere Idee das Ziel der Behandlung, die im wesentlichen darin besteht, diese Ideen in Frage zu stellen. Bei der klientenzentrierten Therapie versucht der Therapeut interpersonale Angst dadurch zu verringern, daß er den Patienten ermutigt, in einer psychologisch sicheren Beziehung das Gefühl oder die Gefühle zu erleben, die ihm bislang zu bedrohlich waren, als daß er sie frei hätte erleben können. Man könnte endlos darüber streiten, ob diese beiden Methoden in der Tat Teile der Verhaltenstherapie sind oder nicht; doch eine derartige Debatte wäre ziemlich sinnlos. Sicherlich dürften Ellis und Rogers behaupten, ihre Methoden seien aus den Regeln und Gesetzen der allgemeinen Psychologie, einschließlich der Lerntheorie, abgeleitet. Zumindest provisorisch können wir sie akzeptieren und die Bedeutung der Persönlichkeitsfaktoren im Zusammenhang mit dem Behandlungsergebnis demonstrieren.

DiLoreto arbeitete für seine Studie mit Gruppen extravertierter und introvertierter Patienten, wobei für sämtliche Beteiligten bezeichnend war, daß sie an starken zwischenmenschlichen Ängsten litten. Man teilte sie aufs Geratewohl den verschiedenen Behandlungsformen zu und machte gewisse Vorhersagen im Hinblick auf das Ergebnis. Als der Behandlungserfolg analysiert wurde, zeigte sich, daß sämtliche drei Experimentgruppen besser abschnitten als verschiedene Kontrollgruppen, die keine Behandlung erhalten hatten. Die Desensibilisierung war gleicherweise gut sowohl für Extravertierte wie für Introvertierte geeignet und daher insgesamt sowohl der rational-emotionalen wie der klientenzentrierten Behandlung überlegen. Diese beiden Methoden allerdings unterschieden sich sehr hinsichtlich ihrer Wirkungen auf Extravertierte und Introvertierte. Extravertierte sprachen viel besser auf die klientenzentrierte, Introvertierte viel besser auf die rational-emotionale Therapie an. Mithin steht die Persönlichkeit offensichtlich in entschiedener Wechselwirkung mit der Behandlungsmethode. Mit rational-emotionaler Therapie behandelte Introvertierte schnitten genauso gut ab wie die mit Desensibilisierung behandelten; das gleiche galt für Extravertierte, die eine klientenzentrierte Therapie erhalten hatten. Mit klientenzentrierter Therapie behandelte Introvertierte oder mit rational-emotionaler Therapie behandelte Extravertierte hingegen wiesen genauso dürftige Ergebnisse auf wie die Angehörigen der nicht behandelten Kontrollgruppen.

Ein weiteres Beispiel dieses sehr bedeutenden Umstands lieferten die Arbeiten Dr. J. Sarasons aus Seattle. Er erprobte die Methoden der Münzökonomie und des Modellernens an jungen Delinquenten und fand, daß ganz unterschiedliche Methoden bei introvertierten, arbeitsunfähigen, unangepaßten Jugendlichen, die gut auf das Modellverfahren ansprachen, und bei extravertierten, geselligen Jugendlichen erfolgreich waren, die gut auf die Behandlung mit der Münzökonomie reagierten. In jedem Fall sank die Rückfallquote während einer dreijährigen Kontrollzeit um ungefähr 50 Prozent, wenn die Behandlung dem Persönlichkeitstypus angemessen war; war die Behandlung jedoch unangemessen, trat keine Besserung ein. Dies ist ein bedeutsamer Punkt; negative Ergebnisse können uns leicht zu dem falschen Gedanken verleiten, die angewandte Methode sei unbrauchbar, wenn in Wirklichkeit der Fehler in der falschen Wahl der Behandlung für Patienten lag, deren Persönlichkeit die Methode nicht angemessen war. Verhaltenstherapeuten schenken, wie Psychotherapeuten, Persönlichkeitsunterschieden dieser Art viel zuwenig

Beachtung; dies halte ich für eine berechtigte Kritik, der aber natürlich leicht abzuhelfen ist.

Die schwerste Kritik, die an der Verhaltenstherapie geübt wurde, ist vielleicht die, die angewandten Methoden stützten sich in Wirklichkeit nicht auf Laborstudien und wissenschaftliche Theorien, sondern seien ziemlich zufällige Entdeckungen ohne angemessene wissenschaftliche Grundlage; nach den betreffenden Kritikern ist die Rede von Hypothese und Beweis nur eine Tarnung für im wesentlichen unzusammenhängende vernünftige Behandlungsmethoden, die man schon seit Jahrhunderten kenne. Viele Leser mögen das Empfinden haben, eine derartige Kritik sei nicht sehr interessant; falls die Methoden der Verhaltenstherapie funktionierten – was sie zweifellos tun –, sei es verhältnismäßig unwichtig, ob sie von einer wissenschaftlichen Theorie abgeleitet seien oder nicht oder ob sie dem gesunden Menschenverstand entstammten, ob sie sich auf Laborexperimente stützten oder auf die Erfahrungen des Alltagslebens. Dies ist in gewissem Grad eine vernünftige Antwort; viele medizinische Entdeckungen brauchbarer Behandlungsweisen gingen dem wissenschaftlichen Verständnis der betreffenden Krankheiten voraus. Warum sich über esoterische akademische Fragen den Kopf zerbrechen, solange etwas funktioniert? Wiewohl ich eine gewisse Sympathie für eine solche Antwort empfinde, habe ich doch das Gefühl, daß die Kritik einer entschiedeneren Antwort bedarf.

Zufallsentdeckungen in der Medizin gibt es legionenweise, und viele von ihnen haben sich als sehr brauchbar erwiesen; trotzdem erlangten die wirklich wichtigen Entdeckungen, wie etwa Pasteurs Arbeiten über Mikroben und Impfungen, wiewohl sie häufig teilweise durch Zufall vorweggenommen worden waren, ihren eigentlichen Status erst durch die Verknüpfung mit einer soliden wissenschaftlichen Grundlegung in Theorie und Experiment. Eben diese Verknüpfung liefert einen Ausgangspunkt für künftige Fortschritte, macht allein die Therapie rational und sinnvoll und schafft den Hintergrund, vor dem Abweichungen und Fehler prüfbar sind. Die Methoden der Verhaltenstherapie wären noch immer brauchbar, auch wenn ihnen die wissenschaftliche Grundlage fehlte, die wir in diesem Buch skizzierten; dennoch müßte ein solcher Mangel ihre künftige Entwicklung stark verzögern, und ihr Status wäre fraglos weit niedriger. Die Kritik ist daher, falls sie zutrifft, nicht dergestalt, daß sie sich ganz so unbeschwert beantworten läßt.

Allerdings stimmt die Vorstellung nicht, die Verhaltenstherapie habe sich per Zufall und dank einer Abfolge glücklicher Fügungen entwickelt. Da ich selbst, zusammen mit Freunden und Kollegen, an ihrer Entfaltung mitgewirkt habe und die meisten aktiven Forscher auf diesem Gebiet persönlich kenne, habe ich keinen Zweifel daran, daß sie sich in ihrer großen Mehrheit in ihrer Arbeit und in vielen ihrer Einfälle einerseits auf die moderne Lerntheorie und andererseits auf Laborarbeit mit Tieren und Menschen stützen. Mehrere Beispiele für diesen Sachverhalt wurden bereits angeführt: von der reduzierten Löschung nach partieller Verstärkung (im Fall der Glocken-Bettuch-Methode bei der Behandlung des Bettnässens) bis zur Anwendung der Fluchtverhinderung (im Fall zwanghafter Störungen). Es stimmt einfach nicht, wenn gesagt wird, die Verhaltenstherapeuten seien bei ihrer Arbeit nicht durch akademische Theorien und Experimentalergebnisse geleitet worden; eine derartige Kritik gibt in Wirklichkeit zu erkennen, daß der Kritiker entweder wenig vom experimentell-theoretischen oder vom praktischen Aspekt der Verhaltenstherapie weiß.

Es gibt freilich noch eine andere Möglichkeit, diese Kritik zu verstehen, und in diesem Sinn könnte man sagen, daß sie völlig gerechtfertigt sei. Man könnte die Kritiker so verstehen, daß sie sagen, keine unserer Theorien sei universell anerkannt; es gebe reichlich Auseinandersetzungen über die Interpretation von Tierexperimenten wie den in diesem Buch angeführten; es gebe bei unserer Arbeit viele Anomalitäten, die der Erklärung mittels der derzeitigen Theorie trotzten; die Schritte von der Theorie zur Anwendung seien nicht so eindeutig und evident, wie man sie sich wünschen möchte; die Dinge fielen nicht immer so aus, wie man gemeint habe; und ganz allgemein sei, soweit es sich um die Verhaltenstherapie handle, das Stadium der Perfektion noch nicht erreicht. Derartige Kritiken sind völlig berechtigt, und sie mögen einen Zustand der Bescheidenheit im Gefolge haben, der einer jungen Wissenschaft, die sich eben zu etablieren beginnt, wohl ansteht. Doch diese Kritiken beweisen nur, daß wir uns mit einer Anwendung wissenschaftlicher Erkenntnis und Methodologie befassen, nicht aber mit geoffenbarten, auf Steintafeln festgehaltenen und von alten Propheten überlieferten Wahrheiten. Für jede Wissenschaft sind genau diese Schwierigkeiten und Versäumnisse charakteristisch; keine wissenschaftliche Theorie ist allumfassend, allmächtig, allwahr. Selbst in den exakten Disziplinen findet man, daß jede Theorie versuchen muß, Anomalien wegzuerklären; daß es in wichtigen Dingen keine universelle Übereinstimmung gibt; daß sich viele entscheidende Experimente unterschiedlich erklären lassen. Newtons Gravitationstheorie wurde gern als typisch für die Perfektion wissenschaftlichen Denkens angesehen, doch von Anfang an sah sie sich Anomalien konfrontiert: Newton konnte die Bewegung des Monds nicht erklären, und bis zuletzt widersetzte sich die Präzession des Merkurperihels allen Erklärungsversuchen im Sinn Newtons. Die Verhaltenstherapie behauptet nicht, eine Ausnahme von dieser Regel darzustellen; die Theorien, auf die sie sich gründet, sind keineswegs perfekt und werden ohne Zweifel einer kräftigen Über-

holung bedürfen, ehe wir viel näher an die Wahrheit herankommen. Wir haben bereits gezeigt, daß es das allgemeine
Gesetz der Löschung, wie es sich in den meisten Lehrbüchern
findet, völlig zu ändern gilt, um es auf die Fakten abzustim-
men; zweifellos gibt es andere gleichermaßen eindrucksvolle
Gesetze, die der Änderung bedürfen oder sogar ganz preiszu-
geben sind. So arbeitet Wissenschaft: mit Mutmaßung und
Widerlegung; es gibt keine absolute Gewißheit, nur schrittweise Verbesserung mittels Kritik neuer Theorie neuer Ableitungen. Kritik ist wertvoll, wenn sie auf die wirklichen,
nachweislichen Fehler einer Theorie oder eines Experiments
eingeht und wenn sie positiv ist, indem sie neue Hypothesen,
neue Experimente, neue Anwendungen vorschlägt. Ist sie lediglich negativ, indem sie allgemeine, umfassende, nicht-spe-
zifische Fehler pseudophilosophischer Art feststellt, ist sie
nicht hilfreich; und leider gehört ein Großteil der gegen die
Verhaltenstherapie gerichteten Kritik dieser Kategorie an.

Die Ethik der Verhaltenstherapie

Es gab zahlreiche Diskussionen über ethische Probleme im
Zusammenhang mit der Verhaltenstherapie, ausgelöst hauptsächlich durch zwei Momente. Eines davon ist ideologischer
Natur; es heißt da, Psychiater und Psychologen benutzten
diese Methoden lediglich, um eine ungerechte Gesellschaft
abzustützen und erträglicher zu machen. Das andere ist hu-
manitärer Natur; dabei heißt es, die Methoden der Verhaltenstherapie seien grausam und inhuman und sollten nicht
angewandt werden. Jene Kritik wird oftmals von den sogenannten »antipsychiatrischen« Psychiatern wie Cooper und
Laing geäußert; letztere artikuliert sich in Filmen wie *Uhrwerk Orange*. Die aus diesen Gründen erhobenen Einwände

sind weithin falsch; sie entstammen einer profunden Unkenntnis über die Funktionen der Verhaltenstherapie und das Wesen mentaler Erkrankungen. Gehen wir zuerst auf das ideologische Argument ein.

Wenn Kritiker vorbringen, die mentale Erkrankung sei ein Produkt einer bestimmten Gesellschaft infolge einer bestimmten Produktionsweise, wiederholen sie lediglich ein politisches Schlagwort, das eindeutig nicht auf diesen besonderen Bereich zutrifft. Mentale Störungen, die sehr den in unserer Gesellschaft anzutreffenden Formen gleichen, sind in vielen antiken, primitiven und kommunistischen Gesellschaften wie auch in unserer eigenen bekannt; eindeutig unterscheiden sich diese Gesellschaften tief in ihren Produktionsweisen, dennoch aber ist, soweit es sich um mentale Störungen handelt, das Ergebnis weithin das gleiche. Wie kann es dann sein, daß neurotische oder psychotische Störungen auf eine bestimmte Gesellschaftsorganisation auf der Grundlage einer bestimmten Produktionsweise (etwa der kapitalistischen) zurückgehen sollen, wenn sich genau gleiche Störungen in Ländern und Epochen finden, in denen der Kapitalismus alles andere als die Gesellschaftsform ist oder war. Allgemein formuliert, ergibt das Argument überhaupt keinen Sinn, und die Verbreitung neurotischer und psychotischer Störungen in der Sowjetunion und in anderen kommunistischen Ländern macht es sehr schwierig, eine solche Vorstellung zu akzeptieren. Auch ist nicht klar, wie ein derartiger Zusammenhang im einzelnen aussehen soll. Welche Eigenschaften des kapitalistischen Systems bewirkten, daß jemand eine Spinnenphobie oder Zwangssymptome entwickelt, die durch Händewaschen gemildert werden? Veranlaßte der Kapitalismus Nebukadnezar, einen schizophrenen Zusammenbruch zu bekommen? Man braucht nur diese Fragen zu stellen, um zu sehen, daß die Theorie überhaupt keinen Sinn ergibt.

Es ist möglich, eine leichte Bekräftigung für sie zu finden, wenn man sich Störungen wie der Homosexualität und der Kriminalität oder anderen zuwendet. Läßt sich die Behandlung von Homosexuellen rechtfertigen, wenn alles, was wir tun, eindeutig nur darin besteht, ihr Verhalten besser in Übereinstimmung mit den Idealen einer tyrannischen Gesellschaft zu bringen, die kein Recht hat, jemandem die Art und Weise der sexuellen Anpassung vorzuschreiben? Ein solcher Einwand betrifft eindeutig nicht nur die Verhaltenstherapie, sondern gleichermaßen alle anderen Arten der psychiatrischen Behandlung; er ist ein allgemeiner Einwand, und in der Tat bringen ihn einige »antipsychiatrische« Psychiater in diesem umfassenden Sinn vor. Es wäre leicht, ihn sehr detailliert zu erörtern, doch wie viele andere ethischen Diskussionen dürfte auch diese wohl an der Schwierigkeit scheitern, sich auf die Voraussetzungen zu einigen, von denen eine solche Auseinandersetzung ausgehen sollte.

Es gibt nur ein Argument, das ich für relevant halte, und dies ist das sehr einfache, *daß man die Entscheidung über die Erwünschtheit oder Unerwünschtheit der Behandlung dem Betroffenen selber überlassen sollte.* Die Gesellschaft hat kein Recht, ihm eine Behandlung aufzuzwingen, und der Therapeut hat kein Recht, ihm die Behandlung zu verweigern, falls er sie verlangen sollte. Vor einer Anzahl von Jahren sprach mich ein bekannter Angehöriger des Kronrats nach einem öffentlichen Vortrag, den ich in der Londoner Guild Hall über das Thema der Verhaltenstherapie gehalten hatte, darauf an, ob er in unserer Abteilung wegen seiner Homosexualität behandelt werden könne; mit der Psychoanalyse und anderen Methoden habe er es bereits vergeblich versucht. Ich mußte ablehnen, da wir damals keinerlei Möglichkeiten für eine solche Behandlung hatten; ein paar Wochen später erhängte er sich. Angenommen, die Möglichkeiten wären vorhanden gewesen, hätte ich ihn zu Recht aufgrund dessen abweisen dürfen, daß die moralischen Ideale bestimmter Menschen besagen, eine solche Behandlung sei unethisch? Bei Fällen dieser Art gibt es eindeutig Probleme, und es gibt keine leichten Antworten. Jeder Fall ist einzeln zu betrachten, und jede Entscheidung hat der betreffende Therapeut selber in Übereinstimmung mit dem Patienten zu treffen. Offensichtlich wäre es falsch, einem Patienten, der gern behandelt werden möchte, eine Therapie vorzuenthalten. In diesem Kontinuum gibt es Zwischenstufen, und eben sie werfen das Problem auf. Für sie kann es keine allgemeine Antwort geben.

Was Sträflinge anlangt, meine ich, daß das gleiche Prinzip gilt. Wir haben bereits gesehen, daß die Persönlichkeit stark an der Veranlagung zur Kriminalität beteiligt ist und daß die vermeintlichen soziologischen und ideologischen Ursachen von viel zweifelhafterer Beschaffenheit sind; Kriminelle in kommunistischen Ländern weisen weithin das gleiche Persönlichkeitsbild auf wie Kriminelle in westlichen Ländern. Viele Sträflinge wären nur zu begierig, sich freiwillig einer Verhaltenstherapie von der Art der Münzökonomie zu unterziehen, wenn man ihnen eine Gelegenheit dazu gäbe; es dürfte nicht besonders ethisch sein, sie ihnen aus einem apriorischen, ideologischen Grund vorzuenthalten. Auch diesen Punkt könnte man ausführlich durchdiskutieren; aber ich will es dem Leser überlassen, über das Problem nachzudenken und seine eigene Schlußfolgerung zu ziehen. Die Frage hat sicherlich zwei Seiten, doch die Vorstellung, daß die meisten Kriminellen auf bestimmte Weise gegen ein ungerechtes und übles Gesellschaftssystem protestieren, ist eindeutig nicht richtig; Kriminelle sind entschiedener konservativ als ihre Mitmenschen außerhalb des Gefängnisses. Das Verbrechen ist kein Protest gegen ein Gesellschaftssystem, und sein universelles Vorhandensein in Gesellschaftssystemen aller Art offenbart, wie leer jenes Dogma ist.

Wenn wir uns dem anderen ethischen Argument zuwenden, das von der Inhumanität der angewandten Methoden ausgeht, ist zu sagen, daß es sich auf einen Tatsachenirrtum stützt. Die in *Uhrwerk Orange* angewandten Methoden würde kein lebender Verhaltenstherapeut benützen, und sie gleichen auch keinem Verfahren, das jemals versucht worden wäre. Der Autor des Films hat einfach die Prinzipien der Aversionstherapie mißbraucht und mißverstanden, um einen Film, der aus Grausamkeit und Sex Kapital schlägt, sensationell und akzeptabel zu machen; was gezeigt wird, hat nichts mit Verhaltenstherapie zu tun, wie sie von verantwortungsvollen Psychologen verstanden und praktiziert wird. Das gleiche gilt für vieles, das, besonders in den Vereinigten Staaten, über die Verhaltensmodifikationen geschrieben wird; die betreffenden Autoren subsumieren unter diesem Stichwort häufig auch Drogen- oder Elektroschockbehandlungen und Leukotomie-Operationen, ohne zu wissen, daß es da überhaupt keinen Zusammenhang gibt. Der Leser wird sich an die Anschuldigung erinnern, die Befürworter der Glocken-Bettuch-Behandlung von Bettnässern wollten den Penissen kleiner Jungen Elektroschocks versetzen: Die allgemeineren Beschuldigungen sind ebenso ungenau und sinnlos wie diese. Natürlich hat ein Film wie *Uhrwerk Orange* einen viel größeren Propagandaeffekt und erreicht weit mehr Menschen als die nüchterne Wahrheit, niedergeschrieben in wissenschaftlichen Zeitschriften und Büchern; nichtsdestoweniger sind solche Filme nichts als Propaganda, ungenau, übersimplifiziert und sensationalisiert; es wäre nicht vernünftig, derart wertlosem Material Beachtung zu schenken.

Unter allen Methoden der Verhaltenstherapie gibt natürlich nur diejenige der Aversionstherapie Anlaß zu solchen Beschuldigungen, und es ist wichtig zu wissen, daß unter hundert Anwendungen von Verhaltenstherapie weniger als eine auch mit der Aversionstherapie arbeitet. Selbst unter diesen Umständen wird die Zufügung von physischem Schmerz, wie beim Elektroschock oder dem durch Apomorphin ausgelösten Unwohlsein, immer seltener.

Viele Verhaltenstherapeuten wenden jetzt die Methode der *verdeckten Sensitivierung* an, das heißt, sie fordern die Patienten auf, das Bild der aufzugebenden Tätigkeit mit einer geistigen Vorstellung von etwas Ekelerregendem oder Widerwärtigem zu assoziieren; von dieser Methode hat sich gezeigt, daß sie äußerst gut funktioniert, und sie vermeidet die Anwendung tatsächlichen körperlichen Schmerzes. Ich möchte mich allerdings nicht hinter dieser alternativen Behandlungsmethode verschanzen; wir müssen uns dem Problem der Aversionstherapie unmittelbar stellen.

Nehmen wir als Beispiel Kopfanstoßer. Es handelt sich da um Kinder, die mit dem Kopf anstoßen; dies scheint eine leichte und etwas lächerliche Verhaltensweise zu sein, in Wirklichkeit aber ist sie gefährlich und schädigend. Die betreffenden Kinder können ihr Sehvermögen einbüßen (durch das Kopfanstoßen kann sich die Netzhaut ablösen), ja sich umbringen. Was ist dagegen zu tun? Die orthodoxe Medizin gibt zu verstehen, nichts sei besser, als die Kinder einfach zu fesseln, sie an einen Stuhl zu binden; dies ist offentsichtlich nur ein Linderungsmittel, aber es heilt nicht. Ferner läßt es sich nicht beliebig lange anwenden. Die Psychoanalytiker meinten, diese Kinder benötigten mehr Beachtung und mütterliche Liebe; daher raten sie den Müttern, diese Kinder in den Arm zu nehmen, wenn sie anfangen, mit dem Kopf anzustoßen, und ihnen reichlich Zuneigung zu zeigen. Dies ist humaner, doch unglücklicherweise belohnt dieses Verfahren das Kind gerade für das, was es eigentlich nicht tun sollte: Es stößt mit dem Kopf an, und unmittelbar darauf wird es für sein Verhalten belohnt (es erhält positive Verstärkung). Man kann aufgrund psychologischer Prinzipien vorhersagen, daß diese Methode die Dinge verschlimmern dürfte. Die von der psychologischen Theorie vorgeschlagene Methode ist das genaue Gegenteil: die Mutter wird angewiesen, das Kind, sowie es anfängt, mit dem Kopf anzustoßen, in ein leeres Zimmer zu bringen und es dort hinter verschlossenen Türen zehn Minuten allein zu lassen; dieses Verfahren heißt »Auszeit«, weil das Kind während dieser Zeit keinerlei positive Verstärkung erhält. Nachdem zehn Minuten vorüber sind, öffnet die Mutter die Tür wieder, bringt das Kind ins Wohnzimmer zurück, ohne etwas über das Kopfanstoßen zu sagen, und die ganze Angelegenheit ist vergessen. Ein paar Anwendungen dieser Methode der negativen Verstärkung reichen gewöhnlich aus, das Kind dauerhaft zu heilen, ohne daß es zu Rückfällen oder Symptomverschiebungen käme. In wenigen Fällen ist etwas mehr als »Auszeit« vonnöten; vielleicht muß man einen leichten elektrischen Schlag als zusätzliche negative Verstärkung anwenden.

Nun könnte der Kritiker sagen, wir behandelten das Kind grausam und wir bestraften es für etwas, woran es nicht schuld ist, entweder durch Entzug von Liebe oder Beachtung oder durch die Verabreichung elektrischer Schläge. Alles ganz richtig; doch was ist die Alternative? Wir können es festbinden; oder wir können es mit Liebe überhäufen. Die erste Methode heilt es nicht, und die zweite macht es kränker. Etwas muß geschehen; ist diese leichte Form der Aversionstherapie wirklich so schrecklich? Natürlich wäre uns eine andere Methode lieber, die auch ohne die mildeste Form der »Bestrafung« auskäme; doch das ist keine derzeit verfügbare Alternative. Der Leser möge sich in die Rolle der unglücklichen Eltern versetzen: konfrontiert mit dem möglichen Erblinden oder sogar mit dem Tod eines geliebten Kindes. Wäre er dann nicht bereit, die Methode des Verhaltenstherapeuten lieber anzuwenden als eine der zur Verfügung stehenden Alternativen? Hat der Wundbrand eingesetzt, wird der Chirurg das Bein amputieren, um dem Patienten das Leben zu retten; ist dies unnötige Grausamkeit? Beklagen wir uns, der Zahnarzt, der ein Loch bohrt, um eine Füllung einzusetzen, sei ein Sadist? Wir haben stets die Alternative, nichts oder etwas Unwirksames oder Negatives zu tun. Doch wenn uns die eigentlichen Interessen des Patienten am Herzen liegen, müssen wir tun, was unter den gegebenen Umständen das Beste ist, selbst wenn dies bedeutet, ein gewisses Maß an Unbehagen oder Schmerz auszulösen, um vor weit größerem Unbehagen oder Schmerz zu bewahren. Ich glaube nicht, daß bei der Anwendung der Verhaltenstherapie wirklich ein anderes Problem vorliegt als allgemein in der Psychiatrie oder eigentlich in der ganzen Medizin.

Der Leser mag davon nicht ganz überzeugt sein, wenn er an einiges von dem denkt, was in amerikanischen Gefängnissen im Namen der Verhaltenstherapie getan wird; die bestialischen Grausamkeiten und Attentate auf die Würde der Person, wie sie in einigen dieser Gefängnisse vorkommen, stehen in der Tradition einiger amerikanischer Bundesstaaten, die der Lehre von der humanen Behandlung von Sträflingen nie gewogen waren, aber sie haben überhaupt nichts mit Verhaltenstherapie zu tun, und es waren auch keine ausgebildeten Verhaltenstherapeuten beteiligt. Unglücklicherweise können Zeitungen, Filmemacher oder andere Medienvertreter Dinge dadurch verdrehen, daß sie Wörter und Bezeichnungen wie »Verhaltenstherapie« in Zusammenhängen verwenden, die überhaupt nichts mit den zur Debatte stehenden Begriffen zu tun haben, und dadurch eigentlich ganz einfache Dinge in heillose Verwirrung bringen. Das erste Prinzip der Verhaltenstherapie lautet, daß dem Patienten die Therapie nicht aufgenötigt werden darf, daß er sie vielmehr auf völlig freiwilliger Basis verlangen muß. Es ist richtig, daß der Ausdruck »freiwillig« zu Schwierigkeiten führen kann, wenn er im Zusammenhang mit Psychotikern verwendet wird, und daß es bei Kriminellen zu subtilen Zwängen kommen mag, die seine Verwendung untauglich machen. Doch was die Behandlung à la *Uhrwerk Orange* betrifft, läßt sich nur sagen, sie ist so weit entfernt von allem, daß sie keinerlei Beziehung zur Verhaltenstherapie hat, wie sie von ihren Praktikern und Theoretikern verstanden wird.

Alles in allem: Ethische Fragen sind schwer zu behandeln, weil allgemeine Prinzipien dünn gesät sind. Vielleicht mag Immanuel Kants kategorischer Imperativ als bester Leitfaden für Verhaltenstherapeuten dienen: Man behandle einen anderen Menschen nie als Mittel zum Zweck, sondern stets als Selbstzweck. Die Anwendung dieses Prinzips kann noch immer zu Problemen und Schwierigkeiten führen, doch schließlich lassen sich menschliche Probleme nie leicht lösen oder auf eine Formel reduzieren. Verhaltenstherapeuten nehmen nach meiner Erfahrung einen Standpunkt ein, der nicht weniger ethisch ist als der für den medizinischen Beruf insgesamt charakteristische; sie sind sich nicht unbedingt in jedem Detail und in jedem Fall einig; doch verdienen sie sicherlich als Gruppe auch nicht die Verdammung in Bausch und Bogen, die die Erzeuger von Filmen wie *Uhrwerk Orange* über sie aussprechen.

Schlußbemerkung:
Der Mensch und die Neurose

Dieses Buch dürfte dem Leser in großen Zügen mitgeteilt haben, was die moderne Psychologie über die Neurose zu sagen hat und wie moderne Therapiemethoden aussehen. Diejenigen, die selber an neurotischen Befürchtungen und Ängsten leiden oder Symptome ähnlicher Art oder Verwandte oder Freunde haben, welche sich in einer ähnlich üblen Lage befinden (und es gibt nur wenige unter uns, die das nicht sind), mögen fragen, wie das alles mit ihrer eigenen Verfassung zusammenhängt. Eine derartige Frage ist schwer zu beantworten, aber sie wird mir so oft gestellt, daß ich versuchen werde, zumindest einige Fingerzeige zu geben.

In erster Linie haben wir gesehen, daß neurotische Störungen verhaltensmäßiger, nicht medizinischer Natur sind. Die Heilung geschieht nicht durch beruhigende Pillen oder andere Medikamente, auch nicht durch Elektroschocks oder irgendeine Art der Gehirnchirurgie; die ersteren sind nur Linderungsmittel mit ernstlichen Gewöhnungseffekten und häufigen Nebenwirkungen, die letzteren sind unsichere und nicht zu rechtfertigende Eingriffe in das physische Substrat des Bewußtseins. Viel Leidende kommen mit der implizierten Haltung zum Arzt: »Heilen Sie mich!« Das mag im Fall physischer Erkrankungen einen Sinn haben, nicht aber im Fall der Neurose. Der Psychiater oder der Psychologe kann nur eines tun, nämlich eine Situation schaffen, in der und durch die sich der Patient selber zu heilen vermag, indem er neue Gewohnheiten entwickelt und alte abstellt; den Großteil der Arbeit jedenfalls hat der Patient zu leisten. Dies ist unumgänglich, und Patienten, die sich weigern, die nötige Arbeit zu leisten, müssen wieder zu Beruhigungspillen und anderen unbefriedigenden Linderungsmitteln zurückkehren. Wie niemand für einen Französisch oder Latein lernen oder Tennis- und Golfschläge üben kann, so kann es einem auch niemand abnehmen, die eigenen Defekte, Ängste und Phobien loszuwerden; man kann das nur selber tun. Der Lehrer, der Trainer, der Psychologe können einem helfen, aber es nicht für einen tun. Dies bedeutet natürlich auch, daß die Mitarbeit des Patienten absolut entscheidend ist; man kann die Verhaltenstherapie einem unwilligen Opfer einfach deshalb nicht aufzwingen (selbst falls das jemand tun möchte!), weil ohne dieses starke Element der Mitarbeit die ganze Sache schlicht nicht funktioniert.

Zweitens muß sich der Patient entscheiden, ob er nach den Prinzipien der Verhaltenstherapie oder psychoanalytisch oder psychotherapeutisch behandelt werden möchte. Idealerweise sollte er diese Wahl ganz allein treffen; wie wir sehen werden, stehen der Verwirklichung eines solchen wünschenswerten Zustands jedoch Probleme und Komplikationen im Weg. Der Leser wird wohl keinen Zweifel haben, welche Empfehlung ich gäbe, doch fraglos ziehen viele Menschen die »Gesprächs«-Behandlung durch den Psychotherapeuten der »Aktivitäts«-Behandlung durch den Verhaltenstherapeuten vor, und alles spricht dafür, die Wahl zwischen den beiden Formen dem Patienten zu überlassen. (Es wäre natürlich auch ratsam, wenn Psychotherapeuten dem Beispiel der Verhaltenstherapeuten folgten und angehenden Patienten ganz offen darlegten, was sie sich von der Behandlung erwarten können – mit Fakten und Zahlen zur Untermauerung ihrer Mutmaßung.)

Die dritte Frage stellt sich, falls und wenn sich der Patient für die Verhaltenstherapie entscheidet. Das einfache Problem, das sich dabei ergibt, besteht darin, daß es allenthalben nur sehr wenige angemessen ausgebildete Verhaltenstherapeuten gibt, hingegen viel mehr Quacksalber, die aus der Popularität der Verhaltenstherapeuten Kapital zu schlagen suchen und sich mit der entsprechenden Bezeichnung schmücken, um ohne jede richtige Ausbildung rasch zu Geld zu kommen. Leider ist es noch immer so, daß die psychiatrischen Lehrpläne stets die Psychotherapie mit umfassen, selten aber die Verhaltenstherapie, und daß selbst dann, wenn sie behandelt wird, die Ausbildung des Psychiaters sich dadurch auszeichnet, daß Psychologie, Lerntheorie, Konditionierung und dergleichen nicht dazugehören. Wir haben die absurde Situation, daß Menschen, deren Haupttätigkeit es sein wird, an Verhaltensstörungen leidende Patienten mit psychologischen Mitteln zu behandeln, zwar eine ausführliche Ausbildung in medizinischen Dingen erhalten, die völlig unerheblich ist, nicht aber – oder nur höchst kursorisch – Unterricht in Psychologie, die unmittelbar relevant ist. Zu sagen, wie dieser Situation abzuhelfen sei, ist nicht meine Sache; ich lenke nur das Augenmerk auf sie, um den Leser darauf hinzuweisen, daß seine Suche nach einem guten Verhaltenstherapeuten langwierig und schwierig sein wird, solange die Psychiatrie insgesamt kein Gespür dafür hat, wie dringlich es ist, Ausübende dieser neuen Kunst auszubilden.

Dies führt mich zu einem vierten Punkt, daß nämlich die meisten Verhaltenstherapeuten keine medizinisch ausgebildeten Psychiater sind, sondern klinische Psychologen ohne medizinischen akademischen Grad. Ihre Qualifikation ist ein guter Universitätsabschluß in Psychologie, gefolgt von einer jahrelangen Ausbildung in klinischer Psychologie an darauf spezialisierten akademischen Einrichtungen. Oftmals praktizieren Psychologen die Verhaltenstherapie in Zusammenarbeit mit Psychiatern und Sozialarbeitern in einem psychiatri-

schen Team, das in einer Nervenklinik, einer Kinderbetreuungsklinik oder einer Universitätsabteilung tätig sein kann.
Eine derartige Teamarbeit ist wahrscheinlich die beste Vor-
aussetzung für ein erfolgreiches Wirken, doch die Anzahl derartiger Teams ist im Augenblick kläglich gering. Eines ausfindig zu machen, stellt die Fähigkeiten und die Energie jedes
Patienten auf eine harte Probe. Die Lage ist am besten in den
Vereinigten Staaten, weniger günstig in England und ziemlich hoffnungslos in der Bundesrepublik, in Frankreich und
anderen europäischen Ländern. Dort geben noch immer fast
ausschließlich Psychoanalytiker und Freudsche Vorstellungen
so sehr den Ton an, daß nur gelegentlich ein Verhaltenstherapeut die heftigen Attacken auf seine Methoden und Praktiken
übersteht.

Man sollte beachten, daß das oben Gesagte nur auf neurotische Störungen des Typus zutrifft, wie er in diesem Buch behandelt wurde; psychotische Störungen wie Schizophrenie
und manisch-depressive Erkrankungen erfordern medizinische
Sachkenntnis und medikamentöse Behandlung und sind der
rechtmäßige Wirkungsbereich medizinisch ausgebildeter
Psychiater. Es gibt viele weitere medizinische Störungen, die
gewöhnlich von Psychiatern behandelt werden, wiewohl man
oftmals auch Neurologen konsultiert: darunter geriatrische
Störungen, Erkrankungen des Gehirns und des Zentralner-
vensystems, Epilepsie und zahlreiche andere. Mit ihnen haben
wir es hier nicht zu tun; obgleich sie etwa die Hälfte unserer
Klinikbetten in Anspruch nehmen, sind sie doch weit weniger zahlreich als die alles beherrschenden Neurosen. Es gibt
schon nicht genügend Psychiater für diese eigentlichen medizinischen Störungen, geschweige denn für die Behandlung
der Millionen von Fällen neurotischer Störung. Allein aus diesem Grund – selbst wenn es nicht noch viele andere gäbe – sollte die Neurosebehandlung entsprechend geschulten klinischen

Psychologen überlassen bleiben, so daß die medizinisch ausgebildeten Psychiater Gelegenheit haben, sich um ihren medizinischen Verantwortungsbereich zu kümmern.

Kann sich ein neurotischer Patient selber behandeln? Im
Prinzip sollte die Antwort ein Ja sein, wiewohl es in der Praxis viele Schwierigkeiten gibt. Ein intelligenter Mensch kann
für sich selber Methoden der Desensibilisierung und der Reizüberflutung entwickeln und sie mit Hilfe eines Freundes
ziemlich prompt in die Praxis umsetzen. Dabei besteht keine
große Gefahr, die Dinge zu verschlimmern; das Schlimmste,
was geschehen kann, ist gewöhnlich, daß es zu keiner Besserung kommt. Man kennt durchaus Fälle erfolgreicher Selbst-
behandlung, doch meiner Meinung nach wäre es im allgemeinen weit besser, sich die Dienste eines guten, erfahrenen Verhaltenstherapeuten zu sichern. Leider ist dies, wie schon gesagt, nicht immer möglich, und wenn es zwischen Selbstbe-
handlung und Psychotherapie zu wählen gelte, hätte ich
kaum Zweifel, wofür ich mich entschiede. Derartige verzwei-
felte Entscheidungen sollten freilich nicht nötig sein, und es
ist sehr zu hoffen, daß in nicht allzu ferner Zukunft immer
mehr Verhaltenstherapeuten ausgebildet werden, so daß die
Notwendigkeit einer solchen Entscheidung hinfällig wird.

In diesem Zusammenhang sei festgestellt, daß die nicht-me-
dizinische Beschaffenheit der Behandlung es nicht nur möglich, sondern auch ratsam macht, daß Eltern, Verwandte und
andere dem Patienten Nahestehende an der Behandlung mit-
wirken – natürlich unter genauer Überwachung durch den
Therapeuten. Zweifellos muß neben der Desensibilisierung in
der Klinikumgebung eine Desensibilisierung zu Hause herge-
hen oder sie muß im Anschluß daran stattfinden, und glei-
ches trifft auch auf andere Behandlungsmethoden zu. Sexuelle Schwierigkeiten neurotischer Natur erfordern fast immer
die Mitwirkung des betreffenden Partners, Schulschwierigkei-

ten die Mithilfe des jeweiligen Lehrers. In den letzten Jahren
kam es auch dazu, das Pflegepersonal stark in die Verhaltenstherapie einzubeziehen; sowie der Behandlungsplan festgelegt
ist, kann man ihn speziell ausgebildeten Schwestern darlegen
und ihnen die eigentliche Durchführung der Desensibilisierung oder welcher Behandlung auch immer anvertrauen; das
bisher vorliegende Material deutet darauf hin, daß dies genauso gut funktioniert wie die Behandlung durch den Psychologen oder den Psychiater selber und das Interesse der Schwester an ihrer Arbeit erheblich verstärkt: Die Möglichkeit, etwas Aktives und offensichtlich Heilsames zu tun, ist ein sehr
guter Anreiz und ein moralischer Auftrieb. Dergestalt lassen
sich in den Behandlungsprozeß Nicht-Akademiker einbeziehen, die dem Therapeuten willkommene und oftmals wesentliche Hilfe leisten.

Eine Neurose ist eine schwere Heimsuchung, darüber kann
kein Zweifel bestehen; viele Patienten ziehen den Selbstmord
der Fortsetzung des Lebens unter dem ständigen Bedrohtsein
durch Angst, Depression und Furcht vor. Dennoch ist die
Neurose gewöhnlich gutartig, wie wir gesehen haben, und
bildet sich in der Mehrzahl der Fälle in ein, zwei Jahren spontan zurück; in den Fällen, da dies nicht geschieht, ist eine Behandlung nicht nur möglich, sondern führt gewöhnlich in
verhältnismäßig kurzer Zeit zum Erfolg. Gewisse Behandlungsformen, besonders die Psychoanalyse, können leider die
Störung verschlimmern, den Patienten um viel Geld, Energie
und Hoffnung bringen und von der erkauften Freundschaft
des Analytikers abhängig machen. (Ein neuerer Autor nannte
die Psychotherapie die »Prostitution der Freundschaft«, mit
anderen Worten: Statt unseren Freunden über unsere Schwierigkeiten zu berichten, zahlen wir dem Analytiker große
Summen, damit er sie sich anhört.) Der Neurotiker befindet
sich in einer schwierigen Situation, indem er von allen Seiten

widersprüchliche Behauptungen zu hören bekommt und außerstande ist, sie zu beurteilen. Ferner veranlaßt ihn seine Störung, verzweifelt nach einer Lösung zu suchen, und macht
ihn zugleich unfähig, den Sirenenklängen jener zu widerste-
hen, die ihn zum Kunden haben möchten; sein kritischer
Sinn ist durch seine Neurose fatal beeinträchtigt. Dies macht
es um so wichtiger, daß er einen gewissen Einblick in seine
Störung, ihre Ursachen, ihren Charakter und die verfügbaren
Behandlungsmethoden gewinnt. Nur dieses Wissen kann es
ihm ermöglichen, selber die richtige Wahl zu treffen.

Was kann der Patient zu erreichen hoffen, sowie er sich einer
Behandlung unterzieht, die als erfolgreich belegt ist? Eine
symptomatische Behandlung wie die Verhaltenstherapie wird
ihn von seinen Hauptsymptomen und oft auch von vielen geringfügigeren kurieren; die Therapeuten berichten im allgemeinen, daß es zu einer Gesamtbesserung im Hinblick auf
Arbeitsfähigkeit, Sexualität und soziale Beziehungen kommt,
vor allem aber zur Linderung der behandelten speziellen
Symptome. Doch dabei sollte kein Mißverständnis aufkommen: Wer sich mit einem bestimmten Persönlichkeitstypus,
etwa als dysthymische Persönlichkeit, in Behandlung begibt,
wird daraus nicht als mutstrotzender Löwe oder als unemp-
findliches Rhinozeros hervorgehen. Er wird ein ziemlich
empfindlicher, nervöser, introvertierter Mensch bleiben; ein
totaler Persönlichkeitswandel ist, bei welcher Behandlung
auch immer, selten und unwahrscheinlich. Ja, die meisten
Neurotiker wünschen sich einen solchen totalen Persönlichkeitswandel gar nicht; sie sind mit ihrer Persönlichkeit einigermaßen zufrieden (und ziehen sie oftmals anderen Persön-
lichkeitstypen – etwa dem ungestümen Extravertierten –
durchaus vor), falls sie nur eben die neurotischen Befürchtungen und Ängste, Phobien und Zwänge loswerden, die ihr Leben zum Elend machen. Die Psychoanalyse verspricht, den

Patienten zu einem »besseren Menschen« zu machen, wobei sie recht unbestimmt läßt, was eine derartige Totalbehauptung möglicherweise besagen kann – natürlich ganz abgesehen davon, daß sie keinerlei Belege für ihre Fähigkeit vorzulegen hat, einen solchen Wandel zu bewerkstelligen. Die Vererbung zieht allen Veränderungen, die wir bewirken können, ziemlich deutliche Grenzen; Psychologen erheben nicht den Anspruch, Wunder zu wirken. Unsere Ziele sind weit enger gesteckt, doch innerhalb dieser engen, vernünftigen Grenzen sind wir jetzt imstande, die konditionierten emotionalen Reaktionen und die in ihnen wurzelnden Verhaltensformen zu löschen, aus denen die neurotischen Symptome bestehen, über die die Patienten klagen. Dies ist ein ermutigender Anfang in der Anwendung von Wissenschaft auf menschliche Probleme.

Bibliographie

Dieses Literaturverzeichnis ist für Leser gedacht, die ihr Wissen über die im Text erörterten Fragen vertiefen wollen; zugleich bildet es teilweise einen Quellennachweis für angesprochene Punkte. Die betreffenden Bücher und Artikel sind unter dem Stichwort der Kapitel angeführt, für die sie jeweils relevant sind, was angemessener erscheint als eine alphabetische Anordnung. (Anm. d. Verlags: Weitere, auch deutschsprachige Literatur findet sich z. B. in Hans Zeier, Wörterbuch der Lerntheorien und der Verhaltenstherapie, München 1976.)

1. Das neurotische Paradox

Ein Werk von C. D. Spielberger und I. G. Sarason (Hrsg.), *Stress and Anxiety* (3 Bde., Washington D. C. 1975) gibt einen guten Überblick über das Thema; vgl. besonders das Kapitel M. Laders über »The nature of clinical anxiety in modern society«. Jedes psychiatrische Lehrbuch beschreibt die Hauptsyndrome der Neurose und bietet Fallgeschichten zur Veranschaulichung dieser Beschreibungen. Allgemeine Erörterungen über die Unzuverlässigkeit der psychiatrischen Diagnostik und andere Themen des Kapitels finden sich in H. J. Eysenck (Hrsg.), *Handbook of Abnormal Psychology* (London/Nairobi [2]1973). Die besprochene indische Studie veröffentlichten G. M. Carstairs und R. L. Kapur in *The Great Universe of Kota* (London 1976). Zu den verschiedenen Neurosetypen vgl. H. J. Eysenck, *Case Studies in Behaviour Therapy* (London 1974).

2. Ursachen der Neurose

Zur Erörterung der Dämonologie vgl. J. Ehrenwald, *The History of Psychotherapy* (1970). Gut behandelt ist das Enuresis-Thema in S. H. Lovibond, *Conditioning and Enuresis* (London 1964), während über das im Text erwähnte Experiment W. Finley et al. in *Behaviour Research and Therapy*, 1973, 11, 289–298 berichteten. Zur Effizienz von Psychoanalyse und Psychotherapie vgl. H. J. Eysenck (Hrsg.), *Handbook of Abnormal Psychology* (op. cit.) und S. Rachman, *The Effects of Psychotherapy* (dt.: *Wirkungen der Psychotherapie*, Darmstadt 1974). Zu Freud vgl. H. Ellenberger, *The Disco-*

very of the Unconscious (dt.: *Die Entdeckung des Unbewußten,* Bern/Stuttgart 1973) und R. M. Jurjevich, *The Hoax of Freudism* (1974). Die Hypothese des dreieinigen Gehirns erörtert detailliert P. D. MacLean in *A Triune Concept of Brain and Behaviour* (Toronto 1973); bezüglich allgemeinerer Ausführungen über biologische Faktoren vgl. J. Gray, *The Psychology of Fear and Stress* (dt.: *Angst und Streß,* München 1971). Vgl. auch S. Rachman, *The Meanings of Fear* (dt.: *Angst,* München 1975) mit einer populären Darstellung. Angst und Konditionierung sind, speziell im Hinblick auf die Neurose, behandelt in H. J. Eysenck und S. Rachman, *The Causes and Cures of Neurosis* (dt.: *Neurosen-Ursachen und Heilmethoden,* Berlin ¹1973). Zur Dokumentation des experimentellen Aspekts vgl. J. Gray, *Elements of a Two-Process Theory of Learning* (New York/London 1975) und N. J. Mackintosh, *The Psychologie of Animal Learning* (London/New York 1974).

3. Eine Theorie der Neurose

Viele der erwähnten frühen Arbeiten sind abgedruckt und diskutiert in H. J. Eysenck, *Behaviour Therapy and Neurosis* (London 1960); vgl. auch H. J. Eysenck und S. Rachman, *The Causes and Cures of Neurosis* (op cit.). Das neue Neurosemodell ist vor allem behandelt in H. J. Eysenck, »The learning theory model of neurosis« in *Behaviour Research and Therapy,* 1976, 14. 251–268. Vgl. auch D. J. Woods »Paradoxical enhancement of learned anxiety response« in *Psychological Reports,* 1974, 35, 295–314. Zu Persönlichkeit und Neurose vgl. H. J. Eysenck, *The Biological Basis of Personality* (1967) und V. D. Nebylitsin und J. Gray, *Biological Basis of Individual Behaviour* (New York/London 1972). Zur Beziehung zwischen Konditionierung und Persönlichkeit vgl. H. J. Eysenck (Hrsg.), *The Measurement of Personality* (1976).

4. Methoden der Verhaltenstherapie

Die klassische Quelle ist hier J. Wolpe, *Psychotherapy by Reciprocal Inhibition* (Stanford 1958). Eine historische Einführung ist H. J. Eysenck, *Behaviour Therapy and Neuroses* (op. cit.). Eine ausführliche Darstellung nach dem neuesten Stand bringt A. E. Bergin und S. L. Garfield (Hrsg.), *Handbook of Psychotherapie and Behaviour Change* (New York/London/Sidney/Toronto 1971); hier sind auch andere erwähnte Methoden der Verhaltens- und der Psychotherapie behandelt. Zu Fallgeschichten vgl. H. J. Eysenck, *Case Studies in Behaviour Therapy* (op. cit.). Viele neue Fallstudien und Experimente finden sich, ebenso wie theoretische Erörterungen, in neueren

Ausgaben der Zeitschrift *Behaviour Research and Therapy.* Zum Modellernen sind die besten Quellen A. Bandura, *Principles of Behaviour Modification* (New York 1969) und das *Handbook* von Bergin und Garfield (op. cit.). Zu psychosomatischen Störungen vgl. O. W. Hill, *Modern Trends in Psychosomatic Medicine* (London 1970), und zu sexuellen Dysfunktionen D. und P. Gillan, *Sex Therapy Today* (London 1976).

5. Asoziales und antisoziales Verhalten

Zur Einführung vgl. H. J. Eysenck, *Crime and Personality,* 3. Auflage (London 1964). Zur zugrunde liegenden Theorie vgl. H. J. Eysenck, *The Biological Basis of Personality* (op. cit.). Eine gute Einführung in die Aversionstherapie gibt L. P. Ullmann und L. Krasner, *A Psychological Approach to Abnormal Behaviour* (New York 1975); vgl. auch H. J. Eysenck, *Experiments in Behaviour Therapy* (Oxford/Frankfurt 1964). Fallgeschichten finden sich in H. J. Eysenck, *Case Histories in Behaviour Therapy* (London/Boston 1976). Die klassische Quelle für die Münzökonomie ist T. Ayllon und N. H. Azrin, *The Token Economy* (New York 1968), auf den neuesten Stand gebracht in dem *Handbook* von Bergin und Garfield (op. cit.). Zum Experiment Maconochies vgl. H. J. Eysenck, *Psychology is about People* (dt.: *Die Experimentiergesellschaft,* Reinbek 1973); hier sind auch andere Anwendungen der Methode auf kriminelles Verhalten beschrieben. Zur Kritik vgl. F. M. Levine und G. Fasnacht, »Toke rewards may lead to token learning«, in *American Psychologist,* 1974, 29, 816–820; Entgegnungen ebd., 1976, 31, 87–92. Zur Homosexualität vgl. M. P. Feldman und M. J. MacCulloch, *Homosexual Behaviour* (Oxford 1971).

6. Neurose und Gesellschaft

Die beste Darstellung der Therapiewirkungen ist S. Rachman, *The Effects of Psychotherapy* (op. cit.); vgl. auch H. J. Eysenck (Hrsg.), *Handbook* (op. cit.) Weiter nimmt der Text Bezug auf R. Bruce Sloane et. al., *Psychotherapy versus Behaviour Therapy* (Cambridge, Mass./London 1975), und auf G. L. Paul, *Insight versus Desensitization* (Stanford 1966). Detaillierte Erörterungen der Kritik an der Verhaltenstherapie gibt H. J. Eysenck in zwei Sammelwerken: dem *Handbook* von Bergin und Garfield (op. cit.) und in A. Broadhurst und P. Feldman (Hrsg.), *Theoretical and Experimental Bases of Behaviour Therapies* (London 1976). Zur Rolle der Persönlichkeit in der Behandlung vgl. A. O. DiLoreto, *Comparative Psychology* (Chicago/New York 1971). Über das ethische Problem liegt wenig Interessantes vor; es

gibt nur parteiische ideologische Argumente ohne erhebliche Fakten-
grundlagen; die Argumente der »antipsychiatrischen Psychiatrie« sind jedoch gut dargestellt von S. Rachman in H. J. Eysenck und G. D. Wilson
(Hrsg.), *A Textbook of Human Psychology* (1976).

Schlußbemerkung

Einige der hier aufgeworfenen Fragen sind erörtert in H. J. Eysenck, *The
Future of Psychiatry* (London 1975). Leser, die meinen, ich sei ungebührlich hart gegen die psychoanalytische Behandlung, und die einen Bericht
aus erster Hand darüber wünschen, wie man sich als Patient unter dieser
Behandlungsform fühlt, mögen C. York, *If Hopes were Dupes* (London
1966) lesen. S. Sutherland, *Breakdown* (London 1976) sollte jedoch lesen,
wer mit dem Gedanken einer psychiatrischen Behandlung spielt: das von
einem führenden Psychologen geschriebene Buch beschreibt seine eigenen
Erfahrungen im Licht seiner lerntheoretischen Kenntnisse und vor dem
allgemeinen experimentellen Hintergrund psychiatrischer Behandlung.

Namen- und Sachregister

(Die englischen verhaltenstherapeutischen und lerntheoretischen Termini werden im Text durch die gebräuchlichen deutschen wiedergegeben. Um der Orientierung willen sind im Register, wo dies nötig erscheint, auch die englischen Bezeichnungen angeführt, und zwar unter Verweis auf die übersetzten.)

Hans Jürgen Eysenck

Die Zukunft der Psychologie
224 Seiten, Leinen
Davon ausgehend, daß die wichtigsten Probleme
der Zukunft psychologische Probleme – und nicht solche
der Physik, Chemie und Biologie – sein werden,
prophezeit Professor Eysenck der Verhaltenspsychologie
eine Sonderstellung als Schlüsselwissenschaft sozialer
Innovation. Ihm kommt es darauf an, allen verantwortlichen
Kräften in unserer Gesellschaft ein reales Bild der
psychologischen Probleme des heutigen Menschen
zu vermitteln und Lösungen aufzuzeigen.

Teste dich selbst
Die Aspekte der Persönlichkeit.
208 Seiten mit 32 Cartoons, Paperback
Hans Jürgen Eysenck und Glenn Wilson statuieren
mit ihrem Buch „Teste dich selbst" ein Exempel dafür,
daß Wissenschaft nicht nur allgemein zugänglich,
sondern auch amüsant sein kann. Die Autoren wollen
dem Leser sozusagen spielend einen Einblick in die
eigene Persönlichkeit vermitteln.
„Eine faszinierende Entdeckungsreise in das unbekannte
Land der Psyche…"
Evening Standard, London

Die Ungleichheit der Menschen
270 Seiten, Paperback
Eysenck macht für die Ungleichheit der Menschen die
genetische Basis verantwortlich und bestreitet
den Einfluß von gesellschaftlichen Umweltfaktoren.
Dieses Buch ist ein Plädoyer für Leistung und Auslese.

List Verlag